流程办事

企业高效率运作实操大全集

罗　芳◎编著

中国铁道出版社有限公司
CHINA RAILWAY PUBLISHING HOUSE CO., LTD.

内 容 简 介

本书从流程管理的角度出发，对企业各项重点工作的基本流程进行梳理，让读者在掌握绘制流程图技能的同时，也能了解各项工作的重点内容和注意事项。书中包括流程管理、员工招聘与录用管理、入职培训管理、绩效管理、行政管理、员工关系管理、文件与档案管理、薪酬福利管理、员工出勤管理、财务与物资管理及促销与销售管理等内容。

本书适合对企业各项事务感兴趣的管理者、经营者，以及想通过了解企业事务流程而提高工作效率的职场人士，可以帮助他们快速掌握丰富的工作流程图和各项事务工作的要点。

图书在版编目（CIP）数据

流程办事：企业高效率运作实操大全集 / 罗芳编著. —北京：中国铁道出版社有限公司，2021.9

ISBN 978-7-113-28149-6

Ⅰ.①流…　Ⅱ.①罗…　Ⅲ.①企业管理　Ⅳ.① F272

中国版本图书馆 CIP 数据核字 (2021) 第 134534 号

书　　名：流程办事：企业高效率运作实操大全集

LIUCHENG BANSHI：QIYE GAOXIAOLU YUNZUO SHICAO DAQUANG JI

作　　者：罗　芳

责任编辑：王　佩　张文静　**编辑部电话：**(010)51873022　**邮箱：**505733396@qq.com

封面设计：宿　萌

责任校对：焦桂荣

责任印制：赵星辰

出版发行：中国铁道出版社有限公司(100054，北京市西城区右安门西街 8 号)

印　　刷：三河市兴达印务有限公司

版　　次：2021 年 9 月第 1 版　2021 年 9 月第 1 次印刷

开　　本：700 mm × 1 000 mm　1/16　**印张：**21.5　**字数：**363 千

书　　号：ISBN 978-7-113-28149-6

定　　价：79.00 元

前言

企业管理是对企业生产经营活动进行计划、组织、指挥、协调和控制等一系列活动的总称，其中涉及各项人力、物力、财力和信息等资源，有效的管理能提高企业各项工作的实施效率，节约企业成本。

根据不同的管理对象、不同的职能及业务功能，企业管理的基本内容包括员工招聘管理、入职管理、绩效管理、行政管理、员工关系管理、文件档案管理、薪酬福利管理、员工出勤管理、财务管理及促销管理。

不同部门的员工负责企业内部不同的工作，管理层和部门管理人员则要把握部门各类重点工作。各种繁杂的工作千头万绪，要想指导员工做好每项工作，必须要有一套行之有效的工作流程。员工按照工作流程图开展各项工作，一是清楚下一步环节，二是不会忽视重点工作。

通过图形表示工作思路是一种极好的方法，复杂的叙述不如一张图表现得简洁明了。可是面对企业各项复杂的工作，应该如何编制流程图呢？为解决这个问题，我们编写了本书。书中展示了各类管理工作中不同工作项目的基本流程，并对其中重要的环节展开介绍。通过阅读本书，可以帮助读者了解流程图的重要性以及制作流程图的基本常识，同时本书包含很多流程图模板，可供读者参考借鉴。

全书共12章，可大致划分为四个部分。

- 第一部分为第1章，这部分主要对流程管理的基础知识进行介绍，包括流程管理的概念、基本要素、设计步骤及流程符号等内容，从简单的流程管理知识入手，让读者掌握绘制流程图的方法。
- 第二部分为第2～3章，这部分对企业内部的招聘工作进行介绍，从人力资源的角度详细介绍了内外部员工的招聘流程、新员工入职流程以及培训方案的制定流程等内容，帮助读者详细了解招聘中重要的工作流程及关键的工作内容。
- 第三部分为第4～9章，这部分主要对企业内的员工管理和行政管理进行介绍，帮助相关人员更好地管理员工，做好日常事务工作。
- 第四部分为第10～12章，这部分主要对企业的物资采购、产品销售以及客户关系维护进行说明，帮助相关人员熟悉采购、销售和接待的基本流程，以便更加游刃有余地完成工作。

本书从流程管理出发，对企业内各项管理工作进行梳理，为管理人员提供工作思路，其中涉及的各种表单、制度和工作方法能帮助有关人员更好地开展工作。此外，书中不同的模块能降低阅读的枯燥感，增加阅读乐趣。

最后，希望所有读者都能从本书中学到想学的知识，掌握各项工作的基本流程，提升自身工作效率。

编　者

超值赠送（扫码获取）：

1. 本书所有流程图。

2. 电子书《Excel行政与人力资源必知必会的180个文件》。

目录

第 1 章　企业流程管理

企业中各项事务千头万绪，涉及的部门和人员甚多，如果部门与人员之间不能高效协作，那么完成一项工作就会费时费力。流程管理为企业提供了一种有效的方式，可以事先计划好每个部门应做的工作，使所有工作都有条不紊。

1.1 初步了解流程管理 /2

1.1.1 什么是流程与流程管理 /2

1.1.2 流程管理的意义和优势 /3

1.1.3 流程管理的目的和基本原则 /4

1.2 利用好“流程管理”工具 /5

1.2.1 流程管理的五大步骤 /5

1.2.2 绘制流程图的要点 /7

1.2.3 流程制图工具 /10

1.2.4 流程图的分类 /12

1.2.5 流程图形状的标准含义 /14

第 2 章 员工招聘与录用管理

员工的招聘和录用对企业人力资源管理来说是非常重要的环节，在这个环节中，若能提前规划好相关工作的流程，对开展工作来说是很有帮助的。

2.1 内部招聘流程 /18

2.1.1 人员需求预测 /19

2.1.2 招聘通知的方法 /22

2.1.3 员工异动工作 /25

2.1.4 更新员工档案 /27

2.2 外部招聘流程 /29

2.2.1 如何进行招聘宣传 /30

2.2.2 招聘广告禁忌需了解 /36

2.2.3 简历筛选方法 /37

2.2.4 做好面试准备工作 /40

2.2.5 进行背景调查 /42

2.3 新员工入职流程 /44

2.3.1 办理好员工入职手续 /45

2.3.2 与新员工签订劳动合同 /47

2.3.3 注意竞业限制问题 /51

第 3 章 员工入职培训管理

对新招聘的员工开展入职培训几乎是所有企业都会涉及的，不过入职管理涉及的程序和部门较多，并且还会花费不小的培训费用，因此需要人事部提前规划，做好入职培训管理。

3.1 培训方案制定流程 /56

3.1.1 分析员工培训需求 /57

3.1.2 设置合理的培训内容 /62

3.1.3 培训管理的有关表格 /63

3.1.4 做好培训预算工作 /68

3.2 培训实施流程 /70

3.2.1 下发培训通知，让员工知晓 /70

3.2.2 培训准备工作 /72

3.2.3 培训期间工作管理 /73

3.3 培训效果评估流程 /75

3.3.1 培训效果调查问卷 /76

3.3.2 培训效果的评估方法 /79

第 4 章　员工绩效考核管理

为了提高员工的工作效率，减少工作中的资源浪费，很多企业都会进行绩效考核管理。无论是前期的绩效目标设定，还是进行绩效考核，再到后来的绩效反馈，这些阶段是缺一不可的。

4.1 绩效目标设定流程 /84

4.1.1 绩效目标的设定原则 /85

4.1.2 绩效目标的设定程序 /86

4.1.3 绩效目标分解类型 /89

4.2 绩效考核流程 /93

4.2.1 了解绩效考核的方法 /94

4.2.2 制订绩效考核计划 /98

4.2.3 处理绩效申诉问题 /106

4.2.4 进行绩效考核反馈 /109

第 5 章 员工关系管理

企业是一个大型组织，有不同的部门，各自的工作任务也不同，员工之间有各自的工作，却也需要经常合作。为了能让企业上下级之间、不同部门之间亲密合作，企业要做好员工关系管理，让员工在适合的岗位上发挥自己的价值。

5.1 员工岗位轮换流程 /114

5.1.1 认识岗位轮换制的基本作用 /115

5.1.2 岗位轮换制的常见误区 /116

5.1.3 制订岗位轮换计划 /118

5.2 员工降级流程 /122

5.2.1 了解降职员工的心态 /123

5.2.2 降职管理的五大技巧 /125

5.3 员工离职交接流程 /127

5.3.1 注意员工离职的风险 /128

5.3.2 了解离职面谈的程序 /131

5.3.3 掌握离职面谈的技巧 /134

5.3.4 建立离职人员人才信息库 /137

第 6 章　日常行政事务管理

办公日常事务虽然看似并不起眼，但对于一个企业来说是不可或缺的。员工工作需要的设备，各种日常事务的开展，琐碎却重要，行政部人员做好这些工作才能让企业顺利运转。

6.1 办公设备管理流程 /140

6.1.1 办公设备分类管理 /141
6.1.2 编制办公设备使用情况表 /143

6.2 会议组织管理流程 /144

6.2.1 会议准备工作 /145
6.2.2 如何完成会议记录 /146
6.2.3 编制会议纪要 /149

6.3 消防管理流程 /152

6.3.1 如何编制消防管理制度 /153
6.3.2 了解消防安全常识 /155

6.4 事故处理流程 /157

6.4.1 成立事故调查小组 /158
6.4.2 划定事故的安全等级 /159
6.4.3 编写安全事故报告 /161

6.5 安全检查管理流程 /163

6.5.1 如何进行安全检查 /164
6.5.2 制定安全检查制度 /165

第 7 章　文件与档案管理

公司在日常的经营事务中会产生很多的重要文件，这些资料可以指导和帮助管理人员处理相关事务，所以资料的管理也成为企业内部的一项重要工作。

7.1 文件管理流程 /170

7.1.1 文件收发应有基本要求 /171

7.1.2 文件移交的注意事项 /174

7.2 印章使用管理流程 /175

7.2.1 刻制印章需要申请 /176

7.2.2 多方入手管理印章 /177

7.3 技术资料保密流程 /182

7.3.1 如何确定资料的密级 /183

7.3.2 遵守技术资料借阅流程 /185

7.4 档案归档与维护管理流程 /187

7.4.1 档案归档的基本程序 /188

7.4.2 档案的后续管理 /189

第 8 章　薪酬福利与费用管理

企业招聘员工就是利用员工的才能为企业带来利益，员工也会获得一定的报酬。所以企业要根据市场情况和企业发展状况设计出合适的薪酬福利制度，按照规定为员工发放工资。

8.1 薪酬方案审批流程 /192

8.1.1 行业工资状况决定工资基准 /193

8.1.2 岗位分析的直接目的 /199

8.1.3 岗位评价帮助 HR 定薪 /201

8.1.4 薪酬设计的策略 /205

8.2 工资发放流程 /206

8.2.1 编制工资表 /207

8.2.2 核对工资的基本流程 /209

8.3 员工薪酬管理流程 /210

8.3.1 薪酬方案的具体内容 /211

8.3.2 做好薪酬日常管理 /215

8.4 员工劳动保护管理流程 /216

8.4.1 工作环境分析不能少 /217

8.4.2 检查劳动保护措施的实施效果 /221

第 9 章 员工出勤管理

员工出勤情况可以反映企业整体的工作氛围和员工工作态度，为了维护企业内部的秩序，对员工出勤进行管理是很有必要的。企业员工的出勤管理包括上下班打卡、迟到早退处理以及加班规定等内容。

9.1 考勤管理流程 /224

9.1.1 如何开展员工考勤 /225

9.1.2 考勤管理的表单工具 /229

9.2 节假日管理流程 /231

9.2.1 设计企业休假管理制度 /232

9.2.2 如何安排值班事宜 /235

9.2.3 节假日安全管理 /236

9.3 差旅管理流程 /239

9.3.1 差旅费的报销事宜 /240

9.3.2 设计出差管理制度 /242

9.4 企业员工出入管理流程 /245

9.4.1 内部员工的出入管理 /246

9.4.2 外来人员的出入管理 /247

第 10 章 财务与物资管理

企业的年度目标预算与物资采购是前后呼应的，企业首先根据实际情况计划经营目标，然后根据经营目标确定生产量，再通过生产量计划采购量，以保证企业的生产经营活动顺利进行。

10.1 年度经营目标确定流程 /250

10.1.1 市场预测的基本步骤 /251

10.1.2 设计年度经营草案 /252

10.2 物资采购管理流程 /255

10.2.1 了解采购管理的重点内容 /256

10.2.2 制订采购计划 /257

10.2.3 寻找合适的供应商 /259

10.2.4 掌握与供应商谈判的重点 /266

10.2.5 签订采购合同才算合作成功 /267

10.3 入库管理流程 /272

10.3.1 编制入库管理制度 /273

10.3.2 货物的入库验收 /276

10.4 出库管理流程 /279

10.4.1 编制出库管理制度 /280

10.4.2 出库管理使用表单 /282

第 11 章　促销与销售管理

促销是提高企业销售量的一项有效的方法，通过各式各样的促销方式，不仅能推广产品，还能有效提升企业的知名度和美誉度，所以要懂得有效利用各种促销方式。

11.1 广告定位管理流程 /286
11.1.1 如何确定广告目标 /287
11.1.2 营销广告的不同方式 /289
11.2 经销商开发管理流程 /292
11.2.1 选择经销商的标准 /293
11.2.2 如何寻找经销商 /294
11.2.3 经销协议的主要内容 /297
11.3 销售提成管理流程 /301
11.3.1 多种销售提成的方式可供选择 /301
11.3.2 编制销售提成制度 /304

第 12 章　公共关系与客户关系管理

企业的运转离不开合作伙伴的支持，要想谈成更多的业务就要妥善处理与客户的关系。在接待客户、考察客户以及完成业务的同时按照基本的流程来开展工作，更能展现企业的专业、有序。

12.1 客户接待管理流程 /308
12.1.1 编制来访人员接待制度 /309

12.1.2 接待注意事项 /311

12.2 客户信用制定管理流程 /315

12.2.1 如何进行客户信用调查 /316

12.2.2 制定客户信用等级评定制度 /318

12.3 账款回收管理流程 /323

12.3.1 制订回款计划 /324

12.3.2 做好催收款项的准备 /325

流程办事

第1章

企业流程管理

企业中各项事务千头万绪，涉及的部门和人员甚多，如果部门与人员之间不能高效协作，那么完成一项工作就会费时费力。流程管理为企业提供了一种有效的方式，可以事先计划好每个部门应做的工作，使所有工作都有条不紊。

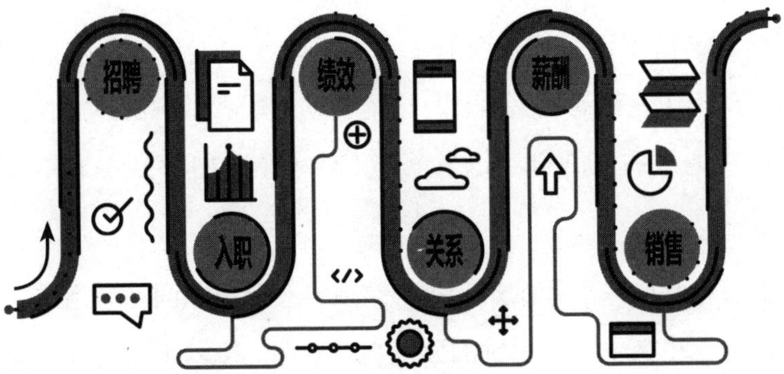

1.1 初步了解流程管理

流程管理是一种以规范化构造端到端的卓越业务流程为中心、以持续提高组织业务绩效为目的的系统化方法。简单来说，就是通过系统化的流程对企业各项工作进行规划安排，减少损耗，提高配合，保证员工工作绩效。

1.1.1 什么是流程与流程管理

有关流程的定义，大家其实都很熟悉了，一般来讲，流程指由两个及以上的业务步骤，完成一个完整的业务行为的过程。有了流程，就相当于有了方向，所以日常工作中，我们会为各种工作设计工作流程，以帮助员工更好地完成工作。

常见的工作流程有绩效管理流程、销售流程、采购流程和会议流程等。而工作流程一般具有 3 个要素，如下所示。

◆ **任务流向**：指明任务的传递方向和次序。

◆ **任务交接**：指明任务交接标准与过程。

◆ **推动力量**：指明流程内在协调与控制机制。

要想对工作流程有更全面的了解，需要绘制工作流程图，从而一目了然地呈现工作流程的相关信息，还能帮助管理者了解实际工作活动。工作流程图可通过适当的符号记录全部工作事项，用以描述工作活动流向顺序。

工作流程图由一个开始点、一个结束点及若干中间环节组成，中间环节的每个分支也都要求有明确的分支判断条件。所以工作流程图对于工作标准化有着很大的帮助。图 1–1 所示为常见的会议流程图。

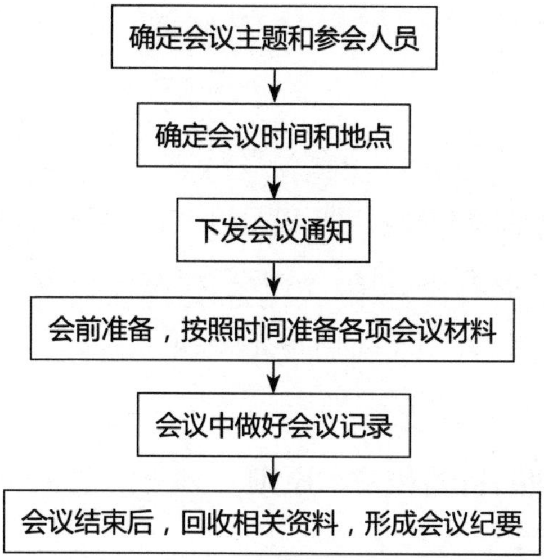

图 1-1　会议流程图

流程管理一般来说是对流程进行科学管理，包括设计和修改流程，以便更好地完成工作。

1.1.2　流程管理的意义和优势

流程管理如果使用得当，对企业经营有非常大的好处和意义，主要体现在三个方面——提高工作效率、节约成本和规范管理。

◆ 提高工作效率

流程管理对工作流程不断进行改进和优化，将多余的环节删去、合并，将不合理的工作顺序进行调整，这样员工按照规定好的工作流程工作时，可以减少不必要的步骤和麻烦，更快地完成工作，提高工作效率。

◆ 节约成本

在工作流程或管理流程中，可能会涉及很多环节，而在不同的环节需要与不同的人员或部门进行沟通、协同工作，如果能够规范工作流程，便可减少各环节的损耗，包括人力、物力和时间的浪费，从而节省企业的管理成本。

◆ 规范管理

制作工作流程图就是要利用流程图的优势，规范企业的各项工作及业务，将不同的工作准确地安排给各个部门和人员，让各部门、员工能够各安其职，做好自己的分内工作，同心协力帮助企业发展。

1.1.3 流程管理的目的和基本原则

我们都知道流程管理对企业来说具有很大的意义，那么流程管理的最终目的是什么呢？主要有如下 5 个方面。

①通过精细化管理提高受控程度。

②通过流程的优化提高工作效率。

③通过制度或规范使隐性知识显性化。

④通过流程化管理提高资源合理配置程度。

⑤快速实现管理复制。

企业要进行流程管理，通过设计工作流程来指导工作，就要遵守一定的原则，才能保证流程管理方式发挥其应有的效应。

整体原则。与绩效管理一样，要想顺利推行流程管理，就要让全体员工了解流程管理是什么，流程管理有什么优势，并且要培养流程管理意识，能够接受工作流程规范，并按照流程开展自己的工作。所以只有管理者参与，则效果不明显，更需要全体员工共同参与。

效率至上原则。虽然流程管理是企业管理的一种方式，不过该种管理方式是以简化工作步骤，提高工作效率为主要目的，因此更重效率。企业不能本末倒置，重管理而轻流程，为了管理方便增加一些烦琐的环节。

一体化原则。在流程的设置上，企业要遵循一体化原则，流程的开始、结尾和中间环节都要顺畅协调，井然有序。

技术性原则。流程管理与任何管理方式一样，都需经过前期的分析、交流以及资料收集才能确定科学的管理方案。为了让各工作流程的结构合理，节点衔接自然，企业需巧妙地设计。

循环原则。设计出初始的流程图后，并不意味着流程管理工作的结束，流程管理与绩效管理一样，是一个循环的过程，要根据企业经营方向的变化，工作内容的变化，不断改进工作流程，使其更协调，更能有效衔接各个工作环节。

1.2 利用好“流程管理”工具

简单来说，流程管理是一种管理方式，要想很好地运用这种管理方式，就需要借助一些“工具”。除了流程图外，还包括一些流程管理软件，下面一起来了解相关内容。

1.2.1 流程管理的五大步骤

企业的流程管理体系由不同的工作流程组成，这些工作流程可通过流程图展示。从最初设计流程图，到之后的流程管理，企业要完成哪些工作呢？

首先我们需要了解流程的六大要素，即输入、输出、过程、相互作用、对象和价值，如图 1-2 所示。

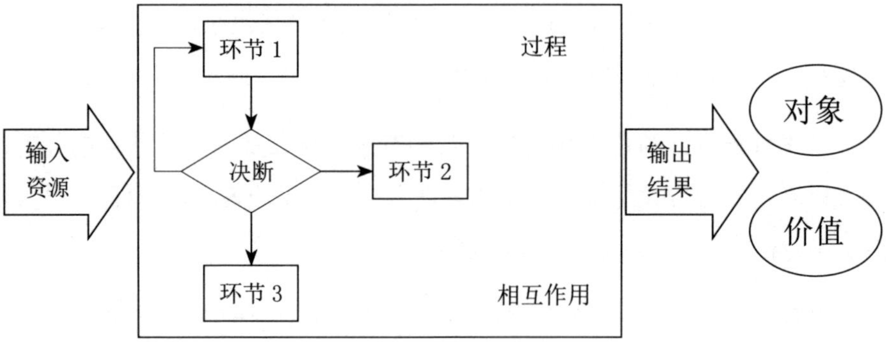

图 1-2　流程六大要素

围绕流程的三个主要素——输入、过程和输出，我们可以大致划分流程管理的步骤，包括以下五个步骤。

◆ 第一步，梳理工作内容

想要设计某项工作的工作流程，首先要做的就是全面了解和梳理工作内容，可通过收集与工作项目有关的材料来了解工作的具体内容，如岗位工作职责说明书、部门管理制度等。

根据收集的相关材料，对工作项目的重点内容进行分析，包括负责人员、涉及员工和重点环节等，可通过表格或清单的方式进行记录、筛选，以及顺序调整。

◆ 第二步，分析流程输出

根据常见的流程图可知，流程输出在流程图的末尾部分。但在一开始设计流程时，要反向分析。首先考虑流程输出部分，确定工作项目的最终目的；其次思考完成该目的要做哪些工作，从哪项工作开始，还要思考流程输出是决策行为还是执行行为。如销售流程是执行行为，而员工请假流程是决策行为，最后需要上级对员工请假行为进行批准。

◆ 第三步，确定流程输入

流程输入相当于准备工作，为了让工作顺利地进行，需要对此内容进行充分考虑，如申请某项工作需要准备相关资料。管理者可通过表单或清单对需要准备的内容进行罗列，可以为我们设计工作流程提供有效的思路。

◆ 第四步，完善流程的各环节

流程的全部环节是一项工作从开始到结束所经历的各个环节。环节的多寡也各有不一， 依据工作的要求而不同。在管理者有了基本的工作顺序后，还不能说这就是工作流程，我们需要考虑各种可能性和可能发生的结果，如该工作方向行不通该如何办？跨部门工作该如何展示？有两种解决方式该如何选择？

只有将这些问题都处理好，才能说掌握了工作重点，完善了工作流程。

◆ 第五步，改善流程

设计好流程后，在实际运用中，要注意考察员工的工作进度，接受员工的意见和建议，及时调整，优化工作流程。

1.2.2 绘制流程图的要点

其实，在日常工作中，流程图是非常常见的。不过常见并不意味着了解，流程图是使用图形表示过程或思路的一种方式，极大地弥补了语言的不足。在企业中，流程图主要用来说明某一过程。这种过程既可以是生产线上的工艺流程，也可以是完成一项任务必需的过程。

流程图需要通过各种图形、箭头来表示具体活动和顺序，一般来说，会使用一些标准符号代表某些类型的动作，如决策用菱形框表示，具体活动用方框表示。绘制流程图的习惯表示见表 1–1。

表 1–1 流程图的习惯表示

形状图形	形状名称	含 义
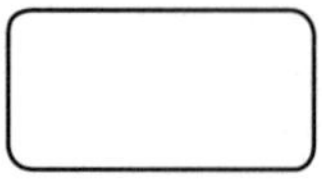	圆角矩形	表示“开始”与“结束”
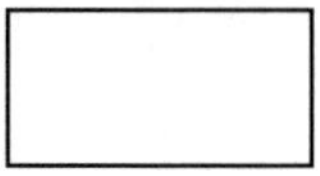	矩形	表示行动方案、普通工作环节
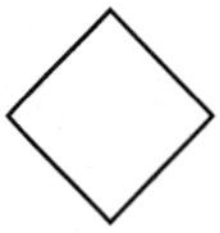	菱形	表示问题判断或判定（审核 / 审批 / 评审）环节
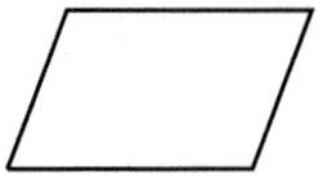	平行四边形	表示数据输入、输出
	箭头	代表工作流方向

通过绘图工具绘制流程图，要经过三个阶段。

1. 准备阶段

准备阶段又包括选择绘制对象、组织准备和收集数据 3 个具体步骤。

①选择绘制对象：确定绘制哪个流程的流程图、什么类型的流程图。

②组织准备：组成绘制小组，对小组成员进行流程图相关基本知识与技能的培训。

③收集数据：收集所有相关资料信息。

2. 确认阶段

确认阶段包括确认目标、确认部门、确认起止点以及确认输入 / 输出四个具体步骤。

①确认目标：明确设计流程图的具体目标。

②确认部门：了解流程涉及的全部部门（岗位），把步骤安排在这些部门（岗位）之下。

③确认起止点：寻找流程的起始点与终结点。

④确认输入 / 输出：确定各个节点上信息资料的输入 / 输出，即需要引入的文件资料和需要形成的文件资料。

3. 绘制阶段

绘制阶段包括形成草图、审核修改、加入说明和正式定稿四个具体步骤。

①形成草图：首先绘制图形，输入对应的文字及标记等。

②审核修改：反复征求各相关人员的意见，反复修改、补充和完善，对不足和错误进行改进和改正。

③加入说明：形成有助于正确阅读和理解流程图图示的文字说明。

④正式定稿：在多次修改以后，经过上级负责人的批准，正式确定流程图定稿。

在绘制流程图的过程中，有一些需要注意的要点，相关人员应该有一定的了解。

其一，流程图的方向应是由高到低，由左到右，有连贯性和一致性。

其二，使用在一定范围内通用、统一的符号和图形标记，最好不使用复杂的图形，图形中的文字也尽量简洁、精练。

其三，流程图的结构应完整，除表格图形外，涉及部门、说明等内容也不能缺少。

其四，尽量避免出现交叉的流动线路。

其五，以连接线等形式减少线路的数量。

1.2.3 流程制图工具

绘制流程图通常在电脑中操作，最常用也是最简单的流程图绘制工具就是 Word 文档。打开 Word 文档窗口，在“插入”选项卡“插图”组中的“形状”下拉菜单中选择“新建绘制画布”选项即可开始绘制。Word 文档提供了各种类型的图形，包括常用的流程图形状，如图 1-3 所示。

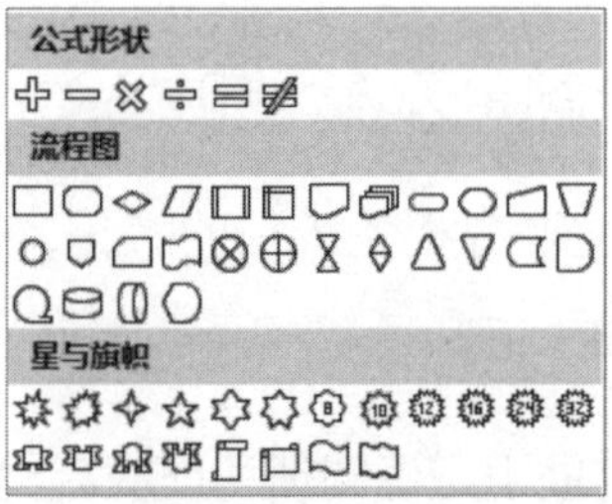

图 1-3 Word 文档提供的流程图功能

除了绘制图形外，在 Word 文档中还可以对绘制形状进行修改，包括颜色、形状样式等。

电脑自带的绘制工具的确使用人数较多，而现在，不少信息软件公司，也开发了各种实用图形绘制工具，如 Process On 在线制图工具。

Process On 是一个在线作图工具的聚合平台，它可以在线绘制流程图、思维导图、UI 原型图、UML、网络拓扑图和组织结构图等，不论是 Mac 还是 Windows，在浏览器中就可以随时随地地发挥创意，规划工作。图 1-4 所示为 Process On 主页。

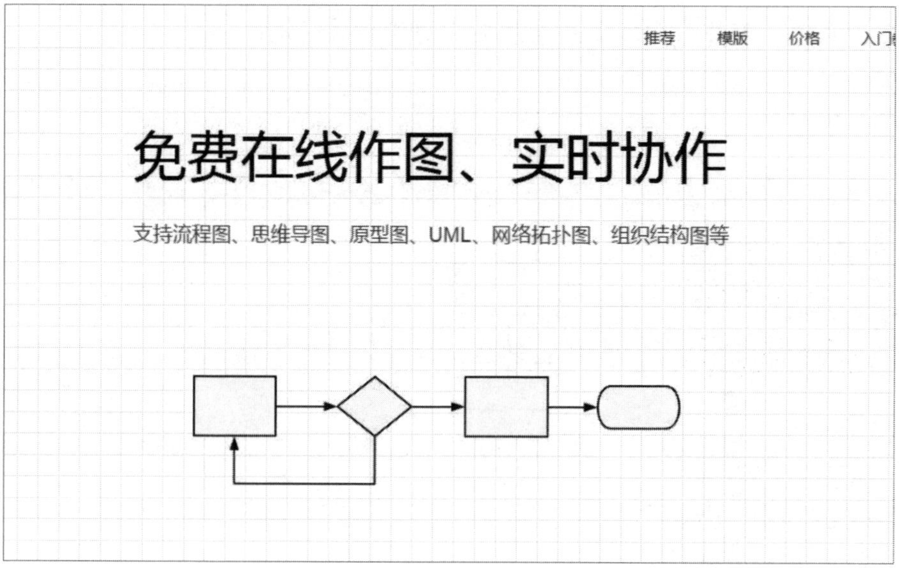

图 1-4 Process On 主页

用户不仅可以绘制流程图，还可以在线搜索海量的流程图模板，以作借鉴参考，如图 1-5 所示。

图 1-5 模板页面

如何利用 Process On 绘制流程图呢？只需在线新建空白流程图，就能进入绘制界面。

该在线绘制工具操作简单，将图形拖动到绘制区域即可，图形之间的各节点也能轻松连接，只需要将鼠标置于节点上，待鼠标变成十字形状时拖动，就能直接画出连接箭头，如图 1–6 所示。

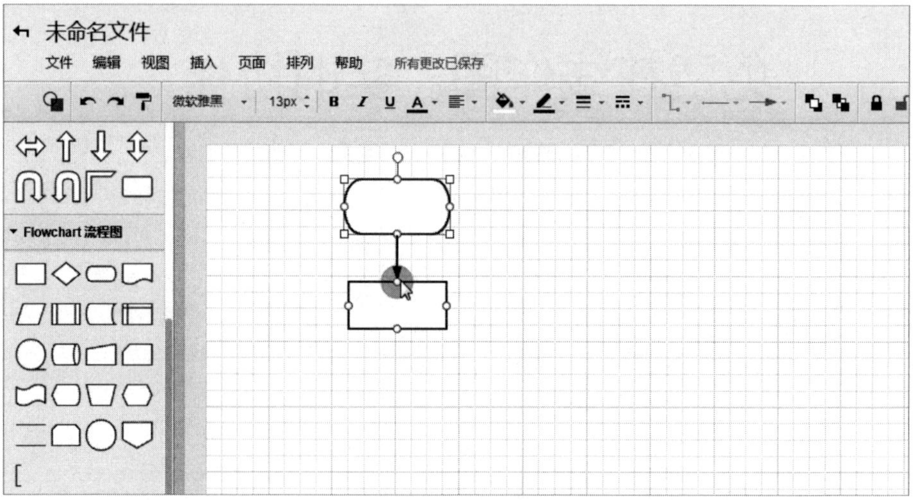

图 1–6　绘制页面

只要善于利用各种绘制工具，我们就能够绘制出理想的流程图，然后按照流程图规范地开展工作。

1.2.4　流程图的分类

流程图是一个统一的名称，在实际的运用中，根据使用目的不同，展现内容的不同，会有具体的分类，多达十多种，如图 1–7 所示。

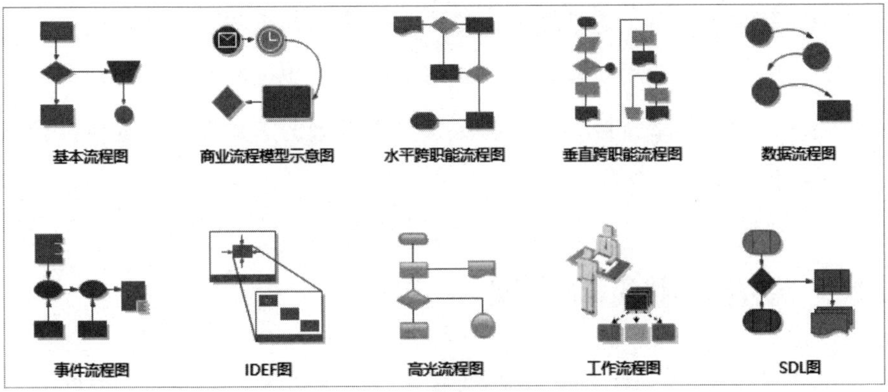

图 1-7　流程图种类

根据日常工作涉及的场景，常见的流程图有五种类型，分别是商业流程图、跨职能流程图、数据流程图、事件管理流程图和工作流程图。

- **商业流程图：**又叫业务流程图，主要用于展示组织内部各人员与各部门的业务关系、管理信息以及作业顺序。
- **跨职能流程图：**可显示进程中各个步骤之间的相互关系，也能显示执行它们的职能单位。可以使用跨职能流程图显示一个进程在各部门之间的流程，或者显示一个进程是如何影响公司中的不同职能单位的。按照分布的方向不同，可以分为水平跨职能流程图和垂直跨职能流程图。
- **数据流程图：**是一种能全面地描述系统数据流程的主要工具，用一组符号来描述整个系统中信息的全貌，综合地反映出信息在系统中的流动、处理和存储情况。
- **事件管理流程图：**这主要针对 IT 行业，当一个事件输入的时候，首先要对事件进行检查、定位。检查事件的时候要与它不断交互，明确它的影响范围和紧急程度，还要进行初步的归类评估。
- **工作流程图：**这是对企业员工来说最常见的流程图，也是主要介组的流程图。通过适当的符号来记录工作事项，能够反映一个组织系统中各项工作之间的逻辑关系。工作流程图可以帮助管理者了解实际工作活动，并去除工作中多余的工作环节，进而提升工作效率。

1.2.5 流程图形状的标准含义

上文中，我们已经讲过一些图形形状在流程图中的用法，除此之外还有一些图形会在流程图中使用，这些图形的含义也是有必要了解的，见表 1-2。

表 1-2 流程图形状含义

形　状	形状名称	含　义
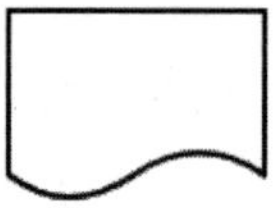	文件	表示文件，可以是生成的文件，或者是调用的文件
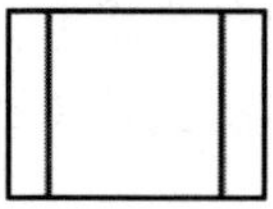	双边矩形	一般出现在较为复杂的流程图中，对流程走向进行预设处理，即子流程
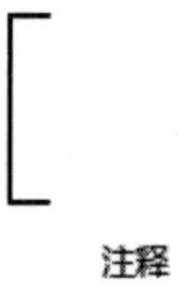	括弧	表示注释、说明，也可以作条件叙述。日常使用时，会对某一阶段的流程进行执行说明，或者需特殊操作时使用
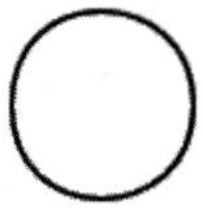	圆形	页面内引用，表示某种联系，一般在同一流程图中对一个进程到另一个进程的交叉引用

续表

形　　状	形状名称	含　　义
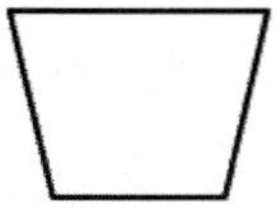	梯形	表示人工操作，指需要用户手动操作调整的内容，如修改、搜索、删除和提交等
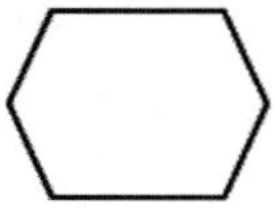	六边形	表示准备，即进入流程前的准备状态，大多用作流程的起始，类似起始框
	离页连接符	表示跨页引用
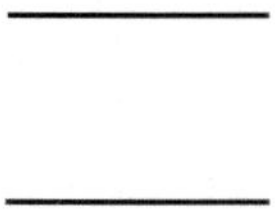	平行线	表示并行模式，一般用于程序流程图中，指两个流程或一个流程的两部分或几部分是同时进行的，在并行模式的框内可以添加其他部件
	资料带	表示条带，一般用于系统流程图中
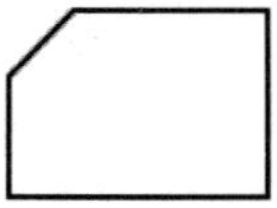	卡片	一般用于系统流程图中
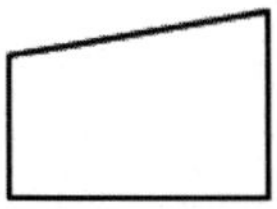	直角梯形	表示人工输入，即用户通过计算机键盘手动输入的数据
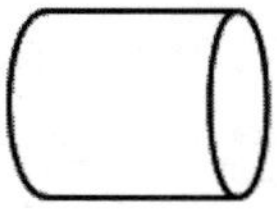	圆柱形	表示从数据库中获取数据信息

续表

形　　状	形状名称	含　　义
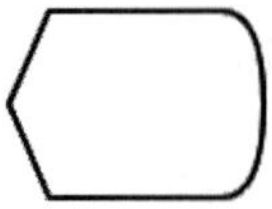	显示	指在网站或设备上展示的信息，比如首页轮播图、商品详情页等
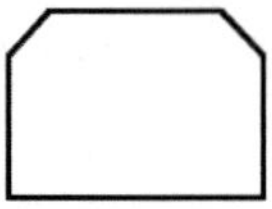	循环上限	表示循环限值，指循环开始或结束的条件
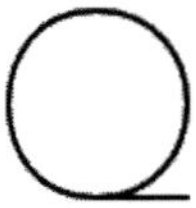	顺序访问存储器	表示队列数据

流程办事

第2章

员工招聘与录用管理

员工的招聘和录用对企业人力资源管理来说是非常重要的环节，在这个环节中，若能提前规划好相关工作的流程，对开展工作来说是很有帮助的。

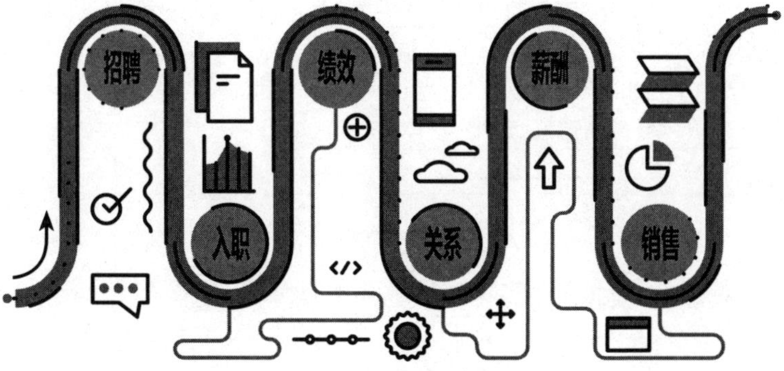

2.1 内部招聘流程

内部招聘流程如下所示。

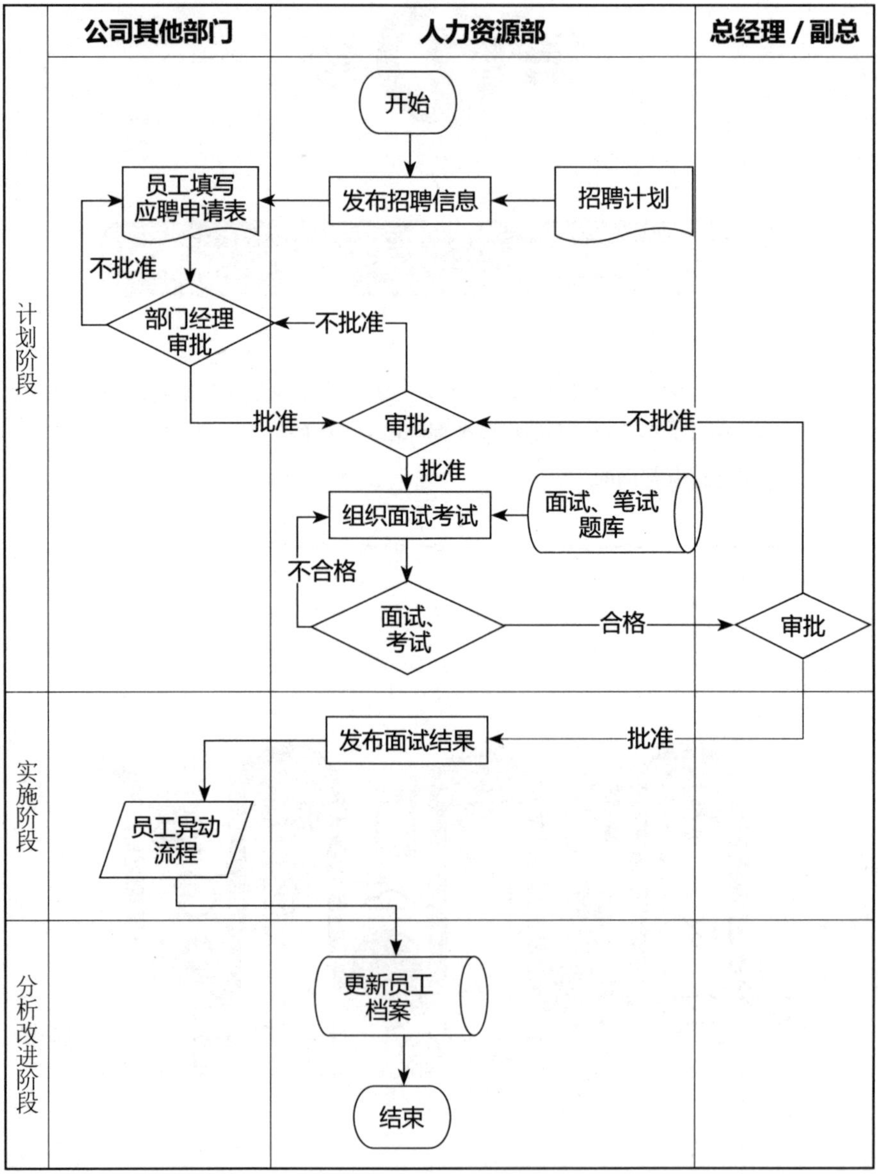

内部招聘指在单位出现职务空缺后，从单位内部选择合适的人选来填补这个位置。内部招聘可分为广义和狭义，广义的内部招聘指公司内部员工自荐或推荐亲朋好友及子女到公司工作；狭义的内部招聘指招聘范围仅限于公司内部在岗员工，相当于人员内部调动。

2.1.1 人员需求预测

企业进行招聘工作的前提条件就是企业内部有职位空缺，需要寻找优秀的人才来填补职位空缺。所以在进行内部招聘、正式发布内部招聘信息前，人力资源部应做好人员需求预测，进而做好内部招聘计划。

一般来说，人力资源部在进行人力资源需求预测后会制作人员需求预测表，再根据人员需求预测表考虑是否需要进行招聘，是进行内部招聘还是外部招聘，然后再制订招聘计划。

要经过怎样的步骤才能制作出人员需求预测表呢？一起来了解一下。

1. 了解公司岗位信息

要想预测公司人力资源需求，首先需要对公司内部的组织结构、岗位信息和部门人员安排等信息有一个基本的了解。这样才能判断公司每个部门每个岗位需要哪些人才，需要多少人才。

人事专员可通过岗位说明书、组织结构图和岗位用人制度来收集有关信息；或是抽样调查、与各岗位员工面谈，以了解更真实、可靠的岗位信息。

2. 归纳岗位信息

收集并了解了相关岗位信息后，人事专员需要对大量的信息进行分析、提炼、归纳和汇总，主要可分为三大信息板块。

①部门结构及人员安排。

②岗位职责及任职要求。

③随着企业发展，未来需要的人力资源。

3. 定期汇总各部门人员需求

各部门因不同的原因，肯定会出现人员缺失的情况，当部门上报人力资源部时，人事专员要进行登记，不过登记信息不能只有缺失岗位和数量，还应包括部门负责人对招聘员工的特殊要求（包括知识、技能、经验和能力等）和最迟期限。

人事专员要据此对照人事部已有的岗位资料，查看在岗位职责要求上是否有新的变化。最好能够事先设计人员需求申请表（表 2–1），供各部门使用，也方便人力资源部归档。

表 2–1　人员需求申请表

<table>
<tr><td>需求岗位名称</td><td></td><td>空缺人数</td><td></td><td>隶属部门</td><td></td></tr>
<tr><td>申请原因</td><td colspan="5">☐离职补缺　☐替换人员　☐岗位调动
☐需要扩编　☐储备人员</td></tr>
<tr><td colspan="6">职位要求</td></tr>
<tr><td>项目</td><td colspan="2">最低要求</td><td>项目</td><td colspan="2">最低要求</td></tr>
<tr><td rowspan="3">基本期望</td><td>性别</td><td>☐不要求
☐要求：</td><td rowspan="3">工作经验</td><td>行业背景</td><td>☐不要求
☐要求：</td></tr>
<tr><td>年龄</td><td>☐不要求
☐要求：</td><td>工作年限</td><td>☐不要求
☐要求：</td></tr>
<tr><td>薪酬</td><td>☐不要求
☐要求：</td><td>跳槽频率</td><td>☐不要求
☐要求：</td></tr>
</table>

<table>
<tr><td rowspan="2">教育背景</td><td>学历</td><td>□不要求
□要求：</td><td rowspan="2">必备技能</td><td>电脑水平</td><td>□不要求
□要求：</td></tr>
<tr><td>专业</td><td>□不要求
□要求：</td><td>外语水平</td><td>□不要求
□要求：</td></tr>
<tr><td>优先条件</td><td colspan="5"></td></tr>
<tr><td>其他补充要求</td><td colspan="5"></td></tr>
<tr><td colspan="6">工作要求</td></tr>
<tr><td colspan="3">职位描述</td><td colspan="3">任职要求</td></tr>
<tr><td colspan="3"></td><td colspan="3"></td></tr>
<tr><td>部门经理申报意见</td><td colspan="5">部门负责人：
年　月　日</td></tr>
<tr><td>人事意见</td><td colspan="5">人事主管：
年　月　日</td></tr>
<tr><td>总经理意见及批复</td><td colspan="5">总经理：
年　月　日</td></tr>
</table>

拓展贴士 ***人力资源缺失的缘由***

部门产生人员需求的原因主要四点：其一，因工作异动、员工调岗情况而造成的原岗位缺失；其二，因工作需要、工作项目的改变而急需某种岗位人才；其三，因部门扩大或公司发展壮大，需要增加部门人员；其四，公司在发展期，为避免人力资源不影响公司发展，需要储备一定的人才。

4. 制定人才需求预测表

人事部门根据公司的发展重点和人力资源规划方案来审核部门上交的人员需求申请表，从岗位和人员数量上进行考量，并及时与部门负责人进行沟通，然后编制该段时间的人员需求预测表。

根据各职能部门提交的人员需求申请表和企业发展规划的需求，本季度企业人员需求预测表见表 2-2。

表 2-2 人员需求预测表

部　门	职　位	所需人数
决策层	副总经理	1
管理层	销售主管	3
	人事主管	1
	行政主管	2

2.1.2 招聘通知的方法

人事部对公司的人才需求进行预测后，就要制订相应的招聘计划，如果是内部招聘，要如何向全体员工通知招聘信息呢？

一般来说，公司内部招聘需要编写招聘通知，将此次内部招聘岗位的基本内容进行说明，并告知员工申请的方式和时间期限，如下所示为某公司内部招聘通知书示例。

内部招聘通知

（2020）HI-01-11

各位员工：

企业能够发展到今天，离不开企业内各部门人才的付出和贡献。完备的人才储备，对企业来说，是至关重要的；对员工来说，也是更好地发展自己的机会。

为了促进员工的事业发展，加深企业内部的人才流动，现对采购部和销售部的空缺职位进行内部招聘，欢迎符合条件的企业员工踊跃竞聘。具体招聘信息及要求如下。

一、招聘信息

1. 采购部招聘岗位——高级采购员（1 名）。

（1）岗位职责。

①	负责新供应商开发，收集与本公司有关的采购供应商信息，组织安排对新供应商的评审、考核。
②	熟悉所负责采购产品的产品信息，了解相关物料的市场价格情况。
③	对已批量采购的直接生产材料的采购量和价格进行月度跟踪，确保价格执行情况有序进行。

（2）任职资格。

①	在企业工作满 6 年。
②	英语流利。
③	善于表达沟通、计划工作，责任感强。
④	有志于在采购领域进行职业生涯发展的人员。

2. 销售部招聘岗位——客服人员（3 名）。

（1）岗位职责。

①	负责产品工具分析应用与运营维护。
②	负责公司系统优质业务日常管理工作。

（2）任职资格。

①	全日制本科及以上学历。
②	在分公司以上单位具备 3 年以上管理岗工作经验者优先。
③	具有较强的口头、书面表达能力，协调沟通能力，组织策划能力，数据统计分析能力。
④	具有高度的工作责任心和客户服务意识，能承受较大的工作压力。

二、报名流程

1. 报名时间：自通知发布之日起 15 个工作日内有效。

2. 特殊要求：近 3 个月的绩效等级达到 B 级以上。

3. 报名方式：部门从优推荐、员工自愿报名两种方式，报名时需提交内部招聘信息登记表。

三、面试程序

1. 人力资源部和该岗位空缺部门根据上述岗位要求对申请人进行初步筛选。

2. 面试和测试。

3. 公布竞聘结果。

四、联系方式

联系人：胡 ×，张 ×

联系方式：（029）××××××××

邮箱：zhaopin@481×.cn

人力资源部

20×× 年 5 月 3 日

内部招聘通知拟好以后，应进行发布，常见的发布方式有四种。

① 在公司的布告栏中进行张贴。

②群发至员工的电子邮箱。

③通过部门下发，将招聘通知下发到部门负责人手中，由部门负责人进行通知，可在会上提出，复印多份，每人一份。

④通过公司的 OA 办公系统发布，简单快捷。

2.1.3 员工异动工作

进行内部招聘后，员工如果顺利通过了面试考核，就会发生员工岗位异动。员工异动，至少涉及两个部门的工作变化，所以人力资源部门最好事先设计好异动工作的步骤和环节。

- 首先，得到相关负责人的审批，包括招聘负责人、员工原部门负责人、员工入职部门负责人和总经理。
- 其次，需要员工本人签字。
- 再次，进行员工岗位异动沟通。
- 然后，更新薪酬档案及人事关系，将员工档案归档。
- 最后，员工交接工作，到新岗位上岗。

在岗位异动过程中会涉及人事异动审批表的签订，作为合理异动的依据，在表格的设计上，首先应该包含异动原因和员工异动前后的职位信息变化；其次，要有各部门负责人表达意见的空间。表 2–3 为某公司人事异动审批表模板。

表 2-3 人事异动审批表

部门		岗位		姓名	
入职日期		异动类别	□内部招聘 □晋升 □降职 □调动		
变动后					
部门		岗位		异动时间	
部门负责人	调出部门 □同意 □不同意 理由：（不同意需要注明理由） 签名： 日期：		调入部门 □同意 □不同意 理由：（不同意需要注明理由） 签名： 日期：		
人力资源部	□同意 □不同意 签名： 日期：				
总经理	□同意 □不同意 理由：（不同意需要注明理由） 签名： 日期：				
本人确认	本表格内容经公司与本人双方平等自愿协商同意，本人知悉并确认人员异动审批表中的所有内容与信息。 本人确认签名： 日期：				

虽然通过内部招聘进行岗位异动是理所当然的事，但为了让员工顺利过渡职位异动过程，相关负责人员，需要做好异动沟通工作。对员工异动前后的变化做一个说明，包括工作地点、工作时间和上下级关系等，尤其是工作内容和薪酬的变化。

另外，要提醒员工做好交接工作，可以通过表格来办理交接工作，这样不容易出现差错，见表 2−4。

表 2-4　员工异动工作交接表

<table>
<tr><td>交接人姓名</td><td></td><td>原部门</td><td></td><td>原岗位</td><td></td></tr>
<tr><td>接收人姓名</td><td></td><td>部门</td><td></td><td>职务</td><td></td></tr>
<tr><td colspan="6">工作交接情况说明</td></tr>
<tr><td colspan="2">项目</td><td colspan="3">内容描述（数量、质量、金额等）</td><td>交接日期</td></tr>
<tr><td colspan="2" rowspan="2">工作事项交接</td><td colspan="3"></td><td></td></tr>
<tr><td colspan="3"></td><td></td></tr>
<tr><td colspan="2" rowspan="2">管理资产及使用物品交接</td><td colspan="3"></td><td></td></tr>
<tr><td colspan="3"></td><td></td></tr>
<tr><td colspan="2" rowspan="2">文件资料交接</td><td colspan="3"></td><td></td></tr>
<tr><td colspan="3"></td><td></td></tr>
<tr><td>特别事项说明</td><td colspan="5"></td></tr>
<tr><td>交接人签字</td><td colspan="2"></td><td>原部门负责人
签字</td><td colspan="2"></td></tr>
<tr><td>人事部负责人
签字</td><td colspan="5">年　月　日</td></tr>
</table>

从一开始的内部招聘到异动沟通，再到员工的工作交接，人力资源部在每个环节都会参与。因此，人力资源部的工作更加繁重，需要做好各部门的协调配合，还要设计好需要的工作表格。

2.1.4　更新员工档案

内部招聘与外部招聘还是有诸多同，顺利通过内部招聘的员工，人事专员要尽快发布成功竞聘的通知，还要及时督促员工进行工作交接。

员工成功到岗后，所属部门、岗位、薪资待遇等都会有所变化，人力资源部要趁此机会，更新员工档案，以免日后需要调用的时候出现混淆。对于此种情况下的更新，人事专员首先要注意的是员工职级岗位的变动。如下例所示为更新员工档案后的档案表变化。

员工原档案基本信息版块：

入司情况	所属部门	行政部	担任职务	行政秘书
	入司时间	20×× 年 5 月 7 日	转正时间	20×× 年 6 月 7 日
	合同到期时间	20×× 年 5 月 7 日	聘用形式	网络招聘

岗位异动后档案基本信息版块：

入司情况	所属部门	宣发部	担任职务	广告创意员
	转岗时间	20×× 年 8 月 9 日	新合同签订时间	20×× 年 8 月 7 日
	合同到期时间	20×× 年 8 月 7 日	聘用形式	内部招聘
	所属原部门	行政部	原担任职务	行政秘书

除了基本的岗位信息有所变化外，人事专员还要做好基本的归档工作，主要包括以下注意事项。

一是档案材料的收集。员工档案一般包括体检表、学历资料、任职材料、工资材料和奖励处分资料等，凡是与员工密切相关的材料，都应该收集在员工档案中。在岗位异动时，更应该检查是否有材料遗漏。

二是员工档案的电子化。现在很多企业的重要材料都会进行电子存储备份，员工档案也不例外，所以档案更新后，人事专员还要进行电子档的更新。

2.2 外部招聘流程

外部招聘流程如下所示。

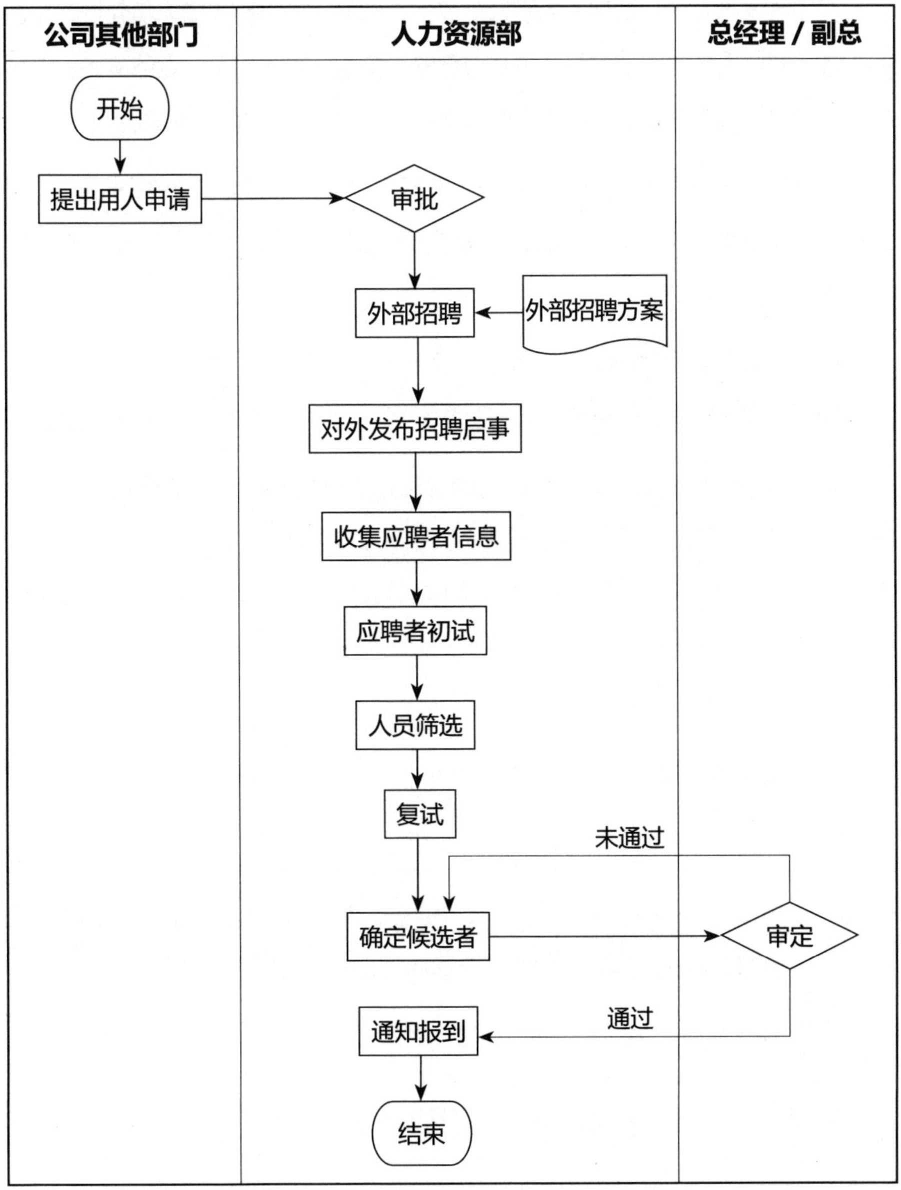

外部招聘指将外部具有企业需要的人才招聘进来并安置在合适的岗位上。与内部招聘一样，外部招聘是企业获得人力资源的方法之一。外部招聘的方式有很多种，常见的有员工推荐、网络招聘、校园招聘和猎头招聘等。

员工推荐指在企业出现人力资源短缺的情况时，允许员工向人事部推荐适合的人才，若经人事部面试考核，成功应聘的，企业会给予员工一定的奖励。这样的招聘方式可以省去很多前期的招聘准备工作，不过选择的范围不是很广。

网络招聘现在已经是招聘的主流方式了，适合大、中、小型各种企业，且企业可以筛选的范围很广。不过网络招聘需要借助招聘平台进行，必要时可能还需支付一定费用。

校园招聘指企业到当地的高校进行有针对性的招聘活动，可通过对口专业找到 最合适的人才。这种招聘方式有时间限制，一般在每年的毕业季进行。

猎头公司是英文 Head Hunter 直译的名称，指那些以受托招聘为主要业务的公司。猎头招聘指通过猎头公司来为企业寻找合适的人才，一般通过猎头招聘的人才都是高精尖人才，而且需要支付相对高昂的费用。这样的招聘方式只会在特殊情况下才会选择，由于猎头公司的专业性很高，所以成功率也非常高。

2.2.1 如何进行招聘宣传

企业招聘开始之前，首先要发布招聘启事或是招聘广告，以让潜在招聘对象知道企业的招聘活动。因此，招聘宣传不仅要辐射面广，还要有吸引力。企业可从招聘的形式、内容和设计这三个方面来进行招聘宣传。

1. 招聘形式

招聘广告的发布形式有多种，常见的有宣传单、广告宣传片、网页广告、杂志宣传和报纸宣传等。

宣传单。招聘宣传单的成本是最低的，所以很多企业都会使用这种宣传方式，用途也非常广，可以在商业圈进行发放，可以张贴在高校布告栏，也可以在写字楼大厅进行投放。

广告宣传片。通过影视的形式来展示招聘的相关信息，影视化的一个好处就是更加直观，更加有吸引力，可以投放到地铁、商圈等广告屏幕上，当然耗用的成本非常高，一般只有大型企业才会选择。

网页广告。企业一般选择智联招聘、58 同城等招聘网站投放广告，因为比起其他视频网站、购物网站，这些网站潜在人才的覆盖面更广，如图 2-1 所示。

图 2-1　智联招聘网页广告

杂志宣传。一般杂志上都有广告宣传页，若要发布招聘广告，可选择同城的商业杂志、经济杂志进行广告宣传。订阅这类杂志的人一般都是行业精英，所以招聘高端人才时，会选择此种招聘宣传形式。

报纸宣传。对同一个城市来说，报纸的覆盖能力不容小觑，所以登报招聘具有大众化的特点，适合低端职位，成本也易控制。现在通过支付宝中的“登报通”小程序就能登报宣传了，如图 2-2 所示。

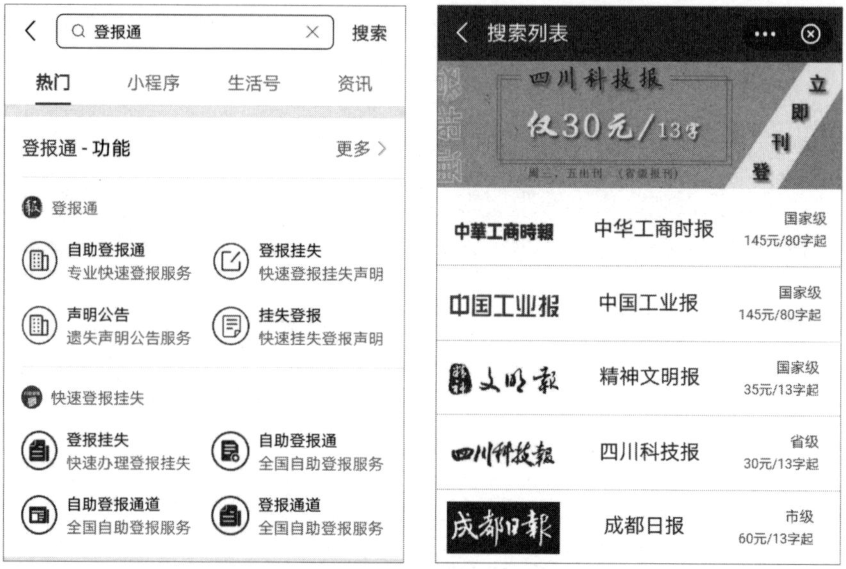

图 2-2 “登报通”小程序

在支付宝首页搜索框搜索“登报通”，就能找到一些登报的小程序，通过这些小程序，企业可以选择适合的报纸刊登招聘信息。

2. 招聘内容

招聘广告是企业招聘的重要工具之一，内容的好坏直接影响到应聘者的素质。一般来说，招聘广告的主要内容包括如下几方面。

- 本企业的基本情况。
- 是否经过有关方面的批准。
- 招聘人员的基本条件。
- 报名的方式。
- 报名的时间、地点。

◆ 报名需携带的证件、材料。

◆ 其他注意事项。

在实际操作中，招聘广告的内容不需要非常齐全，涵盖招聘信息的方方面面，除了报名联系方式外，其他的内容可以选择性展示。如只展示招聘职位 + 公司情况，或是展示岗位信息。图 2–3 所示为某些招聘广告的内容呈现，可以看到内容十分简洁。

图 2–3 招聘广告内容示例

所以说，具体的内容不是最重要的，有吸引力才是关键，招聘内容至少要有一个“吸引点”。如何提高招聘内容的吸引力呢？需要从以下两个方面入手。

标题突出。一般招聘广告需要一个标题，一来告诉潜在对象公司在进行招聘，二来吸引注意。所以招聘广告的标题不能太过老套，或是千篇一律。表 2–5 为几种特别的广告标题类型。

表 2-5　招聘广告标题类型

类　型	示　例	
咆哮型	你怎么还不来 缺的就是你 找的就是你 我们缺人	为什么这样的待遇也没有人来关注啊 I WANT YOU 缺你不可
武侠型	江湖高远，有本事的人才能脱颖而出 高手通缉令，这有你的一席之地 招贤纳士，寻找与众不同的你	重金悬赏，大侠你在哪 少侠请留步 大侠一身好本领，怎能被埋没
寻人型	我们在等你，你在哪呢 寻找闪闪发亮的你 寻找千里马，没错是你	寻找追求梦想的你 全城搜索，虚位以待 我的设计师你到底在哪里
激励型	百万年薪等您来挑战 不要害怕，要干就干大的	天生我材必有用
煽情型	在家待着不是事，亲爱的，你需要一份热爱的工作 世界上最遥远的距离就是一份简历的距离 众里寻他千百度，蓦然回首，那人却在灯火阑珊处	这里是梦开始的地方 做人没有梦想，和咸鱼有什么分别呢 只因在人群中多看了你一眼 你是聪敏睿智，而我宏图华构，我们很配
网络语言型	这里有个职位要和你谈谈 只谈梦想的招聘都是耍流氓 今天我们在搞事情 未来可期，你还不来	无论你来与不来，我们都在这儿等你 世界那么大，你不试怎知

带有行业特色。在展示招聘内容的时候，注意结合行业的特点，遣词造句。这样可以精准吸引对口行业或专业的人才，还能展示公司的专业性。

3. 招聘设计

要进行招聘宣传，肯定不能只有文字，这样太过单调，很难引起人才的注意。所以无论是宣传单，还是网页广告，都需要好好设计一番。

企业可将设计的工作交给设计公司，或是企业自己的宣传部。若是没有宣传部，人力资源部可自行设计，网络上有很多设计网站，能够提供各种类型的设计模板。无论是要高端的，还是有科技感的，都可以找到，只需要下载模板进行编辑即可。一些招聘广告设计模板如图 2-4 所示。

图 2-4 招聘广告设计模板

常见的线上设计网站见表 2-6。

表 2-6 线上设计网站

设 计 网	网 址	基本介绍
图怪兽	https://818ps.com/	图怪兽是一款在线图片编辑服务平台，提供图片模板元素，用户可通过替换修改文字来完成图片设计，操作简单
觅知网	https://www.51miz.com/	觅知网专注于优质实用的设计资源下载，除了作品创意与美感，更注重作品的实用性，下载即用

续表

设计网	网址	基本介绍
稿定设计	https://www.gaoding.com/	稿定设计是一款多场景商业视觉在线设计平台，可根据不同场景不同尺寸，满足中小型企业的图片及视频模板设计需求
创客贴	https://www.chuangkit.com/	创客贴是一款简单易用、功能强大的线上图形设计工具，用户可使用平台提供的大量图片、字体和模板等设计元素，通过简单的拖、拉、拽就可以制作出需要的图片或设计
图司机	https://www.tusij.com/	图司机提供强大的在线图形工具以及大量可商用设计模版、设计元素，主打极速出图，让非设计师用户也能简单生成商用设计稿，支持正版原创

2.2.2 招聘广告禁忌需了解

很多企业在进行招聘宣传时，会展示企业的一些信息或是招聘条件，如果不加以注意，可能会为企业带来一些隐患。

1. 信息不真实

为了吸引人才的注意，有的企业可能会在招聘宣传时夸大企业的情况。相关负责人一定要把握好尺度，保证内容的真实性，可以适当美化企业的环境，但不能无中生有，添加虚假的内容。

根据《中华人民共和国广告法》第三条规定：广告应当真实、合法，以健康的表现形式表达广告内容，符合社会主义精神文明建设和弘扬中华民族优秀传统文化的要求。

第四条规定：广告不得含有虚假或者引人误解的内容，不得欺骗、误导消费者。广告主应当对广告内容的真实性负责。

如果企业发布虚假信息诱骗求职者，遭到求职者的举报，将会被劳动监察部门查处。

2. 歧视性语句

根据《中华人民共和国劳动法》第十二条规定：劳动者就业，不因民族、种族、性别、宗教信仰不同而受歧视。

有的企业会在招聘宣传中，对员工的任职资格进行简单描述，如需要获得 ×× 资质证书，需要从业经历 5 年等。这些都是无可厚非的，不过要注意不能出现歧视性的语句，主要有 4 类歧视问题。

性别歧视。绝大多数工作并没有明显的性别之分，若是公司在招聘启事上注明“只招男性”，这样很容易构成性别歧视问题。女性求职者若是向相关部门进行投诉，公司也要承担一定的责任。最好的做法是避开性别问题，不在招聘启事中指出。公司也要增强意识，开阔眼界，性别歧视只会让公司失去优秀的人才。

年龄歧视。很多招聘广告中可能会提到对年龄的要求，常见的有“×× 岁以下”，看似正常的要求，其实也是一种年龄歧视。一来让企业错过那些经验丰富的人才，二来让年龄稍大的人失去了求职的机会。

学历歧视。很多公司都有迷信高学历的情况，诚然，名校毕业的高学历人才确有过人之处，不过不代表普通学历的人没有真才实学，经验和技能远胜于学历。

地域歧视。有的招聘广告中会出现“不招 ×× 省人”等字眼，这种明显的地域歧视不利于公司的良好形象，更阻碍了不同地区的优秀人才。

2.2.3 简历筛选方法

HR 在收到求职者投递的简历后，就要对简历进行筛选，找出符合筛选条件的简历，才能安排求职者进行面试。不过，在收到大量的简历时，筛选工作就变得尤为繁重。所以，简历筛选要讲究技巧，一般要经过初选和复选两个环节。

初选时，HR 主要对简历的整体印象进行初步判断，查看求职者是否符合招聘基本条件，主要从 4 个方面来筛选。

- **外观：** 简历页面的美观、简洁能体现求职者的求职态度、性格特点。页面杂乱、信息混乱的简历，从侧面反映了求职者不认真的态度，HR 可直接淘汰。
- **内容精练：** 所谓“简历”肯定是对求职者个人情况的一个浓缩，所以简历内容应该精练简洁，只展示有价值的内容。如果一份简历内容繁多却尽是些无关紧要的信息，HR 也可以淘汰掉。
- **硬性条件：** 对于招聘的基本条件，如学历、资质证明等，HR 可在初步筛选的时候就进行判断。如设计师岗位，极看重专业，所以在初选时将不是美工专业的求职者都淘汰掉。
- **个人表达：** 一般来说，简历中都会有“自我介绍”的版块，该版块是求职者对自己的描述。从个人表达中，我们可以了解求职者的逻辑思维能力、语言表达能力和文化修养。

经过初步筛选，HR 可将显然不符合公司基本条件的求职者排除，再进行精选。在复选时，HR 要更注重实际的内容，即与招聘岗位有关的信息和能力，进而找到优秀的人才。

首先，外语能力。现在大中型企业无论什么岗位对员工的外语能力都有一定的要求，一般需满足英语四级。而对于外企、外贸行业、旅游行业、外语教育行业来说，对外语能力有特殊的要求，企业要自行斟酌。

其次，任职条件。这是简历筛选的重中之重，HR 应该根据岗位说明书的相关内容进行筛选。为了提高效率，可以提炼出关键词，如本科、工作两年和会计从业资格证书等，这样可以快速对应简历，找到想要的人才。

HR 要分析简历的真实性。如果简历中出现不相符，或是前后矛盾的地方，HR 需要引起重视，可从表 2-7 所列的几个方面加以注意。

表 2-7 不实简历常见问题

不实问题	具体介绍
模糊就职月份	有的求职者在书写工作经历的时候会故意模糊就职月份，以此夸大自己的工作经历，造成没有空档期的假象。如某位求职者的工作经历分为“2016—2018 年”和“2019—2021 年”两个阶段，没有具体的月份很难判断其具体的工作年限
虚假任职公司	很多求职者为了使自己的简历看起来亮眼一些，会编造自己的任职企业，其实很多看起来高大上的公司，可能根本不存在，HR 可通过企查查（https://www.qcc.com/）来查询公司的真实信息
信息不匹配	对于年轻的求职者，HR 要注意其工作经历有没有“水分”，是不是存在夸大其词的问题，如刚入职场没多久就担任企业管理者
不合常理	如果遇到曾在大企业任职或是职位较高的求职者，HR 要引起重视，如果招聘岗位与之前的职位差距过大，就要考虑是否有别的隐情
全能人才	对于能力出众、多才多艺的人才，HR 要结合其工作经历查看其是否真的非常优秀，是否存在弄虚作假

人力资源部还可设计简历打分机制，帮助 HR 快速筛选简历。一般会设置不同的评分因素，通过分数线来筛选。常见简历评分因素有学历、专业及英语能力等。人力资源部可根据企业和岗位的特性来设定，如下例所示。

案例实操 简历评分设计

在进行简历复选时，需要使用简历评分表来提高 HR 的工作效率。此次，本公司招聘的是软件工程师，HR 可根据求职者的各显性条件来打分，总分值为 100 分。

评分因素	评分标准				备注
专业	对口	包含	相近	无关	
	20	15	10	0	
学历	博士	硕士	学士	大专	
	10	8	5	0	
毕业院校	985/211	一本	二本	三本	
	10	8	5	3	
工作经验	5 年以上	3 ~ 5 年	1 ~ 3 年	1 年以下	
	10	8	5	3	
奖学金	国家励志	一等	二等	三等	
	10	8	5	3	
证书	CCIE	CCNP	CCNA	HCIA	
	20	15	10	8	
外语能力	专八	CET6	CET4	——	
	20	15	10	0	

HR 在筛选简历时以简历评分表的最后得分来划分简历的等级，顺便进行简单的批注，满分 100 分为重点关注对象，80 ~ 90 分为优秀人才，60 分以上便可通知该求职者前来应聘，60 分以下者不予考虑。

2.2.4 做好面试准备工作

通知求职者前来面试之后，人事部就要着手准备工作，以便在面试当天能按流程圆满完成面试活动。通常，需要 HR 做好以下几项准备工作。

1. 最后确认面试时间

在人事部确定面试时间后，HR 会提前通知合格的求职者在规定时间前来面试。不过在面试日期的前 1 ～ 3 天，HR 还需要再次与求职者确认面试时间，并告知前来公司的交通方式。这样做可以提高面试到场率，让面试官有更多的选择。

2. 安排前台工作

由于求职者都是第一次来公司应聘，因此公司要做好接待工作，人事部应提前交代前台人员注意接待礼仪，展示好公司的形象。对于面试场所、等候区位置等信息，人事部也该提前让前台人员知晓，方便面试当天，为求职者引路。

3. 准备面试材料

面试过程中需要使用的计分表、问题清单、测试问卷和员工简历等资料，HR 要提前准备好，并分门别类做好整理，这样才能在面试中理清面试考核的思路，根据求职者的信息进行有关的提问。若是缺少资料的辅助，面试官可能会找不到提问方向。

4. 布置面试场所

一般来说，面试场所会分为等候区和面试区两个部分，对于等候区的布置，需以轻松为原则，尽量让求职者感到舒适，可提供茶水、公司资料，让其在等候的过程中放松心情，了解公司的一些基本情况；而面试区的布置，主要以正式为原则，提前将面试官需要的资料放置在对应的座位上，准备好面试官的茶水或饮料，求职者的座位位置要控制在面试官正前方的合适距离。

2.2.5 进行背景调查

通过面试考核的求职者可以说基本能顺利入职，不过在此之前，人事部还应该进行背景调查，确保员工资料的真实性，以免企业招到错误的人而蒙受损失。

背景调查指通过咨询应征者从前的领导、最近有机会观察其的人士、曾受教育机构以及推荐人等对象，核查候选人背景资料和证明材料等的真实性和有效性的方法。企业可以选择自行背调或是委托专业的机构进行背调。常见的背调内容如图 2–5 所示。

图 2–5　背调的常见内容

若人事部选择自行背调，主要是通过联系应聘者的前领导、同事来了解其工作经历是否真实，不过 HR 首先需获得应聘者的授权书，才能开展背调。进行背调时，为了记录好关键的信息，需要借助背景调查表，见表 2–8。

表 2-8　背景调查表

姓名	性别	身份证号码			联系方式
毕业日期	毕业院校	专业	背调日期	背调人	背调方式
公司一	×× 技术工作室				
联系人信息					
背调人信息					
任职情况					
工作表现					
薪资情况					
离职原因					
背调结果					
公司二	×× 有限公司				
联系人信息					
背调人信息					
任职情况					
工作表现					
薪资情况					
离职原因					
背调结果					

2.3 新员工入职流程

新员工入职流程展示如下。

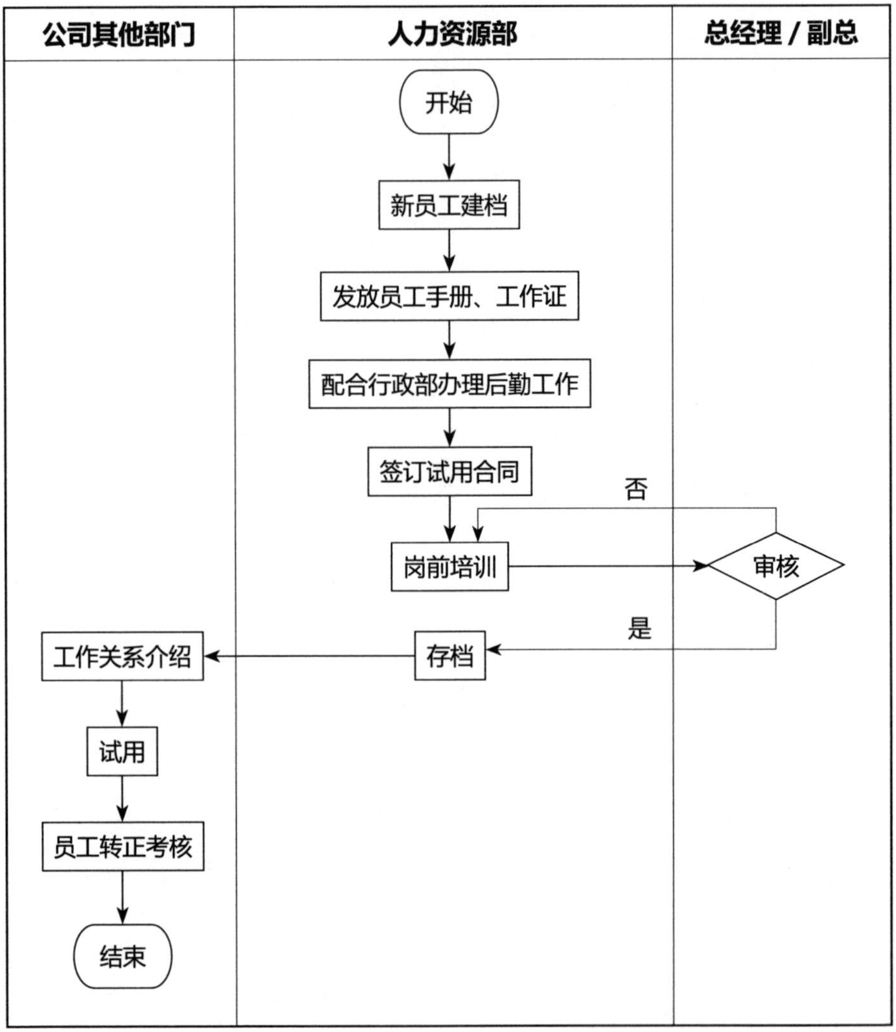

经过一段时间的招聘工作，人事部最终确定入职人员，员工需在规定时间到公司报到，人力资源部为了迎接新员工入职，需要进行一系列的工作，首先

要帮助新员工办理入职手续，还要配合各部门对新员工进行岗前培训，以便员工尽快融入公司。

2.3.1 办理好员工入职手续

在前期的招聘工作中，人事部经过简历筛选、面试和背调等一系列过程后终于招聘到合适的人才。为了新员工顺利入职，人事部需要做好员工入职准备工作，并帮助员工办理好入职手续。

人事部需要做好如下一些入职准备工作。

①人事部向合格者发送录用通知书。

②再次确认新员工报到日期和须知事项，注意提醒新员工准备好报到所需的资料，如下所示。

- 个人 1 寸照。
- 身份证原件及复印件。
- 学历、学位证书原件及复印件。
- 资历或资格证件原件复印件。
- 与原单位解除或终止劳动合同的证明。
- 体检合格证明。

③人事专员着手准备新员工入职手续办理所需表单，并依据新员工入职通知单落实各项工作，当然该项准备工作需要其他部门的配合支持。

- 用工部门要负责安排办公位，申领电脑、电话。
- 行政部门需负责发放办公用品，办理员工工号及出入登记打卡。
- 信息组负责开通邮箱、账号和调试电脑设备等。

做好准备工作后，就可以正式迎接新员工入职，而入职手续的办理流程可按照如图 2-6 所示的内容进行。

1 向新员工介绍公司情况，发放管理制度，使其了解公司的基本情况和规章制度。

2 向员工发放新员工入职手续清单，让其按清单逐项办理入职手续。

3 确认该员工调入人事档案的时间。

4 向新员工介绍公司管理层，将其带到任职部门，介绍给部门总经理。

5 更新员工通讯录。

图 2-6　入职手续办理流程

在入职手续办理过程中，新员工入职手续清单是不可缺少的，表 2-9 为表单模板，一般由人力资源部设计制作。

表 2-9　新员工入职手续清单

姓名：　　　　部门：　　　　岗位：　　　　入职时间：

经办部门	工作事项及明细（请在项目下打钩确认）	完成情况	经办人签字及日期	备注（其他要求）
入职当日的工作事项				
人力资源部	收存以下资料： 1. 录用通知书（□有　□无） 2. 身份证复印件（□有　□无） 3. 学历、学位证书复印件（□有　□无） 4. 原单位离职证明（□有　□无） 5. 社保中止单（□有　□无） 6. 蓝底免冠照片一寸 4 张（□有　□无） 7. 健康证（□有　□无）			

人力资源部	□办理考勤卡 □办理工资卡 □通知网络部开通考勤卡权限 □宿舍安排（□需要住宿 □不需要住宿）			
	部门交接人：			
入职三天内完成				
用人部门	□办公座位安排 □办公电脑（□台式 □笔记本） □办公电话 □办公室钥匙 □办公桌、柜钥匙			
	申领办公用品： □签字笔 □名片 □文件夹 □铅笔 □笔记本 □胶水 □文件架 □橡皮 □计算器 □剪刀 □订书机 □笔筒 □回形针 □便笺 □起钉器 □订书钉			
	OA用户名： 初始密码：			
说明：此表由人力资源部发给新员工，经办部门负责办理相关事宜，并签字确认，此表由部门自行存档。				

2.3.2 与新员工签订劳动合同

员工正式入职成为公司的一员，应该是在签订了劳动合同之后，签订劳动合同无论对员工还是对企业来说都是一件非常重要的事。企业一定要在法律法规的框架下约定合同条款，不能出现违反国家法律条款的情况。签订劳动合同，要注意几个方面的问题。

1. 签订时机

根据《中华人民共和国劳动合同法》（以下简称《劳动合同法》）第十条规定：建立劳动关系，应当订立书面劳动合同。已建立劳动关系，未同时订立书面劳动合同的，应当自用工之日起一个月内订立书面劳动合同。用人单位与劳动者在用工前订立劳动合同的，劳动关系自用工之日起建立。

因此，按现行的法律规定，公司需要先与劳动者签订劳动合同，最迟不能超过一个月。在劳动合同中，需要约定试用期期限，不能在试用期结束后才签订合同。

2. 试用期期限

根据《劳动合同法》第十九条规定：劳动合同期限三个月以上不满一年的，试用期不得超过一个月；劳动合同期限一年以上不满三年的，试用期不得超过二个月；三年以上固定期限和无固定期限的劳动合同，试用期不得超过六个月。同一用人单位与同一劳动者只能约定一次试用期。以完成一定工作任务为期限的劳动合同或者劳动合同期限不满三个月的，不得约定试用期。试用期包含在劳动合同期限内。劳动合同仅约定试用期的，试用期不成立，该期限为劳动合同期限。

因此，根据法律规定，试用期期限根据劳动合同的期限不同而有所不同，我们可以通过表格更加直观地认识，见表 2-10。

表 2-10 试用期期限

试用期期限	劳动合同期限
< 1 个月	3 个月—1 年
< 2 个月	1 年—3 年
< 6 个月	> 3 年 / 无固定期限

3. 劳动合同条款内容

根据《劳动合同法》第十七条规定：劳动合同应当具备以下条款：（一）用人单位的名称、住所和法定代表人或者主要负责人；（二）劳动者的姓名、住址和居民身份证或者其他有效身份证件号码；（三）劳动合同期限；（四）工作内容和工作地点；（五）工作时间和休息休假；（六）劳动报酬；（七）社会保险；（八）劳动保护、劳动条件和职业危害防护；（九）法律、法规规定应当纳入劳动合同的其他事项。劳动合同除前款规定的必备条款外，用人单位与劳动者可以约定试用期、培训、保守秘密、补充保险和福利待遇等其他事项。

如下所示为常见的企业劳动合同签订模板。

案例实操 劳动合同条款示例

劳动合同

根据《中华人民共和国劳动法》《中华人民共和国劳动合同法》和国家有关规定，甲乙双方经平等协商一致，自愿签订本合同，共同遵守本合同条款。

一、劳动合同期限

第一条 本合同为固定期限劳动合同。

本合同于______年___月___日生效，其试用期至______年____月____日止。本合同于______年___月____日终止。如甲乙双方经协商同意延续，可以续订劳动合同。

二、工作内容和工作地点

第二条 乙方同意根据甲方工作需要，接受甲方安排______岗位（工种）

工作。甲方根据生产经营需要，可以变更乙方工作地点。

……

三、工作时间和休息、休假

第五条 甲方安排乙方执行________工作制度（填“标准工时 / 综合计算工时 / 不定时”中一项）。

第六条 乙方在合同期内享有国家规定以及本单位安排的各项休息、休假的权利。

四、劳动保护、劳动条件和职业危害防护

五、劳动报酬

1. 实行月工资制，乙方工资为________元，其中试用期间工资为______元。

2. 按甲方依法制定的工资支付制度执行。

……

六、社会保险和福利待遇

七、劳动纪律和规章制度

八、劳动合同的变更

九、劳动合同的解除

十、劳动合同的终止

十一、劳动争议处理

十二、附则

甲方：（公章） 乙方：

签订日期：___年___月___日 签订日期：____年____月____日

2.3.3 注意竞业限制问题

竞业限制对于企业来说是非常重要的一个问题，具体指用人单位和知悉本单位商业秘密或者其他对本单位经营有重大影响的劳动者，在终止或解除劳动合同后的一定期限内不得在生产同类产品、经营同类业务或有其他竞争关系的用人单位任职，也不得自己生产与原单位有竞争关系的同类产品或经营同类业务。

根据《劳动合同法》第二十三条规定：用人单位与劳动者可以在劳动合同中约定保守用人单位的商业秘密和与知识产权相关的保密事项。对负有保密义务的劳动者，用人单位可以在劳动合同或者保密协议中与劳动者约定竞业限制条款，并约定在解除或者终止劳动合同后，在竞业限制期限内按月给予劳动者经济补偿。劳动者违反竞业限制约定的，应当按照约定向用人单位支付违约金。

企业可通过签订竞业限制协议来保障自身的利益，一般来说，协议的内容包括5个基本版块，甲乙双方义务、违约责任、争议解决和合同效力。

案例实操 **竞业限制合同范本**

甲方：（企业）营业执照码

乙方：（员工）身份证号码

鉴于乙方知悉的甲方商业秘密具有重要影响，为保护双方的合法权益，双方根据国家有关法律法规，本着平等自愿和诚信的原则，经协商一致，达成下列条款，双方共同遵守。

一、乙方义务

1. 未经甲方同意，在职期间不得自营或为他人经营与甲方同类的行业。

2. 不论因何种原因从甲方离职，离职后 2 年内不得到与甲方有竞争关系的单位就职。

3. 不论因何种原因从甲方离职，离职后 2 年内不自办与甲方有竞争关系的企业或者从事与甲方商业秘密有关的产品的生产。

二、甲方义务

从乙方离职后开始计算竞业限制时起，甲方应当按照竞业限制期限向乙方支付一定数额的竞业限制补偿费。补偿费的金额为乙方离开甲方单位前一年的基本工资（不包括奖金、福利、劳保等)。补偿费按季支付，由甲方通过银行支付至乙方银行卡上。如乙方拒绝领取，甲方可以将补偿费向有关方面提存。

三、违约责任

1. 乙方不履行规定的义务，应当承担违约责任，一次性向甲方支付违约金，金额为乙方离开甲方单位前一年的基本工资的 50 倍。同时，乙方因违约行为所获得的收益应当返给甲方。

2. 甲方不履行义务，拒绝支付乙方的竞业限制补偿费则，甲方应当一次性支付乙方违约金人民币 5 万元。

四、争议解决

因本协议引起的纠纷，由双方协商解决。如协商不成，则提交仲裁委员会仲裁。

五、合同效力

本合同自双方签章之日起生效。本合同的修改，必须采用双方同意的书面形式。

双方确认，已经仔细审阅过合同的内容，并完全了解合同各条款的法律含义。

甲方：（盖章）　　　　　　　　乙方：（签名）

年　月　日　　　　　　　　年　月　日

根据以上的协议内容，我们可以了解到竞业限制不仅对员工有要求，对企业也有一定的要求。所以，在约定协议时，企业还应该注意以下方面。

①企业与员工约定竞业限制条款限制员工就职方向时，必须同时给予一定的经济补偿。至于经济补偿标准、数额由当事人自行约定。

②虽然约定了竞业限制条款，但为了避免纠纷还应约定具体的违约责任（包括承担方式和内容）。

③竞业限制的范围和期限在《劳动合同法》中有规定，企业应按照规定拟定相关协议内容。

根据《劳动合同法》第二十四条规定：竞业限制的人员限于用人单位的高级管理人员、高级技术人员和其他负有保密义务的人员。竞业限制的范围、地域、期限由用人单位与劳动者约定，竞业限制的约定不得违反法律、法规的规定。在解除或者终止劳动合同后，前款规定的人员到与本单位生产或者经营同类产品、从事同类业务的有竞争关系的其他用人单位，或者自己开业生产或者经营同类产品、从事同类业务的竞业限制期限，不得超过二年。

除此之外，对于员工入职后的其他风险，企业也要有所防范，以免发生意外的情况。常见的入职风险如下所示：

员工体检。入职的员工一定要接受体检，企业也一定要要求员工提交体检单，确认员工没有职业病或带传染性的普通疾病。体检一般在员工正式入职之前进行，以便企业做好应对工作。

企业的告知义务。很多企业都知道对员工进行入职审查，了解其具体情况是否真实可信，却不重视对员工的告知义务。

根据《劳动合同法》第八条规定：用人单位招用劳动者时，应当如实告知劳动者工作内容、工作条件、工作地点、职业危害、安全生产状况、劳动报酬，以及劳动者要求了解的其他情况。

即使劳动者不提出要求也要主动告知，同时，还应积极采取书面方式保存告知行为的证据。

流程办事

第3章

员工入职培训管理

对新招聘的员工开展入职培训几乎是所有企业都会涉及的，不过入职管理涉及的程序和部门较多，并且还会花费不小的培训费用，因此需要人事部提前规划，做好入职培训管理。

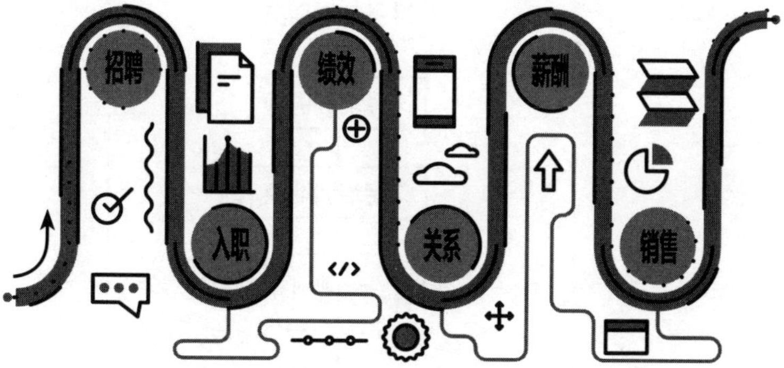

3.1 培训方案制定流程

培训方案制定流程展示如下。

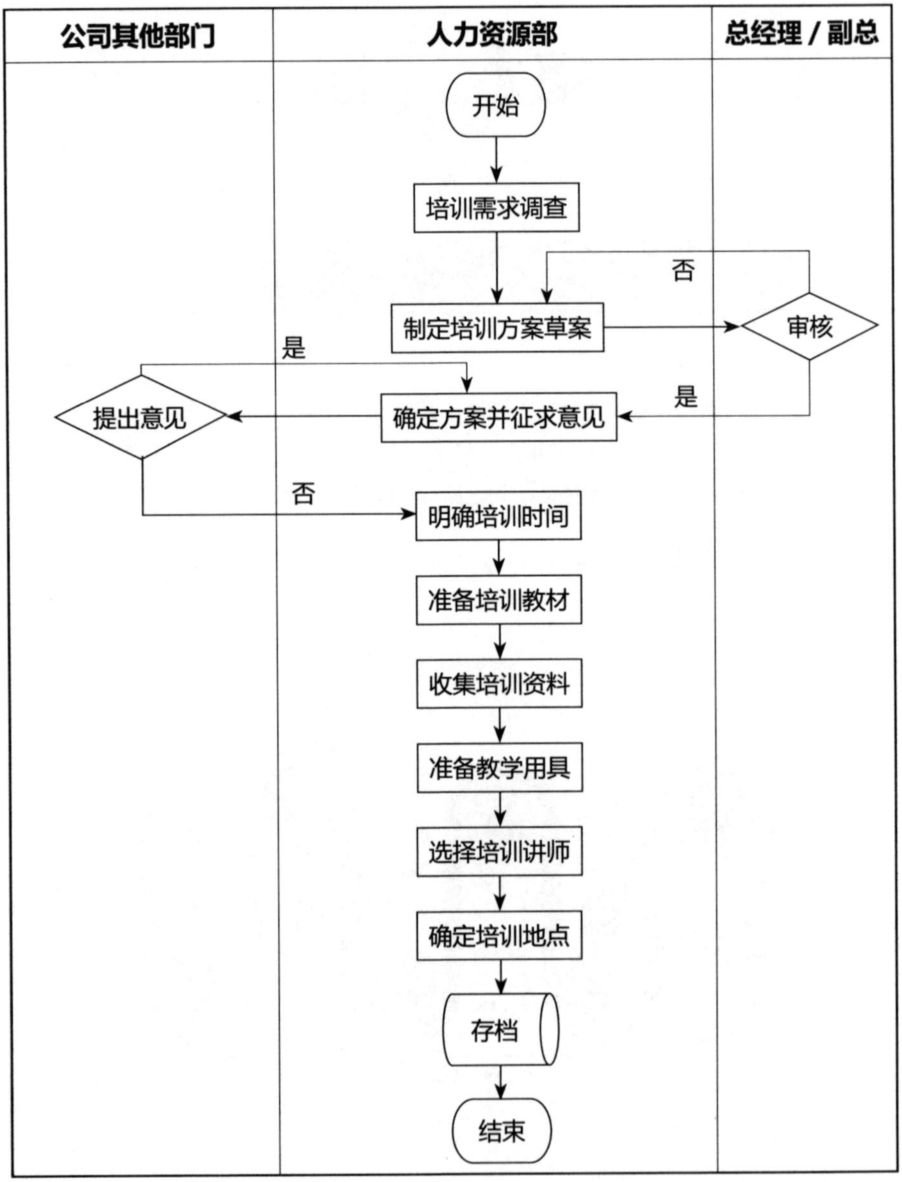

一般来说，员工入职以后企业都会根据实际情况对员工进行培训，以让员工快速了解公司业务及工作技巧。通常采用各种方式对员工进行有目的、有计划的培养和训练，如公开课、内训等。

在进行正式的培训工作前，人力资源部首先要拟定培训方案，这样才能有计划地开展培训工作。那么，应该如何制定员工培训方案呢？

3.1.1 分析员工培训需求

若要在培训前拟定培训方案，首先要对培训工作进行需求分析，来确定组织和员工是否需要培训。培训需求分析能够确定培训目标，是设计培训规划的前提。

培训需求分析一般可从 3 个方面入手，见表 3–1。

表 3–1 培训需求分析的不同方面

分析角度	具体介绍
层次分析	1. 战略层次分析：对未来的人力资源需求分析，找到培训的方向 2. 组织层次分析：考察企业目标和对目标发生影响的因素，找出企业存在问题并确定是否培训 3. 员工个人层次分析：通过对员工的绩效要求或绩效差距的分析，或是依据技能测试和个人需求调查问卷，进行需求分析
对象分析	1. 新员工培训需求分析：对企业文化、制度、工作岗位的培训，通常使用任务分析法 2. 在职员工培训需求分析：新技术、技能要求的培训，通常使用绩效分析法
阶段分析	1. 目前培训需求分析：分析目前存在的问题和不足 2. 未来培训需求分析：分析未来发展的需要 3. 能力要求

可见，企业的具体情况和发展时期不同，培训的方向和需求也不一样。

新员工入职培训的需求分析可选择任务分析法和问卷调查法，能够更有针对性地分析出新员工入职的基本培训需求。

1. 任务分析法

任务分析法顾名思义，即通过工作任务的分解，找到员工完成任务的所需技能和知识储备。人事部可通过表格直观展示分析结果，如下例所示。

案例实操 某公司新员工工作任务分析记录表

某公司行政部本月招进一批行政专员，在培训前先对该岗位进行培训需求分析，可以确定培训目的和具体需求，如下所示为该公司行政专员工作任务分析。

部门：行政部　　　　　　　　　　职位：行政专员

序号	每日工作内容	耗费时间（分钟）	数量和质量标准	所需知识、技能	新员工状态	目标差距
1	接待来访者或咨询者					
2	会议准备工作，布置会议室及订餐准备					
3	6S 管理：清理、清洁、整理、整顿、安全和素养					
4	协助部门组织协调公司内部活动，如员工生日会、拓展业务等					
5	保证办公设备的正常使用					

我们可以看出，根据岗位的特殊性和工作的具体分解，可以分析出新

员工需要具备的具体技能，而“目标差距”一栏可以列出新员工入职培训的需求。

2. 问卷调查法

问卷调查法是所有分析方法中最简单也是最直观的，可以看到新员工的想法，让管理者了解自己忽略的一些地方。若要用问卷调查法就需要设计调查问卷，如下例所示。

案例实操 某公司培训需求调查问卷

各位新入职员工：

欢迎各位入职本公司，为了了解大家在入职阶段的培训需求，希望您能真实填写此问卷内容，大家的意见对我们设计培训方案有很大的帮助。我们保证该问卷调查的内容只用于 培训需求分析，不会泄露您的任何信息。

再次感谢您的填写！

一、基本信息

1. 性别。

□女　□男

2. 所属职位。

____

二、需求调查

3. 您认为新员工入职培训多长时间合理？

□1～3天　□小于7天　□7～15天　□15天以上

4. 您认为培训对于实际工作是否有帮助，您是否愿意参加培训？

□非常有帮助，希望多组织培训

□有较大帮助，乐意参加

□有一点帮助，愿意听听

□基本没有什么帮助，不想参加

5. 您更愿意哪种类型的培训讲师进行授课？

□实战派，知名行业专家

□学院派，知名教授学者

□职业培训师

□咨询公司高级顾问

6. 您更加倾向于哪种方式开展培训？

□讲师授课　□拓展训练　□仿真模拟　□考察培训　□其他______

7. 通过新员工入职培训，您希望实现什么？

□了解公司的制度体系，组织架构

□认识公司的同事及领导，了解工作环境

□了解岗位职责，以便尽快进入工作状态

□融入公司企业文化，使自己有归属感

□了解自己的工资福利待遇

□建立起符合公司发展的个人职业规划

□其他________________________________

8. 您认为新员工培训需求重点在哪些方面？

□企业文化和发展战略

□企业制度

□专业知识、业务部门知识

□岗位职责、技能

□职业道德

□其他____________________

9. 您认为以下哪些因素对培训工作的开展影响重大?

□领导的重视程度

□培训方式和方法

□员工的培训参与意识

□培训组织与服务

□培训内容的实用性

□培训时间的安排和时长

□培训讲师的授课水平

□培训后的评估、效果跟进

□其他____________________

10. 您认为企业制度方面培训应该注重哪些?

□企业的薪酬财务制度

□企业规章制度

□企业的发展目标和战略

□企业员工生涯规划

□企业管理制度

□其他________________________________

11. 您认为哪种方式的考核能更好地评估新员工入职培训的效果?

□培训结束后考试

□培训评估问卷调查

□培训心得体会

□新员工总结汇报

□新员工之间和讲师评价

□其他________________________________

三、其他

12. 对于公司开展的新入职员工培训，您有什么个性化的需求?

____

13. 您对公司新入职员工培训的意见和建议。

____

如上例所示，可将问卷调查分为3个部分，分别是员工基本信息、培训需求调查和员工建议，再根据不同的版块设计具体的问题。

3.1.2 设置合理的培训内容

根据前面的流程图我们可以了解到，设计员工培训方案要考虑方方面面的问题，包括培训时间、培训地点以及培训讲师的安排等，其中最重要的就是培训的具体内容，即课程内容。一般来说，入职培训的课程内容有以下几点。

①企业的基本情况，包括发展历史、企业文化、战略规划和主营业务等。

②企业的基本规章制度。为了让员工真正成为企业的一员，必须要让其了解企业的基本工作准则，只有按企业的规章、程序办事才能在工作中游刃有余。一般包括工资奖金、保险、休假、申诉、工作考评机制和劳动秩序等方面。

③让员工了解自己的岗位职责，可以细化到员工每日的工作。

④向员工介绍企业内的组织结构，让员工了解企业内部的各个部门以及部门间的联系，这样员工更容易与其他部门合作，共同完成工作任务。

⑤业务培训，完成员工本职工作所需要的技能和知识才是员工培训的重点，也是提高员工工作效率的有效方式。

⑥新员工入职的安全问题是企业重点关注的方面，所以安排培训课程时，也不能忽略介绍企业的安全措施，以便进一步提高员工的安全意识。

每个企业的情况各有不同，应根据实际情况相应调整，要考虑培训的重点、时间以及员工培训需求等因素。

对于工作任务简单的岗位来说，新员工入职只需培训企业规章制度和安全意识即可；而对于技术要求高的职位来说，就会将培训的重点放在业务培训上，如设置更多的实操训练。

3.1.3 培训管理的有关表格

企业在进行新员工入职培训时，为了培训工作更顺畅地完成，除了设计员工培训方案，还应设计相应的工作表格。不但能提高培训的有效性，更能直观地反映培训效果，还便于存档，用于以后的培训工作改进。

在培训工作中常用的表格有哪些呢？下面一起来看看。

1. 新员工入职培训签到表

开始入职培训后，员工的出勤情况对培训的最终效果有很大的影响，为了保证员工的出勤率，企业一般会将出勤情况作为培训考核的一部分，为了有效收集员工的出勤情况，设计员工培训签到表是必要的。表 3-2 为常见培训签到表模板。

表 3-2　新员工入职培训签到表

<table>
<tr><td colspan="6">新员工入职培训签到表</td></tr>
<tr><td colspan="6">课程名称：</td></tr>
<tr><td colspan="6">培训时间：</td></tr>
<tr><td colspan="6">培训内容：</td></tr>
<tr><td colspan="6">培训人员签字记录</td></tr>
<tr><td colspan="6">培训人员承诺：本人对公司的各项规章制度已全面知悉，并愿意服从公司的安排，遵守培训的各项规章制度</td></tr>
<tr><td>序号</td><td>培训时间</td><td>部门</td><td>姓名</td><td>签到</td><td>备注</td></tr>
<tr><td>1</td><td></td><td></td><td></td><td></td><td></td></tr>
<tr><td>2</td><td></td><td></td><td></td><td></td><td></td></tr>
<tr><td>3</td><td></td><td></td><td></td><td></td><td></td></tr>
<tr><td>4</td><td></td><td></td><td></td><td></td><td></td></tr>
</table>

2. 新员工入职培训反馈意见表

不论是在培训进行中还是培训结束后，培训人员的反馈意见是非常重要的，所以需要新员工定期填写培训反馈意见表，可统一在培训结束后填写，也可以在不同的培训环节填写。根据意见反馈表的意见，人力资源部要尽快对培训课程进行改进，或是将新员工的意见汇总给授课讲师。表 3–3 为新员工入职培训反馈意见表。

表 3–3 入职培训反馈意见表

年 月 日

姓 名		部 门		部门负责人	
培训心得					
你对培训讲师的意见或建议					
你对培训内容的意见或建议	1. 你是否已基本了解企业文化理念 □是 □否 2. 你是否已熟悉今天培训的公司政策及规章制度 □是 □否 3. 你是否已了解部门的组织架构及部门功能 □是 □否 4. 你是否已清晰了解自己的工作职责及岗位描述 □是 □否 5. 你今后在工作中遇到问题，是否知道如何寻求帮助 □是 □否 6. 你对自己的办公环境是否满意 □是 □否 7. 你所需的办公用品是否已经全部配备到位 □是 □否 8. 在入职培训中，有何改进的地方 9. 在今后的工作中，希望接受哪些方面的培训				

3. 培训讲师反馈信息表

企业要不断改进新员工入职培训内容，除了员工的意见以外，更要重视培训讲师的意见。在当期培训结束后，企业可让授课讲师填写培训讲师反馈信息表，或是书写改进方案交人力资源部审议。这样可以更加全面地了解培训过程的重点。表 3–4 为培训讲师反馈信息表。

表 3-4　培训讲师反馈信息表

年　月　日

<table>
<tr><td>培训主题</td><td></td><td>培训讲师</td><td></td></tr>
<tr><td>培训时间期限</td><td></td><td>学员人数</td><td></td></tr>
<tr><td colspan="4">学员分析</td></tr>
<tr><td>类　　别</td><td colspan="2">分析评估</td><td>综合评价</td></tr>
<tr><td>学员对培训内容的掌握程度</td><td colspan="2">□完全掌握　□基本掌握　□没有掌握</td><td rowspan="5"></td></tr>
<tr><td>学员对培训内容的感兴趣程度</td><td colspan="2">□很感兴趣　□较感兴趣　□不感兴趣</td></tr>
<tr><td>学员对培训内容的领悟程度</td><td colspan="2">□完全领悟　□基本领悟　□不感兴趣</td></tr>
<tr><td>学员的出勤率</td><td colspan="2">□很好　□好　□一般　□较差</td></tr>
<tr><td>学员的培训表现</td><td colspan="2">□很好　□好　□一般　□较差</td></tr>
<tr><td colspan="4">自身分析</td></tr>
<tr><td>自我评价</td><td colspan="3">□很满意　□满意　□普通　□不满意</td></tr>
<tr><td>课程优点</td><td colspan="3"></td></tr>
<tr><td>课程不足之处</td><td colspan="3"></td></tr>
<tr><td>原因分析</td><td colspan="3"></td></tr>
<tr><td>改善措施</td><td colspan="3"></td></tr>
</table>

4. 新员工培训绩效考核表

新员工入职培训后，紧接着就要对其培训成绩进行考核，考核的结果可以决定员工的去留，或试用期长短。这也是企业进行绩效考核的一个直接目的，所以在设计绩效考核方案的时候就要随即设计出新员工培训绩效考核表，见表3-5。

表3-5　新员工培训绩效考核表

填表日期：　　年　月　日　　　　　　　　　　　　　　编号：

姓　　名		部　　门		岗　　位	
培训课程		培训期间		培训讲师	
培训项目			评　　分		
			8分以上	6～8分	6分以下
1. 新员工对培训工作项目的了解程度					
2. 新员工专业知识的笔试水平					
3. 新员工对各项规章、制度的了解情况					
4. 新员工是否积极参与					
5. 新员工是否适合该岗位工作					
6. 新员工与部门岗位同事是否能够合作					
7. 新员工的设备熟练程度					
8. 新员工每日工作量是否达标					
总　　分					
培训讲师评语：					
总经理		人力资源总监		部门主管	

5. 员工培训档案

员工培训档案是在员工培训及考核后，企业为了将员工的培训资料存档，而编制的员工培训档案，见表3-6。

表 3-6　员工培训档案

编号：

姓　　名		性　　别		出生年月	
学　　历		专　　业		入职日期	
部　　门		岗　　位		身份证号码	
日　　期	培训内容	讲　　师	学　　时	评估情况	记录人
人力资源部评语： 签名： 年　月　日			所在部门评语： 签名： 年　月　日		

3.1.4　做好培训预算工作

员工培训方案中还有一部分内容需要引起人力资源部的重视，即培训预算。与其他活动不同，由于培训可能涉及外聘讲师，所以需要提前预估经费，上报总经理审批。一般来说，企业培训活动涉及的预算项目有表 3–7 所列的几项。

表 3-7 培训预算项目

费用类别	费用项目	费用明细
授课费	内部费用	内部培训讲师讲课津贴
	外聘费用	1. 外部培训机构合作费用、继续教育费用等 2. 外聘讲师授课费 3. 网络远程学习工具费用
食宿差旅费	食宿费	外聘讲师住宿安排、伙食安排
	差旅费	外聘讲师来去交通费
材料费	资料费	如教材编印、培训资料制作、购买光碟和书籍等
	文具费	如证书、学员证、麦克风电池以及纸笔等费用
场地费	电费	培训过程中所用电费、网络费用
	场地租赁费	指需要租赁外在场地时所要预计的费用

人力资源部可以据此表编制培训计划费用预算表，而具体的培训费用预算流程如图 3-1 所示。

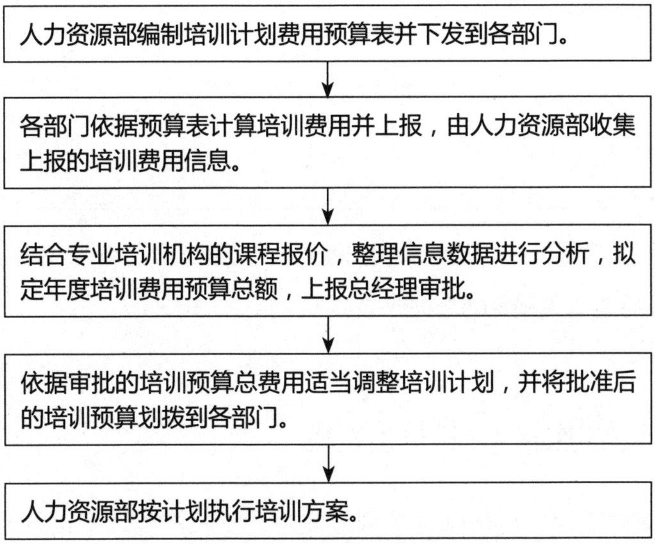

图 3-1 培训费用预算流程

3.2 培训实施流程

培训实施流程展示如下。

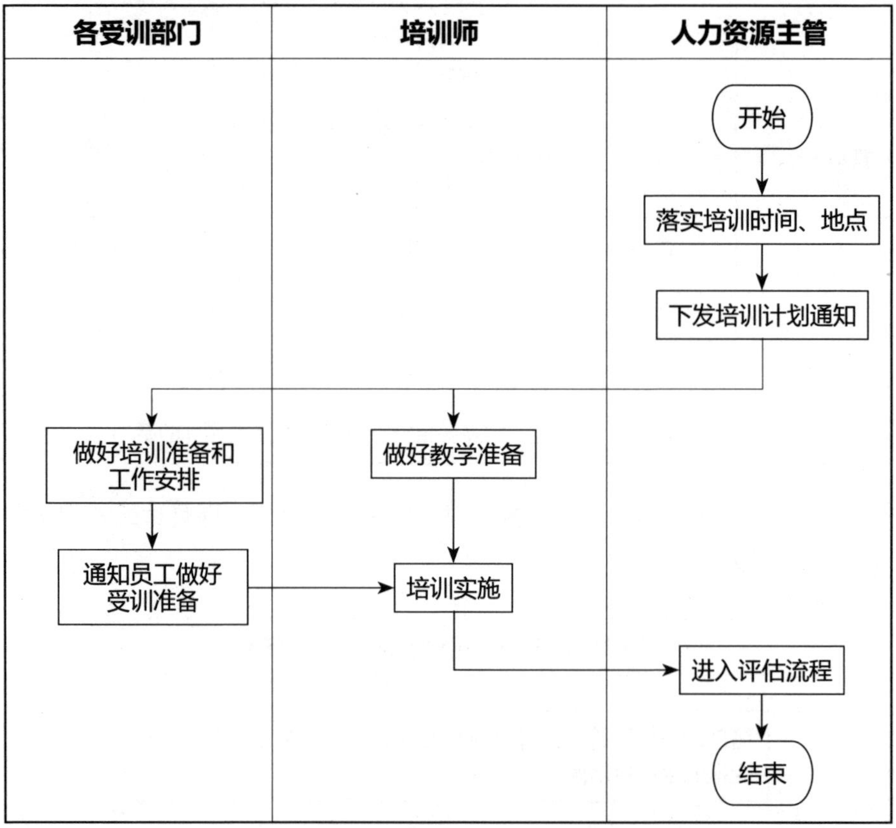

制定培训方案后，人力资源部和相关部门应该按照培训实施流程开展员工培训工作，尽量达到预定的培训效果。

3.2.1 下发培训通知，让员工知晓

人力资源部向总经理确认培训方案后，就应按照方案设计开展后续的

培训工作。首先需将开展培训的信息传递给对应员工，因此需要发布培训通知。可以通过邮件、布告栏、OA 软件以及聊天软件等方式发布，而通知的内容应该包括哪些部分呢？先来看看以下案例。

案例实操 **培训通知**

各部门：

随着企业今年的招聘活动顺利结束，企业迎来了一批新的优秀员工，为了帮助新员工尽快融入企业的氛围，做好日常工作。按照企业有关规定，经研究决定，于 20×× 年 9 月 14 日进行培训。

培训工作安排如下：

时　间	地　点	内　容	培训对象	培训师
9 月 14 日	301 号会议室	产品质量管理学习	采购部 销售部 质量管理部	张三
9 月 15 日	车间	……	采购部 销售部 质量管理部	李月
9 月 16 日	301 号会议室	……	采购部 销售部 质量管理部	周可
9 月 17 日	301 号会议室	……	采购部 销售部 质量管理部	白一
9 月 18 日	301 号会议室	……	采购部 销售部 质量管理部	鲁文

培训要求：

1. 请参加培训的人员准时参加培训，并做好培训记录。

2. 培训期间通信工具请保持静音或关机状态。

3. 培训期间不得吸烟或吃其他食物，不得喧哗吵闹。

4. 请各部门主管调配好人员准时参与。

人力资源部

20×× 年 9 月 7 日

如上例所示，员工培训的内容一般包括培训目的说明、培训工作安排和培训基本要求。人力资源部要注意，培训通知并不是培训方案，不需要太复杂，只需将员工应该知道的内容简要说明即可。

3.2.2 培训准备工作

在正式培训前，人力资源部还要做好培训准备工作，让参训人员能够更顺畅地进行培训活动。

最后确认培训要素。在临近正式培训前，要最后确认一下培训的时间、地点及人员，这 3 个基本的培训信息是培训顺利开展的首要条件，一定要确认清楚。

做好通知事项。培训的有关信息确认好以后，就要及时通知有关人员，可选择不同的方式，包括短信、邮件或电话等。为了保证每个受训人员都收到信息，人力资源部还要确认员工是否收到，如设置回复机制，请员工收到后及时回复。

制作课件 PPT。现在的授课模式多为多媒体授课，所以除了纸质课件外，多媒体课件也是不可或缺的，如视频、PPT 等。合理利用多媒体课件，能使培训过程更直观有趣，便于受训人员“吸收”。所以，无论是人力资源部、相关部门还是培训讲师，都要预先制作好多媒体课件。

培训讲师需要的材料。有的培训讲师会自己备课并准备好上课所需的材料，但也有一些讲师是按照企业准备的课程内容来上课，所以人力资源部及各相关部门还需准备好教案、课堂测验以及参考答案等。

工具准备。不同形式的培训需要的工具各不相同，人力资源部应参考培训的形式准备好受训人员需要的工具。如实操式培训需要准备好一定数量的设备；课堂知识培训，要准备好影音或纸质材料；还有通用的教材资料、考核试题、培训签到表和培训反馈表等。

培训场所布置。一般会在开课前两三天开始布置培训场所，如安排座位、张贴培训纪律规章、调试教学设备（投影仪、麦克风和音响等）、检查教室电源。这样才能保证教室正常使用，进而保证培训效果。

开课准备。每日开课前，相关人员需要提前到达培训地点，做好开课的准备工作，包括接待培训讲师、维持课前秩序、员工签到以及进行首次培训开场等。

后勤准备。在培训过程中，人力资源部应该保证参训人员的基本后勤，如一日三餐、饮用水以及培训师需要的工具等。

3.2.3 培训期间工作管理

在培训期间，为了让员工重视培训活动，企业还应该对培训工作进行管理，并设置相应的管理制度，让员工能够按管理制度规范自己的行为。不要出现迟到、早退，甚至是大部分员工缺席的情况。

如下例所示为某公司的培训期间管理制度，可用来参考设置。

案例实操 培训期间管理制度

为了规范培训期间员工的纪律性，让员工的个人素质与工作岗位知识达到本职岗位所要求的标准，使培训达到一个良好的效果，特制定培训期间规章制度。

1. 培训时间安排：每天 8:30 ~ 11:50，14:00 ~ 17:50，培训期间不允许迟到早退，每天上午、下午培训开始前所有员工必须签到。

2. 培训期间会安排调休时间，其他时间遇特殊情况（病假、事假等）要请假的，需提前一天以书面形式向培训领导申请，经同意后方可休假，否则按旷工处置，旷工两次直接开除。

3. 培训期间所有员工自备黑色硬皮笔记本一本，黑色、红色中性笔各一支，所有员工应抱着空杯的心态认真学习，认真记录下所有的培训内容，认真消化培训的知识，培训结束之后会对重点内容进行考核。

4. 进入培训课堂，所有员工必须将自己的手机调至静音状态，课堂上不允许发短信、打电话，如有紧急情况需要接听电话的应在得到培训老师的许可之后出去接听。

5. 培训期间，无论是课上还是课下都不允许在培训室内吸烟、喝酒。

6. 培训期间所有员工时时都要注意自己的行为举止，见到公司管理人员、各部门同事，要主动问好、让路。

7. 培训时应尊重培训讲师，不得交头接耳、聊天嬉笑，故意扰乱课堂秩序，或刁难老师。

8. 培训期间所有员工应积极参与互动，与其他员工分享自己所学。

9. 培训期结束，日常考核分数低于 70 分的，直接淘汰，71 分以上，准许参加笔试及最终考核。

根据上例的管理制度，我们可以大致了解应该对员工的哪些行为进行管理。

- ◆ 培训开始和培训结束签到。
- ◆ 接打电话要求。
- ◆ 禁止行为，如课上抽烟、喝酒。
- ◆ 课堂秩序要求。
- ◆ 培训考核合格标准。

3.3 培训效果评估流程

培训效果评估流程展示如下。

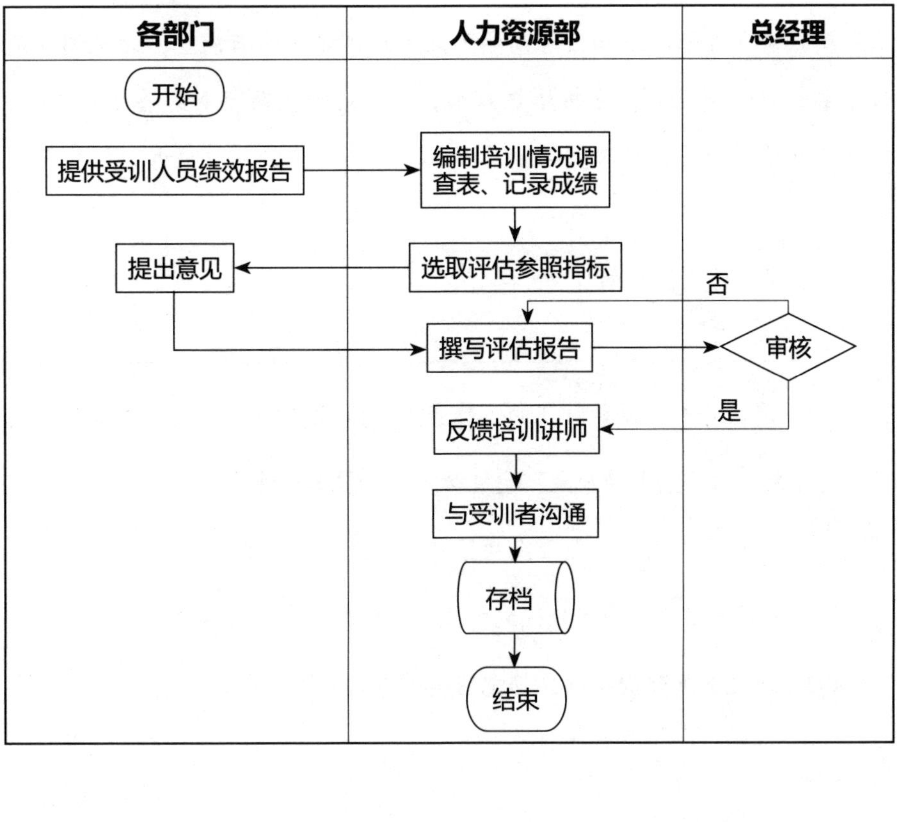

培训效果评估指企业在进行员工培训活动后，对培训计划是否完成或达到效果进行的评价、衡量。评估培训效果，应使用科学有效的方法，从培训内容收集数据，与最初的培训目的做对比，得到最后的结果。

3.3.1 培训效果调查问卷

人事部可以和各部门配合进行培训效果评估，首先需要收集分析资料，包括与培训对象、培训主体有关的资料，比较直观有效的方法就是问卷调查法。人力资源部可设计一份培训效果调查问卷，调查培训对象对此次培训的感受，能对培训效果的评估起到侧面补充作用。

案例实操 培训效果调查问卷

感谢您在百忙之中抽出时间参加此次培训效果问卷调查，此次调查是为了解公司培训现状，分析培训效果，以便进一步改善和完善培训工作。请您认真填写问卷，本次调查采用不记名方式，不会对外公开，您可以放心作答。

一、对于培训课程的评估

Q1：您认为本次课程对您的工作是否有帮助？

□帮助很大 □帮助较大 □帮助一般 □没有帮助

Q2：您认为本次课程是否解决了您工作上的实际需求？

□得到很好解决 □部分得到解决 □丝毫没有得到解决

Q3：通过参加此次培训，您觉得有哪些受益？

□接触到了一些使用的新知识

□获得一些在工作上的技巧

□帮我印证了某些观点

□帮我改变了自身的工作态度

□给了我一个客观认识自己及所从事工作的机会

二、对于讲师的评估

Q4：讲授的老师是（如有多个老师授课，可进行多选）：

□张老师 □周老师 □刘老师 □杨老师

Q5：培训讲师对培训目标和教学内容的阐述效果（是否具体、明确和完整）如何？

□好 □良好 □一般 □较差

Q6：您对培训所采取的教学方式是否满意？

□很满意 □满意 □一般 □不满意

Q7：若不满意，您认为此次培训应采用何种教学方式？（可多选）

□普通讲座 □小组讨论 □讲师演示＋学员实际操作 □提问＋回答

三、对于培训组织的评估

Q8：您对本次培训组织安排情况整体印象如何？

□好 □良好 □一般 □较差

Q9：培训之前您得到通知的及时情况？

□及时　□不及时

Q10：您对本次培训的整体满意度如何？

□很满意　□满意　□一般　□不满意

Q11：本次培训课对您工作最有帮助的内容有哪些？

____

Q12：您对本次培训是否还有其他改进意见？

____

您所在部门：______________

您的姓名：___________

除了以调查问卷外，人力资源部还可以选择以表格的形式来收集培训对象对培训相关主体的看法。培训效果评估表见表3-8。

表3-8　培训效果评估表

<table>
<tr><td colspan="2">课程名称：</td><td colspan="2">上课时间：</td><td colspan="3">讲师：</td></tr>
<tr><td colspan="7">各部门员工：
非常感谢您按公司的规章制度参与了入职培训，我们非常希望能得到您的宝贵意见以提高培训效果和完善培训组织工作，请您根据客观情况填写此表，非常谢谢您的合作与支持</td></tr>
<tr><td colspan="7">讲师满意度调查，请客观评价</td></tr>
<tr><td>讲师姓名</td><td>表达能力（满分20分）</td><td>课件准备（满分20分）</td><td>针对性（满分10分）</td><td>教学方法（满分20分）</td><td>达成目标（满分30分）</td><td>总分</td></tr>
<tr><td></td><td></td><td></td><td></td><td></td><td></td><td></td></tr>
</table>

1. 您认为本次培训内容如何 □非常符合，十分受益　□基本符合，简单应用　□不合需求，无收获 2. 您认为培训形式如何 □生动、精彩、交流互动　□比较生动，有一定吸引力　□呆板，不吸引人 3. 您认为讲师表达清晰准确吗　□清晰完整　□一般　□模糊，欠完整 4. 您认为培训时间安排如何　□时间合理，长短适中　□较为合理　□给予调整 5. 你认为培训讲师准备如何　□充分准备　□良好准备　□仓促且经常出错 6. 你认为培训氛围效果如何 □活跃，保证学习效果　□不是很好，需要改进　□氛围很差 7. 培训达到您设定的期望了吗 □达到或超过预期　□基本达到预期　□没有达到预期 8. 本次培训的组织您满意吗　□满意　□一般　□不满意 9. 您认为此次培训还应增加哪些方面的课程：________________ 10. 您对培训讲师授课有何建议：________________ 11. 您从此次课程学到了哪些知识点：________________ 12. 您觉得有哪些技能能够用到实际操作中？能否提高您的工作效率？提升百分比估计是多少：________________

通过不同的调查形式，可以快速知道受训员工本人对培训效果的评价，虽然表现方式不一，但主体内容还是围绕以下四个方面。

- **对讲师的评价：**可从教学方式、表达能力及准备程度等方面设置问题。
- **对课程内容和效果的评价：**主要了解课程内容设置的合理性，以及学习内容是否能在实际工作中运用。
- **对组织工作的评价：**主要对人力资源部的安排进行评价，包括培训的时间及课程安排、培训氛围等。
- **个人建议：**开放式问题，可设置员工能自由回答的问题。

3.3.2 培训效果的评估方法

除了调查员工对培训过程的评价外，要真正对培训效果进行评估还需要专业的评估方法，以及发现培训过程中存在的具体问题，并找到改善的方法。

最常用的评估方法就是柯氏四级培训评估模式，简称“4R”，是世界上应用最广泛的培训评估工具之一，主要内容如下所示。

- **反应评估（Reaction）**：评估被培训者的满意程度。
- **学习评估（Learning）**：测定被培训者的学习获得程度。
- **行为评估（Behavior）**：考察被培训者的知识运用程度。
- **成果评估（Result）**：计算培训创造的经济效益。

这四个方面的内容该如何理解呢？下面来看具体介绍。

1. 反应评估

反应评估是针对培训人员进行的，一般通过问卷的形式进行。

通过反应评估，可以直观地看到员工的态度是消极的还是积极的。如果员工对培训持消极态度，那么人力资源部就要重点分析课程内容或课程安排上是否存在问题。

2. 学习评估

该阶段是对学习效果的评估，了解员工在培训结束时，是否在工作技能、态度和理论知识上有所提高。主要通过对员工在参与培训前后的知识技能测试的结果进行比较，不仅可以知道员工的进步，还可以确认培训目标的完成情况，并验证培训讲师工作的有效性。

3. 行为评估

这一阶段主要是查看培训员工是否因为培训学习而在工作行为上有所进步和改变，是否更加有技巧地工作。用一个问题来表示，即“员工在工作中使用了他们所学到的知识和技能了吗”。

该阶段的评估更加深层次地表现了培训的效果，只有真正运用到实际工作中的培训才是有效的内容。不过该阶段的评估在培训刚刚结束后，不能马上进行，而要在工作一段时间后才能进行评估。

4. 成果评估

这一阶段主要考察的是培训的整体效果，而不单单从受训人员出发，如果用一个问题来表示，即“培训为企业带来了什么影响”。从部门到企业，培训的作用可以是经济上的，也可以是精神面貌上的。参考的指标可以是产品质量、客户投诉和生产效率等。

以上四个培训评估的层次，实施从易到难，一般最常用的方法是阶段一，而最有用的数据是培训对组织的影响。企业在进行培训效果评估时，要进行到哪个阶段，应根据培训的重要性决定。

除了柯氏四级培训评估法外，还有其他的方法可供参考。

①每日反馈。比起培训结束后的评估，每日反馈可以发现更多的细节，还可以及时改进培训课程的安排，并且每日反馈获得的信息是最准确的，员工不会出现遗忘的情况。

②周期性测验，可以以3天为一个周期、5天一个周期或7天一个周期对受训人员进行测验，了解员工的学习情况，有没有学到相关技能。

③培训结束后，可以要求受训员工书写培训报告书，谈谈自己的真实感受，或是对培训本身的看法，主要是对员工的态度进行调查。

④分小组帮助员工总结培训过程，如培训过程中的障碍、对讲师的意见、对部门工作的意见以及对组织安排的意见等。

⑤分享优秀的案例，对于有明显进步和提升的员工，可以制作典型案例，并分析培训成功的原因。

⑥评估过程中可以抽查员工，挑选相应的人员进行面谈，深入了解员工培训时的细节和重点，对员工提到的特别之处进行记录，汇总后可以在下一次制作培训方案时参考。

流程办事

第4章 员工绩效考核管理

为了提高员工的工作效率，减少工作中的资源浪费，很多企业都会进行绩效考核管理。无论是前期的绩效目标设定，还是进行绩效考核，再到后来的绩效反馈，这些阶段是缺一不可的。

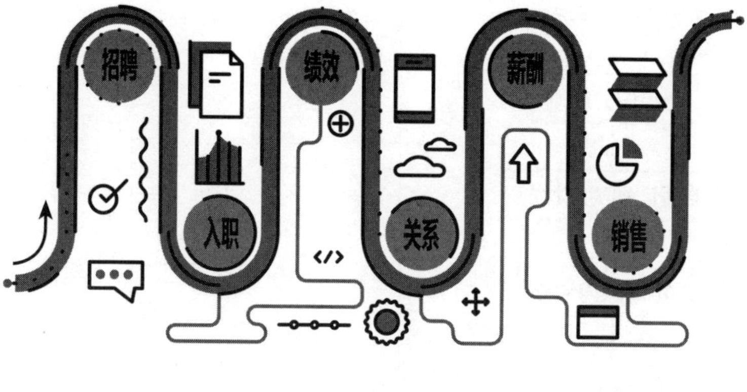

4.1 绩效目标设定流程

绩效目标设定流程展示如下。

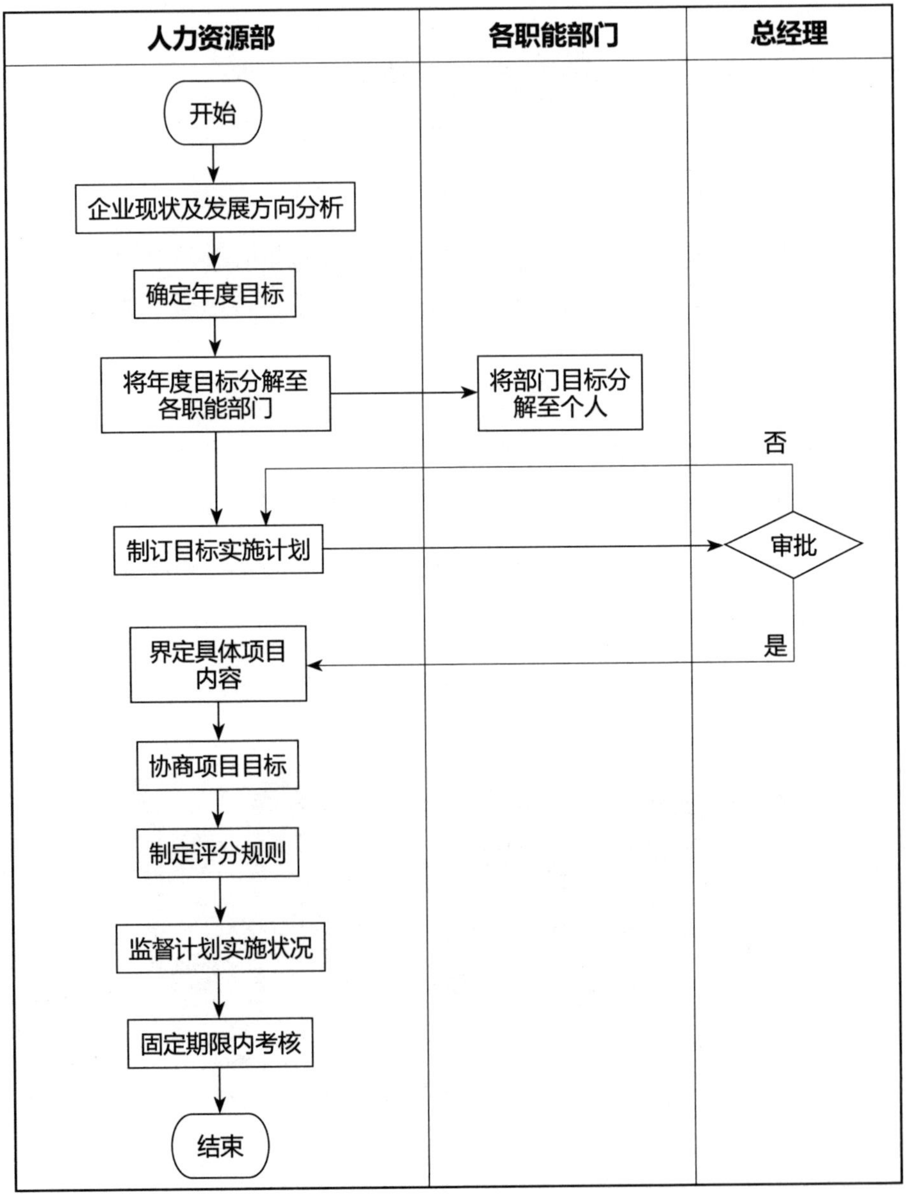

绩效管理是企业管理中的一项重要管理工作，一般由人力资源部组织，企业其他各部门配合，通过绩效管理可以提高员工的绩效意识，努力组织目标，让企业的经营进入一个良好的循环中。

要进行绩效管理，设定绩效目标是最基本的步骤。绩效目标常被称为目的和责任，指给评估者和被评估者提供所需要的评价标准，以便客观地讨论、监督和衡量绩效。

4.1.1 绩效目标的设定原则

根据企业情况的不同，绩效目标的类型也很多样，包括短期目标、长期目标、常规或维持目标、组织目标、问题解决目标、创新目标和个人发展目标。而很多时候这些目标都是互相关联、互相包含的，无论是什么样的绩效目标，在企业设定时都要遵循 Smart Cake（聪明蛋糕）原则，具体内容见表 4-1。

表 4-1 绩效目标设定原则

设定原则	具体内容
Strategic（战略性的）	无论什么样的绩效目标，都应与组织战略相配合，且来源于组织发展战略。这样在分解绩效目标时，才能避免出现与组织经营完全无关，甚至是相反的目标。人力资源部在设置目标的时候一定要考虑清楚，所有的目标都是为企业的经营发展服务的，不能随便设置
Measurable（可衡量的）	绩效目标必须有能准确判定、便于测量、不易产生争议的标准和衡量办法，这样才能在一个绩效考核期结束后查看绩效目标是否达成、达成的程度如何
Ambitious（富有挑战性的）	绩效目标不能太过简单，让员工轻松达到，这样无法激起员工的上进心，应该保证是积极进取的，且具有突破性，可以激发员工的竞争意识

续表

设定原则	具体内容
Realistic（可实现的）	这一条和上一条原则互相补充、互相制约。绩效目标虽然不能太容易，也不能脱离企业的实际情况，如去年营业额为 100 万元，今年就定下 1 000 万元的营业目标，这样只会给员工带来巨大的压力，导致员工“破罐破摔”
Time-bounded（有时间限定的）	任何绩效目标都要有明确的时间规定，这是最基本的原则，没有时间限制，绩效目标就是空泛的
Consistent（一致性的）	绩效目标的一致性指上下一致、左右一致和前后一致，这是对战略性原则的补充和强调。上下一致，指下级目标要服从上级目标；左右一致，指同级或相关联岗位的目标要相互衔接、彼此配合；前后一致，指目标设计的前瞻性、延续性和相对稳定性
Agreed（协商一致的）	绩效目标不能是人力资源部单独讨论出来的，应该获得企业各部门的认可并由全企业人员参与。所以沟通是不能缺少的环节，通过沟通尽量了解各部门的需求，让绩效目标设计更加准确合理，更能为实施做好铺垫
Key（关键的）	绩效目标在初始设计的时候可以有很多条，但企业要注意筛选，选出起关键作用的、对组织目标达成起主要作用的关键目标，太多的目标有时等于没有目标
Each（个人的）	这条原则针对目标的分解情况，要保证绩效目标可以分解到具体的岗位和人员，同时考虑不同岗位、不同人员之间工作区别、权责不同、经验不同以及资源条件不同

4.1.2 绩效目标的设定程序

一般来说，企业设置绩效目标的程序是“总分”式，先设定企业经营目标，再将企业经营目标逐层分解到每个部门及相关人员。通过分解，最后能够得到每个岗位、每位员工应该要完成的工作和标准。

目标分解是一个自上而下的过程，如图 4-1 所示。

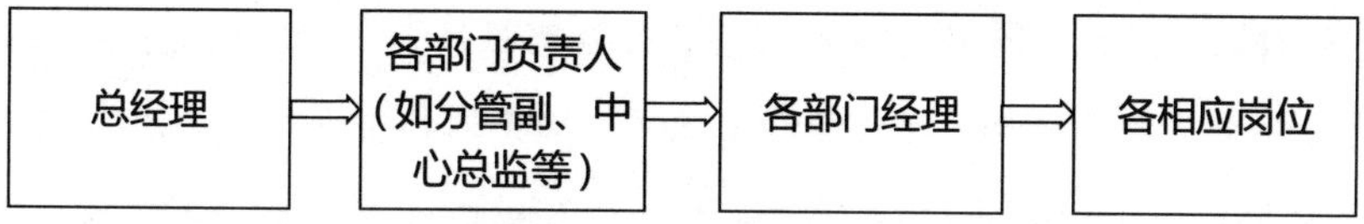

图 4-1 目标分解程序

通过图 4-1 可以发现绩效考核目标都是相辅相成的，要完成绩效总目标需要企业不同层级的共同努力。

案例实操 **企业绩效目标分解**

某企业根据市场环境和企业的发展情况，设置了来年的营业收入，为了保证收入目标能圆满完成，将经营收入目标进行分解，如图 4-2 所示。

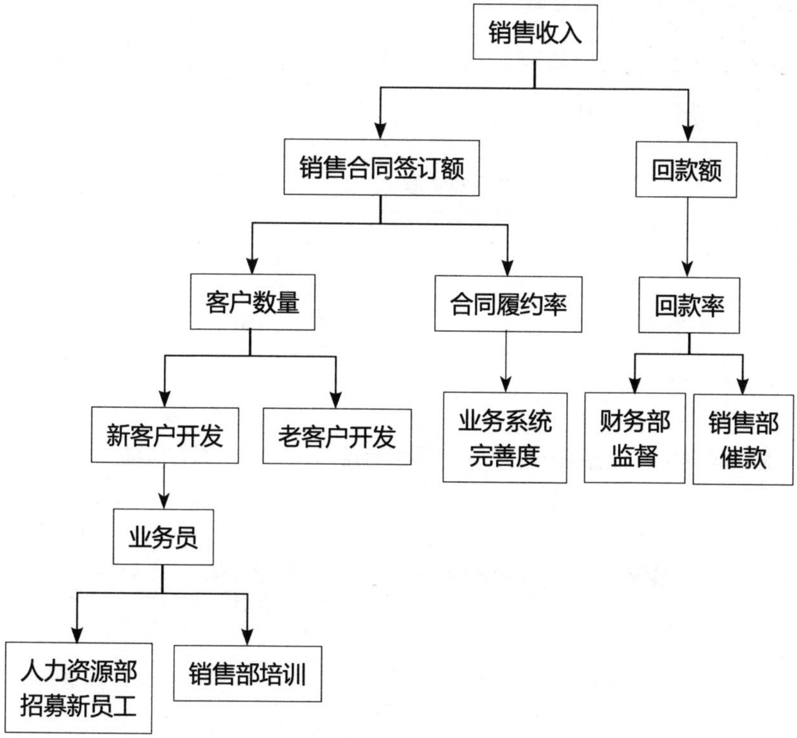

图 4-2 绩效目标分解过程

销售收入目标由企业负责人与销售部经理根据企业情况设定；然后分解到销售部中，为销售合同签订额和回款额，由不同的负责人和小组完成。

要完成销售合同签订额，不仅要签订更多的销售合同，更要保证合同的履约率。

保证合同量就需要销售人员开发新客户、维护老客户，保证履约率就需要组织不断完善业务系统。

开发与维护新老客户除了业务员的业务水平要过关，还要保证业务员的数量，这就涉及人力资源的开发，需要人事部实施。

另外，要想回款额达标，最重要的就是提高回款率，由财务部提供数据、实施监督，销售部负责催款。

一般来说，企业的绩效目标不会只有一个，该公司以管理成熟度为目标，将目标分解，如图 4–3 所示。

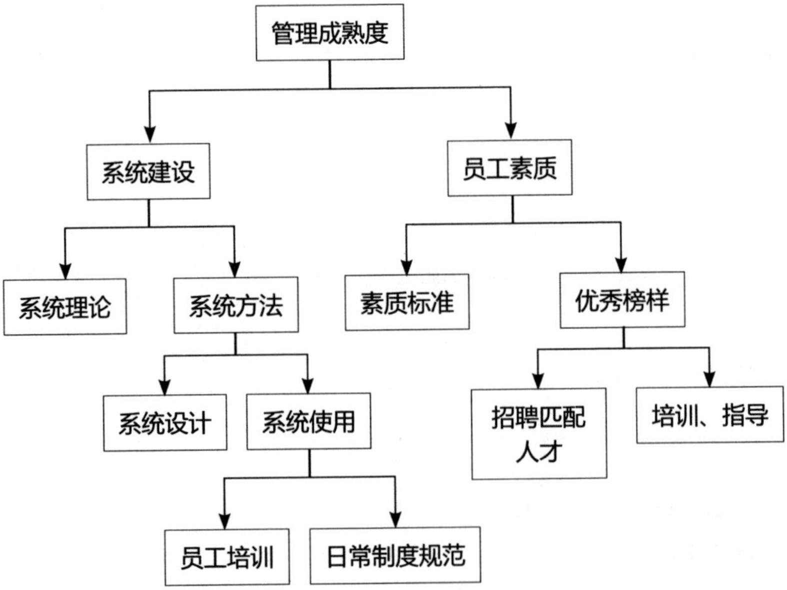

图 4–3　按管理成熟度为目标的分解过程

由上例我们可以直观地感受到企业绩效目标层层分解的形式，其涉及的部门、岗位和人员都不一样。每一个岗位、每一位员工所要完成的工作，都对企业目标的实现有很大帮助。

4.1.3 绩效目标分解类型

对于企业来说，在不同阶段绩效目标会有所不同或有所侧重。一般而言，企业的绩效目标可分为四类，即财务类、客户类、过程管理类和员工类。如何对这四类目标进行分解呢？

1. 财务类

财务类的常见绩效目标包括销售收入、利润、回款额及生产成本等。具体分解示例见表4-2。

表4-2 财务类绩效目标分解

分解目标	目标细化
年度销售额	年度销售收入
	年度销售合同数量
	销售计划完成率
	市场占有率
	销售增长率
	销售回款率、坏账率
合理节税量	差错率
	税销比
财务系统建设与管理	财务制度建设完善率
	财务管理计划编制完成率

续表

分解目标	目标细化
财务系统建设与管理	财务管理流程改善目标实现率
管理成本标准化	财务分析报告提交
	预算差错率
	预算推行度
成本降低率	预算成本降低率
	财务费用降低率
	资金收益率
人才达成率	员工任职资格达标率
	培训计划完成率

2. 客户类

客户类的常见绩效目标包括客户满意度、投诉解决率、品牌认知度和市场美誉度等，表 4-3 为常见的客户类目标分解示例。

表 4-3　客户类绩效目标分解

分解目标	目标细化
客户满意度	售后服务满意度
	产品满意度
营销成本降低率	促销效果评估
	年度销售费用降低率
	市场推广计划完成率
业务系统完善度	合同履约率
	业务流程建设度

续表

分解目标	目标细化
业务系统完善度	客户满意度
	企业市场品牌美誉度
人才达成率	销售人才达成率
	核心员工保有率
	培训计划完成率

3. 过程管理类

过程管理类的常见绩效目标包括生产计划达成率、产品销售占比、业务流程建设及组织系统建设等，表 4-4 为具体分解示例。

表 4-4　过程管理类绩效目标分解

分解目标	目标细化
原材料成本降低率及合格率	原材料成本与上期相比降低比例
	原材料占生产成本比例
	原材料合格率
	原材料供应及时性
生产计划达成率及生产成本	生产计划完成率
	生产成本
	生产产值
	产品合格率
	劳动生产率
	生产安全事故
	生产设备完整率

续表

分解目标	目标细化
成本降低率	行政费用降低率
	招聘培训费用评估
	办公设备完整率
企业组织系统改进	组织系统建设完成率
	组织系统培训完成率
	组织系统实施推行反馈得分
	未按流程执行的事件发生数

4. 员工类

员工类的常见绩效目标包括员工满意度、新员工存活率、人均产值及培训课时数等，表 4-5 为常见员工类目标分解示例。

表 4-5　员工类绩效目标分解

分解目标	目标细化
人才达成率	招聘实现率
	员工流失率
	核心人员保有率
	培训计划完成率
	员工技能达标率
文化匹配度	员工满意度
	新员工保留率

4.2 绩效考核流程

绩效考核流程展示如下。

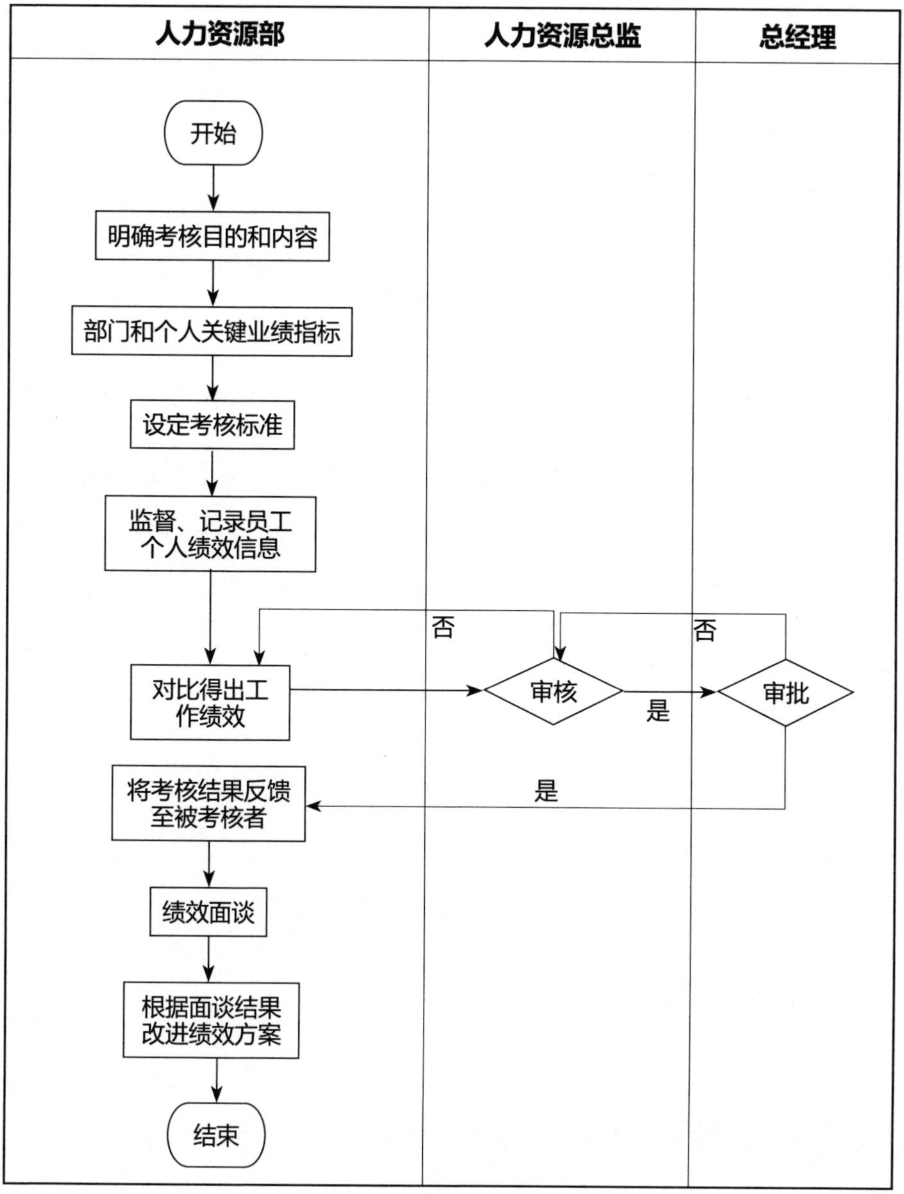

绩效考核是企业绩效管理中的一个环节，也是主体环节，指企业在既定的战略目标下，运用特定的标准和指标，对员工的工作行为及取得的工作业绩进行评估，并运用评估的结果对员工将来的工作行为和工作业绩进行正面引导的过程和方法。

4.2.1 了解绩效考核的方法

绩效考核是绩效管理的一种手段，企业在进行绩效考核的时候可以根据需要选择科学的考核方法，常见的绩效考核方法有关键绩效指标法、360 度考核法等。下面一起来认识一些常见的绩效考核方法。

1. 目标管理法

目标管理指由下级与上级共同决定具体的绩效目标，并且定期检查目标进展情况的一种管理方式，由此而产生的奖励或处罚则根据目标的完成情况来确定。一般来说，运用目标管理法需要经过以下 8 个基本步骤。

①确定企业的整体目标和战略。

②在经营单位和部门之间分配主要的目标。

③各级管理者设定本部门的具体目标，并由总经理确认审核。

④部门的所有成员参与设定自己的具体目标。

⑤管理者与下级共同商定实现目标的行动计划。

⑥实施行动计划。

⑦定期检查实现目标的进展情况，并向上级和个人反馈。

⑧基于绩效的奖励将促进目标的成功实现。

基于目标管理法的实施步骤，其优缺点也很明显，如图 4-4 所示。企业人力资源部根据目标管理法的优缺点，斟酌选择是否运用该种方法进行绩效考核。

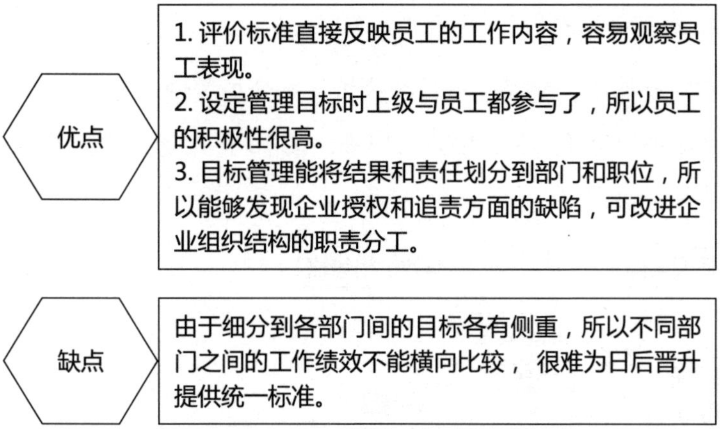

图 4-4　目标管理法优缺点

2. 关键绩效指标法

关键绩效指标法是以企业年度目标为依据，通过对员工工作绩效特征的分析，据此确定反映企业、部门和员工个人一定期限内综合业绩的关键性量化指标，并以此为基础进行绩效考核。

在进行绩效考核时，企业一定要注意将考核重点放在关键绩效指标上，并围绕关键绩效指标开展考核工作。运用关键绩效指标法需要遵循以下 3 个步骤。

建立评价指标体系。可按照从宏观到微观的顺序，依次建立各级的指标体系。根据企业的战略目标确定业务重点，设置关键业务的关键业绩指标，建立企业级 KPI（Key Performance Indicator）；部门主管依据企业级 KPI 建立部门级 KPI；经过部门全体人员的沟通讨论，细分部门级 KPI，最终得到考核员工的业绩衡量指标。

设定评价标准。有了关键绩效指标后，还应该设定在各个指标上应该达到的水平，如产品合格率应达到90%。

审核关键绩效指标。对关键绩效指标进行最后确认，主要审核是否能全面、客观地反映被评价对象的工作绩效。

在实际操作中，会通过鱼骨图分析法来分析关键绩效指标。我们可将完成企业某项目标的各关键要素找出来，按不同的性质分类，再依次细分，如图4-5所示。

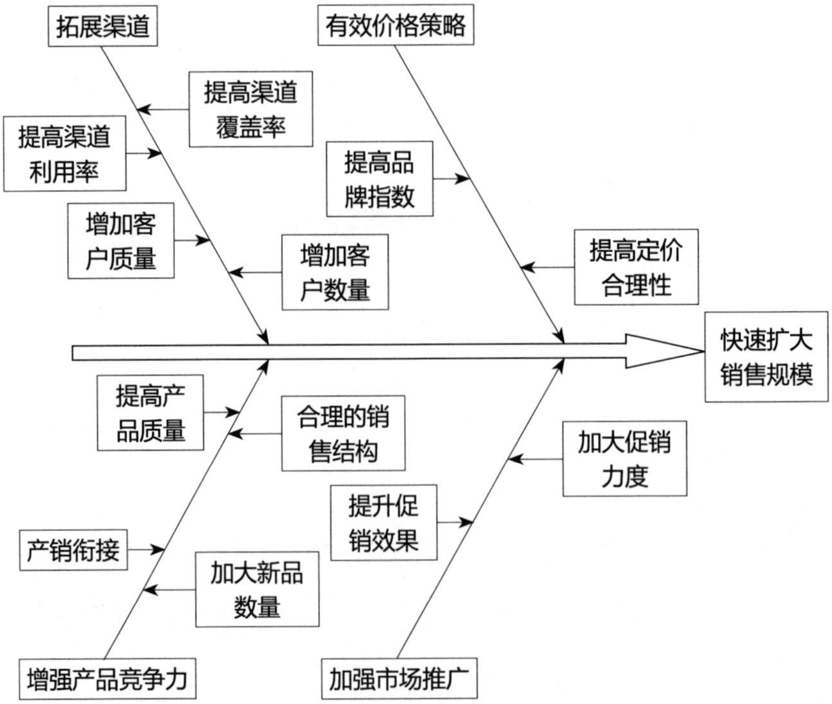

图4-5 鱼骨图分析关键绩效指标

从图4-3可以看出，鱼骨分析法非常直观具体，能够帮助我们理清自己的思路，不至于因为绩效考核因素过多，而混淆各绩效指标。

3.360 度考核法

360 度考核法是常见的绩效考核方法之一，又称为全方位考核法，其特点是评价维度多元化（通常是 4 或 4 个以上），适用于对中层以上的人员进行考核。

360 度考核法分为与被考核员工有联系的上级、同级、下级和服务的客户这四组，每组至少选择 6 个人，通过 4 个不同的角度对评价对象进行评估打分。360 度考核法的优缺点见表 4–6。

表 4-6　360 度考核法的优缺点

优缺点	具体介绍
优点	1. 打破了由上级考核下属的传统考核方法，可以避免传统考核机制的弊端，如“光环效应”“居中趋势”“个人偏见”“挟怨报复”等现象 2. 由于角度不同，得到的评价信息更多元和客观 3. 可以反映出不同考核者对于同一被考核者的不同看法 4. 可以给考核者其他方面的压力，防止其将精力集中在与薪酬相关的绩效指标上 5. 通过较为全面的反馈信息，能提升被考核者多方面的能力
缺点	1. 考核成本高。由于涉及面较多，所以不论是人员还是时间都耗费较多，可能最后得到的结果价值低于耗费价值 2. 某些员工的主观意见可能会影响结果准确性，若是出现不满被考核对象的情况，更加难以判断，给了某些员工“公报私仇”的机会 3. 考核培训工作难度大，要相关人员参与绩效评估工作，需要对其进行培训，这样更能保证评估的客观性

一般来说，可通过表格的形式呈现 360 度考核的结果。表 4–7 为某企业对员工的“敬业程度”进行考核的评分表。

表 4-7　敬业程度考核表

考核指标		层级	评价人数	分数				个人得分	公司均分
				1	2	3	4		
敬业程度	认同企业的发展战略，并为战略达成付出高度热情	整体得分	8						
		上级	1						
		平级	3						
		下级	3						
		自己	1						
	遵循企业的日常安排和规章制度，是企业的维护者	整体得分	8						
		上级	1						
		平级	3						
		下级	3						
		自己	1						
	将自身前途与企业发展紧密结合，与企业共同成长	整体得分	8						
		上级	1						
		平级	3						
		下级	3						
		自己	1						

4.2.2　制订绩效考核计划

企业要进行绩效考核，首先要制订好绩效考核计划。绩效考核涉及的部门和人员众多，时间跨度通常不短，有了既定计划，人力资源部也能更加有理有据地开展相关工作。制订绩效考核计划一般会经过如下三个阶段：

1. 事前准备工作

要进行绩效考核，不能对企业的整体情况、组织结构、岗位分布和人员数量等信息没有一点了解，这样是没法开展绩效考核工作的。所以我们要做好事前准备工作，企业人力资源部在此阶段可以思考以下问题：

①目前的企业环境如何？是否正处于发展期，有多余的精力和资金吗？

②企业是否具备开展绩效考核的条件？如有基础的员工规范管理、有晋升机制或组织结构清晰。

③企业是否有长期发展目标或战略目标？

④员工对绩效考核的看法如何？是否能充分理解并接受绩效考核？

要了解这些情况，需要人力资源部展开全面调查，调查方向如图 4-6 所示。

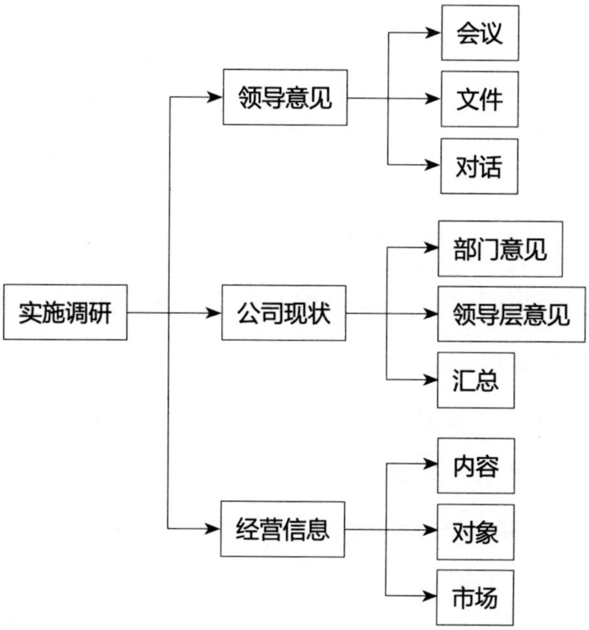

图 4-6　事前准备相关调查方向

2. 编制主体内容

做好准备工作后，人力资源部可以着手编制计划内容了，首先要确定绩效考核标准，确定思路如图 4-7 所示。

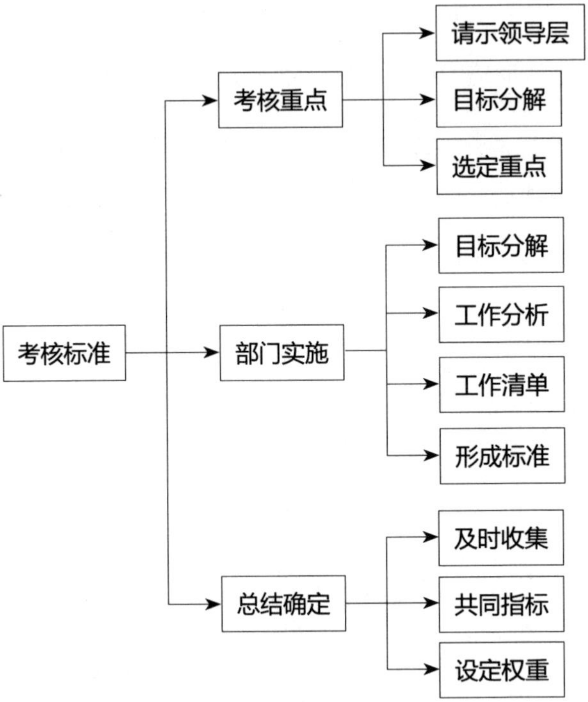

图 4-7　确定绩效标准的思路

其次，设计绩效计划的基础结构，根据结构填制内容。结构的划分可从两个不同方向进行。

- 一是绩效计划整体的章节结构。
- 二是核心内容的划分。

这两个部分应该包括哪些内容呢？绩效计划基础结构如图 4-8 所示。

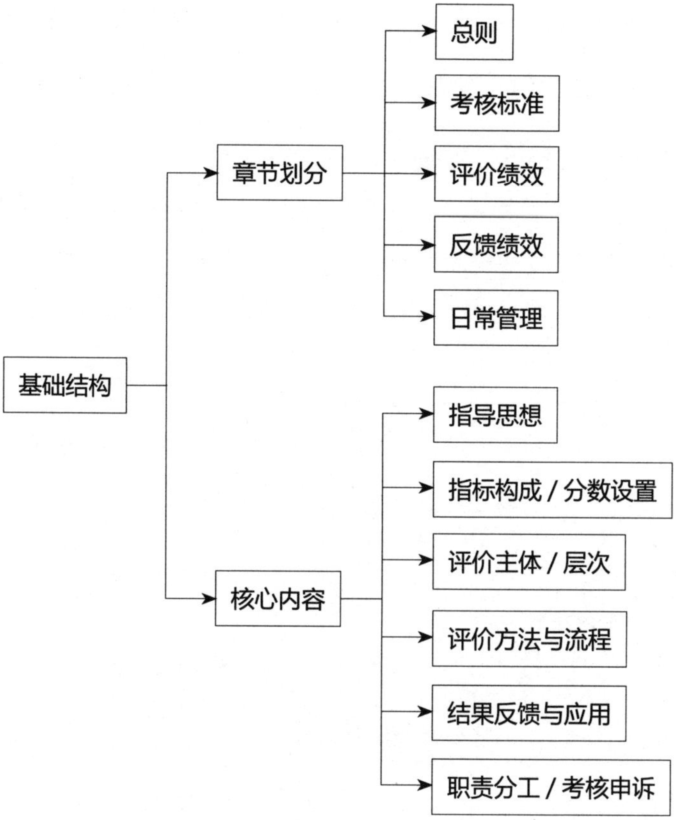

图 4-8 绩效计划基础结构

按图 4-8 所示，通常绩效计划可划分为 5 个主要章节，分别是总则、考核标准、评价绩效、反馈绩效和日常管理工作。在划分章节之后，人事部要确定每个章节的核心内容是什么。

①总则应该包含的内容有目的、原则、指导思想和对象等内容。

②考核标准部分应包括指标构成或分数设置的内容。

③评价绩效部分可包括评价主体、评价层次、评价方法和评价流程等内容。

④反馈绩效部分主要规定绩效结果反馈和绩效结果应用的有关内容。

⑤日常管理部分应包括考核小组、考核工作职责分工和考核申诉等内容。

设计好核心内容后，考核过程中会使用到的基本表格工具和资料也该提前计划好，然后根据计划内容编制相应表格，可通过附表的形式进行列示。最后形成初稿时，要注意将确定的核心内容和表格工具详细展示，语言应通俗易懂，分章逐条书写。图 4-9 为形成初稿的额外注意事项。

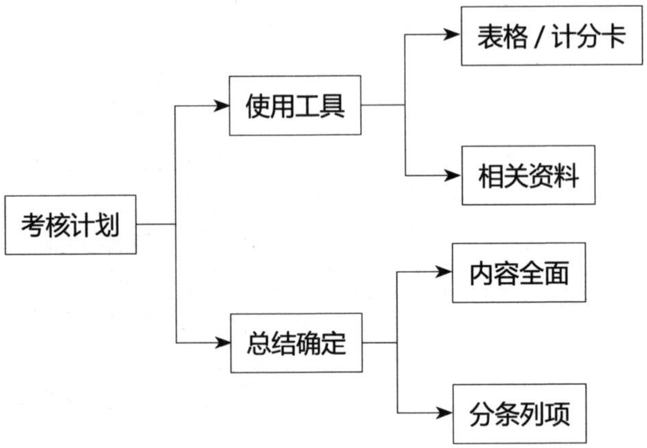

图 4-9　额外注意事项

3. 审核绩效计划

人事部制订好绩效计划初稿，并不意味着就会按此方案执行绩效考核工作。还需要将制订的初稿交各方审核，并收集意见，人事部需要注意以下几点内容。

收集意见范围。除了公司领导层，还应该对涉及考核的部门及人员收集意见。

及时沟通。如果得到了反馈，人事部一定要及时与相关人员沟通，讨论出最适合的计划内容。如果不能达成一致意见，必要时可以向上级领导请示。

初步运用方案注意记录。绩效计划正式确定后，在开展工作期间，最好时刻注意，时时记录。观察是否有不符合实际情况的地方，并及时处理。

有关审核计划的具体操作内容，如图 4-10 所示。

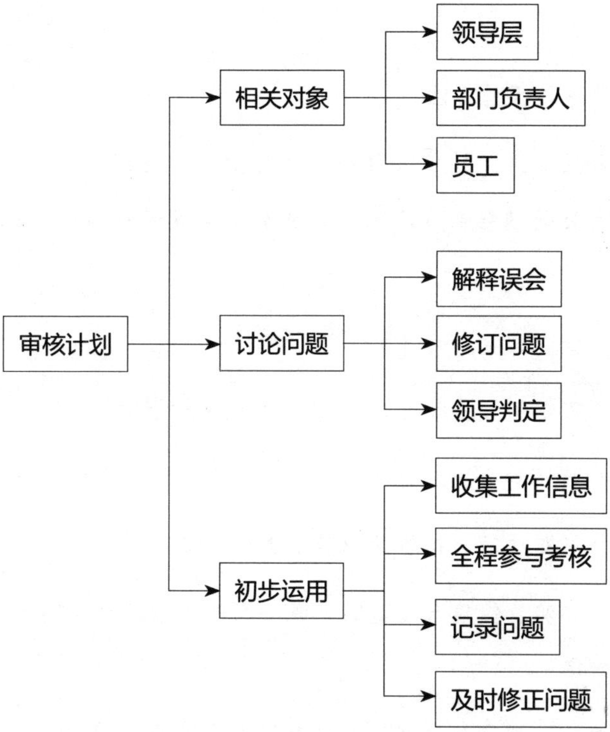

图 4-10 审核计划的具体内容

绩效计划设计完成后是什么样呢？如下例所示为某公司人事部设计的绩效考核计划，可供参考。

案例实操 某公司绩效考核计划

一、考核基本情况

1. 考核目的：为了及时改进和提升工作质量，激励成绩突出的员工，全面提高公司经营管理水平和经济效益，特制定本方案。

2. 考核形式：以业绩考核为主，多种考核方式综合运用。

3. 考核周期：采取月度考核的办法，由销售部经理统一对销售人员实施考核。

二、业绩考核操作办法

1. 业绩考核原则：销售人员的业绩考核与公司销售业绩和个人销售业绩双向挂钩，公司销售业绩决定总提成额度发放的标准，个人销售业绩决定自身收入。

2. 销售人员绩效奖金的计算。

绩效奖金实发额 = 绩效奖金应发总额 × 业绩完成比例

（1）个人绩效奖金应发总额。

绩效奖金应发总额 = 销售面积奖 + 成交率奖

①销售面积奖。销售人员超额完成个人任务指标的，按 1.5 元 / ㎡支付奖金，上不封顶。

②成交率奖。销售人员当月成交率超出 30% 者，奖励 100 元。

（2）业绩提成标准。

①完成本公司规定销售任务 50% 以上的，提成按个人销售总额的 0.3% 支付。

②完成本公司计划销售任务50%以下的，按个人销售总额的0.15%支付。

三、相关奖惩规定

1. 奖励规定。

（1）每月销售冠军奖200元，月销售冠军最低标准为公司规定月个人销售任务的90%。

（2）连续两个月倒数第一，销售人员扣除当月绩效考核奖金。

2. 处罚规定。

（1）销售人员未完成销售任务的，按未完成部分的0.1%处罚，至每月工资不低于底薪为止。

（2）已转正的销售人员连续三个月不能完成销售任务的，员工待遇等同于试用员工。

四、管理人员绩效考核标准

1. 绩效奖金。

绩效奖金实发额 = 绩效奖金应发总额 × 任务完成比例

绩效奖金应发总额 = 来电数量奖金 + 销售任务奖金 + 回款任务奖金

（1）来电数量奖金。每月完成规定的来电任务量，奖金按照超额来电量1元/组计算。

（2）销售任务奖金。每月完成规定的销售任务额，奖金按照超额完成部分0.01%计算。

（3）回款任务奖金。每月完成规定的回款任务额，奖金按照超额完成部分的0.01%计算。

2. 处罚措施。

（1）若连续两个月未完成销售任务，则扣除当月所有绩效奖金。

（2）当月成交客户签约率不得低于 80%，否则扣除当月所有绩效奖金；年度签约率不低于 90%，回款不低于任务的 110%，否则扣除年度奖金。

4.2.3 处理绩效申诉问题

为了保证绩效考核的公正、公平，企业都要设置绩效申诉的渠道和方式，让对绩效结果不满的员工表达自己的意见，以免出现上级“以公报私”，而员工无处申诉的情况。那么，人事部应该如何处理绩效申诉问题呢？最好是提前设置员工绩效考核结果申诉规定。

案例实操 员工绩效考核结果申诉规定

一、范围

在被考核者对绩效考核结果有异议的情况下，由员工本人进行申诉，由企业人事部协调处理员工的申诉，并给予员工解决方案。

二、申诉目的

1. 确保绩效考核的公平、公正和客观，保障员工的合法权益，培养积极向上的组织氛围。

2. 确保考核质量，对有偏差的员工绩效考核及时纠正，并追究有关人员责任。

三、主要控制点

1. 员工直接上级、员工签字确认员工申诉调查结果。

2. 人事部作为第三方出具处理意见。

3. 负责人事信息档案管理的人员根据人事部做出的最终处理结果更新该员工的个人绩效考评结果。

四、特别注意事项

1. 员工对绩效考核的结果有异议时，可以提出申诉，人事部受理申诉后，必须分不同场合向被考核人、考核人和考核人上级领导了解情况，以确保所了解的信息真实客观。

2. 人事部应作为独立的第三方分别与考核人和被考核人面谈，协商并寻求解决纠纷的办法。

3. 对于提出过申诉的员工，其档案信息中应包含申诉信息备查。

4. 人事部应于员工的下一个绩效考评周期结束前解决员工的申诉。

五、员工绩效考核结果申诉流程说明

步　骤	涉及部门	步骤说明
1	员工	员工对绩效评定和考核结果有异议的，在知道结果3日内向人力资源部提出申诉，将申诉原因和理由记入员工绩效考核申诉表（见附件）
2	人力资源部	受理员工申诉，向员工部门主管和员工本人了解情况，进行调查核实，并将调查情况写入员工绩效考核申诉表中
3	员工、员工直接上级	签字确认员工绩效考核申诉表调查结果
4	人力资源部	根据了解到的实际情况和绩效考核制度，在员工绩效考核申诉表上签署第三方解决意见
5	人事总监	与考核人和员工面谈，解释原因并在员工申诉表上签署意见
6	总经理	在每月初的经营管理会议上讨论上月员工绩效考核申诉事件
7	人力资源部	向员工回复其申诉的结果并做出处理
8	人事信息档案管理员	将员工绩效申诉表归入员工绩效考核档案中，在做人事决定时结合员工绩效考评得分综合评价员工绩效

六、附件

员工绩效考核申诉表

<table>
<tr><td>申诉人姓名</td><td></td><td>部　门</td><td></td><td>职　位</td><td></td></tr>
<tr><td>申诉时间</td><td></td><td>直接上级</td><td></td><td>接待人</td><td></td></tr>
<tr><td colspan="6">申 诉 栏</td></tr>
<tr><td colspan="6">绩效考核申诉事件：</td></tr>
<tr><td colspan="6">绩效考核申诉理由：</td></tr>
<tr><td colspan="6">主管处理意见：
签名：　　日期：</td></tr>
<tr><td colspan="6">人力资源部处理意见：
签名：　　日期：</td></tr>
<tr><td colspan="6">总经理处理意见：
签名：　　日期：</td></tr>
<tr><td>申诉人签名</td><td colspan="5"></td></tr>
<tr><td colspan="6">备注：
1. 总经理处理意见为最终处理意见。
2. 申诉人必须在收到考核结果 3 日内提出申诉，否则无效。
3. 申诉人直接将该表交人力资源部。
4. 本表一式三份，一份交人力资源部存档，一份交申诉人主管，一份交申诉人</td></tr>
</table>

上例所示为某公司设置的《员工绩效考核结果申诉规定》，一共包括了

6个部分，分别是申诉范围、申诉目的、主要控制点、特别注意事项、申诉流程说明和附件表格。其中，申诉范围、申诉目的、申诉流程说明和附件表格是核心内容，企业一定不能省略这几个部分。

①申诉范围能够告诉员工谁有资格进行申诉。

②申诉目的可以向员工说明企业的绩效考核是公正、公平、公开的，有利于员工接受绩效考核。

③申诉流程是核心内容的重中之重，有了流程员工才知道自己应该如何申诉，有了说明员工才知道自己去哪里申诉，要注意什么问题。

④附件表格是员工在申诉过程中会使用的表格工具，一般企业申诉，都需要员工提交申诉表。

4.2.4 进行绩效考核反馈

绩效反馈是将绩效评价的结果反馈给被评估对象，并对被评估对象的行为产生影响。绩效反馈是绩效考核工作的最后一环，对绩效考核的效果有决定性的作用。

绩效反馈主要通过考核者与被考核者之间的沟通，就被考核者在考核周期内的绩效情况进行面谈，在肯定被考核者工作的同时，也对其工作中的不足进行提点，帮助其找到改进的方法，真正发挥绩效反馈的作用。绩效反馈的特征主要有以下3点。

- 重在描述，不要做个人判断。
- 切忌攻击员工的个人特征和性格，主要针对员工表现沟通。
- 不要泛泛而谈，要有特指。

绩效反馈的核心内容包括4个部分，下面一起来了解一下。

1. 告知员工当期绩效考核结果

绩效反馈应该首先告知员工当期的绩效考核成绩，尽量做到客观，让员工明白自己在企业内处于什么水平，从而对自己的改进空间做一个判断。管理人员要多听员工的想法，肯定其长处，协商调整员工下一绩效考核期指标。

2. 分析员工绩效差距并确定改进措施

员工了解自己的绩效成绩后，管理人员应该指出其与其他员工的差距，将重点放在绩效成绩的提高上。管理人员应与员工共同分析造成绩效差距的原因，一般需要对员工绩效考核期的关键事件记录进行分析。鼓励高绩效行为，对低绩效行为进行总结，提醒员工注意。

3. 协商下一绩效考评期的工作任务与目标

绩效反馈就是绩效考核这一循环过程中的节点，通过绩效反馈既能总结上一绩效考核期，又能对下一考核期进行规划。借助绩效反馈的机会，管理者能充分与员工沟通，得到更明确的绩效目标，也是员工更认可的绩效目标。

4. 确定资源配置

员工确定好下一考核期的绩效目标后，要完成此目标还需要相应的资源配置，管理人员应该主动与员工协商，了解员工是否需要什么帮助和资源，尽最大努力配合员工提高绩效成绩。此外，还可以积累资源消耗的历史数据，分析节约资源成本的途径，让有限的资源发挥最大的效用。

绩效反馈一般通过面谈的方式进行，在面谈前，管理人员需要做好相应的准备，这样能提高面谈效率，不至于“东拉西扯”，让闲聊占据了大量的时间。

绩效反馈面谈的准备工作分为收集资料和安排面谈计划两个部分，下面来看具体的内容。

进行反馈面谈收集的资料当然要与员工的绩效考核信息有关，一般包括部门目标管理卡、职位说明书、员工绩效考评表和员工绩效档案。

部门目标管理卡。部门目标管理卡是各部门内部设置的部门绩效目标，一般是经过部门员工的一致同意才设定的，是绩效考核的依据。

职位说明书。职位说明书能够帮助管理人员了解该员工的基本岗位职责，进而对员工的基本绩效情况有深入的了解。通过职位说明书，帮助管理人员补充当初制定绩效目标时遗漏的内容，因此，准备职位说明书以备查阅是很有必要的。

员工绩效考评表。绩效考评表是不可或缺的资料，能直观地反映员工的绩效考核成绩，进行绩效反馈面谈时也主要根据绩效考评表进行交流。此外，绩效考评表的内容也需要员工签字确认。

员工绩效档案。主要对员工的所有绩效相关信息进行记录，所以不仅包括当期员工的绩效成绩，还包括以往员工的绩效成绩，管理人员可进行对比，看员工是进步了还是退步了。

绩效反馈面谈涉及的步骤较多，所以管理人员要提前安排好面谈计划，主要对面谈形式、面谈时间以及面谈地点进行安排。

①面谈形式，通常一个管理人员要负责多个员工的绩效反馈面谈，所以要考虑是通过“一对一”，还是“一对多”的形式进行。“一对一”的面谈一般谈得更加深入，可能涉及员工私事或保密情况；而“一对多”的形式常在有共同话题时选择。

②面谈时间，面谈日期最好提前一周定好并通知员工。而面谈过程的时长最好控制在 10 ~ 15 分钟；月度考核应控制在 30 分钟左右；年度考核，最好在 1 小时左右。此外，还要注意尽量缩短面谈时间，不要长时间与员工交谈，容易让员工觉得烦躁，也容易模糊沟通的重点。

③面谈地点在选择上应以“安静、不被打扰、正式又不失轻松”为原则，如果是“一对一”交谈，可选择办公室；若是“一对多”交谈可选择小型的会议室。

流程办事

第5章

员工关系管理

企业是一个大型组织，有不同的部门，各自的工作任务也不同，员工之间有各自的工作，却也需要经常合作。为了能让企业上下级之间、不同部门之间亲密合作，企业要做好员工关系管理，让员工在适合的岗位上发挥自己的价值。

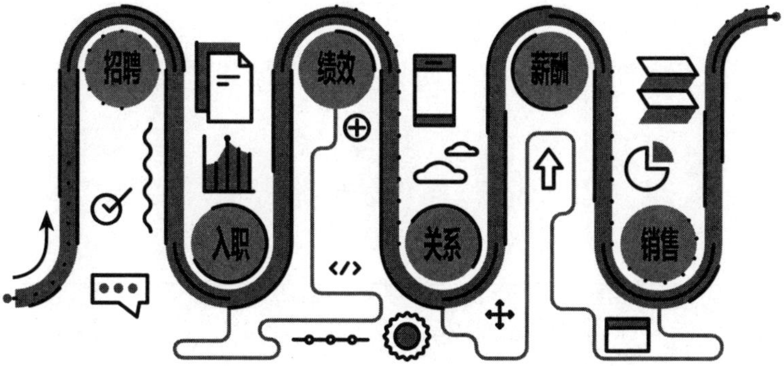

5.1 员工岗位轮换流程

员工岗位轮换流程展示如下。

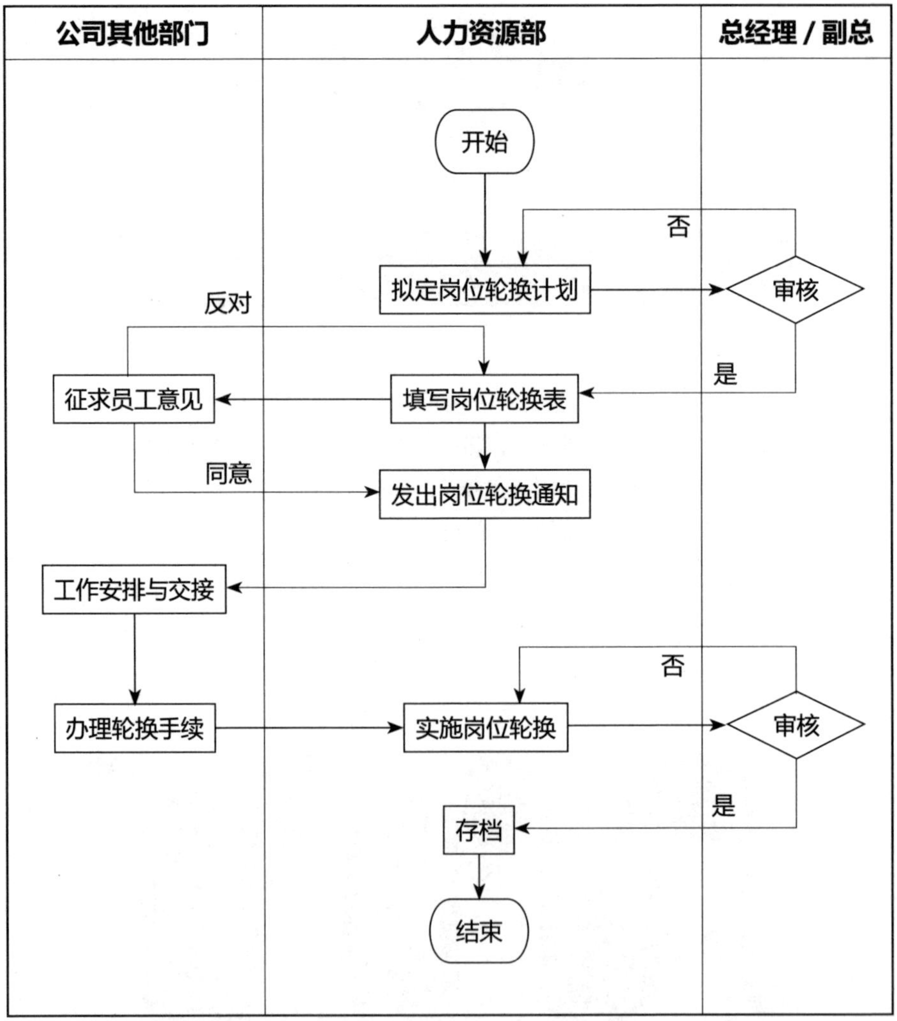

岗位轮换指企业内有计划地按照大体确定的期限，让员工轮换承担若干种不同岗位工作的机制。通过岗位轮换能够提高员工的适应性，开发员工多种能力，通常用于在职训练或培养主管。

5.1.1 认识岗位轮换制的基本作用

可能有很多企业管理者对岗位轮换制并不熟悉，也没有实施过，会觉得非常麻烦，会耗费巨大的人力和物力。而要了解岗位轮换制首先可以了解其基本作用，这样能够明白为什么有的企业会施行岗位轮换制，以及岗位轮换的优势。

◆ 加深部门间的沟通

岗位轮换可以打破企业部门间的横向隔阂和界限，有利于部门间的配合和协调工作。部门就是一个小团体，很容易出现只在乎本部门工作，而对其他部门的工作毫不在意的情况，这对企业的发展来说绝对不是一件好事。如果出现需要部门协调完成的项目，而部门间的人员交流为零，便不能很好地完成工作。

通过岗位轮换，可以有效消除这种弊端，建立不同部门人员之间的交流。而对于管理者来说，在基层岗位间的调换，能使其了解不同岗位的工作内容，从而更好地进行管理工作。

◆ 培养复合型人才

企业如果想要培养管理型人才和复合型人才，通过岗位轮换能够实现这一目的，且经济又高效。岗位轮换可以有效提高员工的适应能力、分析能力，也能打开员工的视野，转换其看待问题的角度。

◆ 激发员工新鲜感

一直从事一个岗位工作容易让人产生厌烦感，如果能在适当的时间轮换岗位，会让员工有新鲜感，能够提起干劲全面投入工作。对于对自己要求高的员工来说，会借此机会全面提高自己，把自己训练成全方位的人才。

岗位轮换还可以减轻企业内部的晋升压力，释放员工的不满情绪，让久不晋升的员工找到一个新的方向，将更多的精力放到工作中，减少人力资源损耗。

◆ 可维持创新

思想僵化是任何人都不能避免的，尤其是长时间从事某一项工作的人，很容易逐渐变得照章办事，不但没有工作积极性，还可能会丧失创造性，这对于业务发展绝对不是一件好事。

尤其对于企业内的创造性岗位，如设计师、工程师等，岗位轮换能让员工保持对工作的热情从而迸发出源源不断的创造力。

◆ 防止腐败

企业内部可能难免会滋生腐败，这是由于在同一个岗位待久了就会自然而然形成小团体。若是在企业内部施行轮岗制，能有效地控制腐败情况的发生。所以很多金融、政法机构会采用轮岗制来防止腐败，而很多大企业也借鉴了轮岗制，来避免不必要的腐败现象产生。

5.1.2 岗位轮换制的常见误区

进行岗位轮换能满足企业管理员工的多种目的，不过要实施岗位轮换措施，还要注意避免一些常见的误区，这样才能更顺利地在企业内部推行。岗位轮换常见的误区有5处，下面分别进行介绍。

1. 高层岗位轮换

一般来说，岗位轮换主要面向中层管理人员和基层人员，这样能使其更了解企业的基本业务情况和工作流程，更有利于他们与各部门协调工作。但若是贸然将高层管理者进行岗位轮换有可能带来一些负面影响。

◆ **降低工作效率**：高层领导人管理的层级和人员较多，贸然更换会使下级人员花时间来适应新的管理方式，对日常的生产工作会产生较大的影响。

- **降低高层管理团队的凝聚力：**高层管理者对自己的岗位影响较大，如果岗位轮换没有做好交接或互相沟通，可能很难执行下去，甚至引发高层间的不满。

2. 程序混乱

岗位轮换可能涉及多个部门，所以一定要设置好基本流程，按流程来操作，通常在进行岗位轮换前需要员工经过以下几个程序审核。

①员工提出调职申请，上交所在部门负责人审批。

②部门负责人审批后，由人力资源部对申请调职者进行岗位适应性的面谈和了解。

③人力资源部对员工进行初步判断，确认其适合新岗位，开始与调入部门主管进行协调。

④协商一致后，由调入部门主管与员工进行沟通交流，告知其调入岗位的工作职责和工作目标。

⑤员工在规定的期限内进行工作交接。

⑥工作交接完成后，人力资源部发出调动通知。

通过以上程序我们可以了解到调岗的程序还是挺复杂的，所以难以避免出现以下 3 种程序混乱的情况。

①人力资源部忽视了对员工进行岗位适应性的面谈和了解。

②调入部门的主管没有与员工就岗位职责和工作目标进行沟通。

③员工在调岗前没有交接清楚现在的工作或是交接不彻底。

岗位调换毕竟不同于其他的人事活动，这是非常慎重的决定，对两个部门都有影响，所以涉及的每个环节都不能忽略。无论是员工个人、人事部或是调岗部门主管都要认真考虑调岗的适合性。

3. 频繁换岗

员工到一个岗位，从熟悉工作到为工作做出贡献是需要一定时间的，如果换岗的时间期限太短，就容易出现本末倒置的情况，为了调岗而调岗，结果耽误了正常的工作，让企业蒙受损失。

一般来说，员工至少要在岗位工作一年才算真正付出了自己的努力，所以在做轮换规划时，管理者最好设计调岗的申请条件是需要满足工作期限的。

4. 盲目选择岗位

员工就算是换岗也不能随意更换到不适合的岗位，可能很多生产岗位的一线员工如果换岗都愿意换到管理岗，但企业需要慎重考虑技术人员是否真的适合管理工作，以免给企业带来难以预知的风险。

5. 忽略评估

企业要培训复合型人才，但也要明白“人无完人”这个道理，没有人会适合所有的岗位，所以换岗前的评估是必不可少的。就像企业招聘人才后会设置一定的试用期，换岗也应该留出一段时间来评估员工的表现，如果其不适合现在的岗位，应该及时纠正这个错误。

5.1.3 制订岗位轮换计划

要真正在企业内部实施岗位轮换机制，首先要拟定岗位轮换基本规划，通过上级审批后，就能按规定开展岗位轮换的相关工作了，如下例所示为某企业拟定的岗位轮换管理规定。

案例实操 **员工岗位轮换管理规定**

第一章 总则

第一条 目的。

因公司发展需要更好地发挥人力资源和员工的工作能力，提供良好的工作平台，培养优秀员工，特制定本制度。

第二条 适用范围。

本制度适用公司内所有员工，经本人申请或部门主管建议，在本部门或相关同一级别的岗位上调动，部门及岗位轮换的范围包括公司各个部门之间、部门内部岗位之间的轮换。

第二章 岗位轮换组织构成

第三条 公司岗位轮换工作小组由总经理及人力资源部、部门负责人、培养对象三部分组成。

……

第三章 岗位轮换时限

第四条 不同岗位分别进行定期轮岗。

1. 实习生岗位每3个月轮换一次。

2. 基层员工（各类服务人员）根据公司组织架构要求进行轮岗。

第五条 轮岗持续时间。

轮岗时间试用期为1个月，试用期满后，经主管审批考核合格后予以正式任用。

第四章 岗位轮换实施方法

第六条 岗位轮换类型。

1. 跨部门轮岗。

2. 部门内部轮岗。

第七条 轮岗前沟通。

……

第八条 轮岗前工作交接。

为预防当事人因轮岗而造成原岗位工作的紊乱，所以在其做完轮岗前的工作交接，才方能进行新岗位的业务培训。工作移交应包含三方面内容：

1. 完整的工作文件移交。

2. 目前进展中的工作移交，包含目前进展程度、目标结果及相关人员工作分配等。

3. 工作资源移交，如客户资源资料、报表数据等。

第九条 轮岗培训及轮岗考核。

为了让当事人对新工作环境和业务有所了解，补充新知识和能力，除常规的岗位知识培训外，还可建立轮岗当事人定期沟通协调机制，及时发现轮岗过程中的问题，在培训周期结束后对轮岗培训的员工进行考核。

第十条 轮岗办理流程。

……

第十一条 本规定由本部人力资源部负责制定、修改并解释。

第十二条 轮岗后的薪酬标准维持原标准，按新岗位工作绩效进行考核。

第十三条 本规定由下发之日起执行。

上例所示的《员工岗位轮换管理规定》包括适用范围、岗位轮换组织、岗位轮换时限、轮岗工作交接、轮岗培训及轮岗考核、轮岗办理流程等内容。其中，轮岗工作交接、轮岗办理流程是不能缺少的核心内容，人力资源部要设置清楚 。本例中省略了轮岗办理流程，在上一小节中有过介绍。

值得注意的是，员工主动申请调职，需要填写并提交员工岗位轮换申请表，表格可通过附件的形式展现，见表 5-1。

表 5-1　员工岗位轮换申请表

姓　　名		申请时间	
所在部门		入职时间	
学　　历		所学专业	
目前岗位		申请轮换岗位	
个人未来发展定位			
所属部门意见	部门主管：　年　月　日		
轮换部门意见	部门主管：　年　月　日		
人力资源部意见	部门主管：　年　月　日		
总经理审批	总经理：　年　月　日		
备注： 1. 此表适用于员工自愿申请岗位轮换时使用。 2. 新员工、普通职员、车间后勤班组长等岗位轮换，生产副总或总经理助理可以代理最终审核			

拓展贴士 *岗位轮换的缺陷*

推行岗位轮换也可能给企业造成消极的影响，具体包括如下 3 点。

1. 对掌握某些复杂专业技术不利，对保持和继承长期积累的传统经验不利。
2. 各部门经理原有的利益和权力可能被削弱。
3. 在对比效应的驱使下部门经理可能会追求短期绩效而忽视长远发展。

5.2 员工降级流程

员工降级流程展示如下。

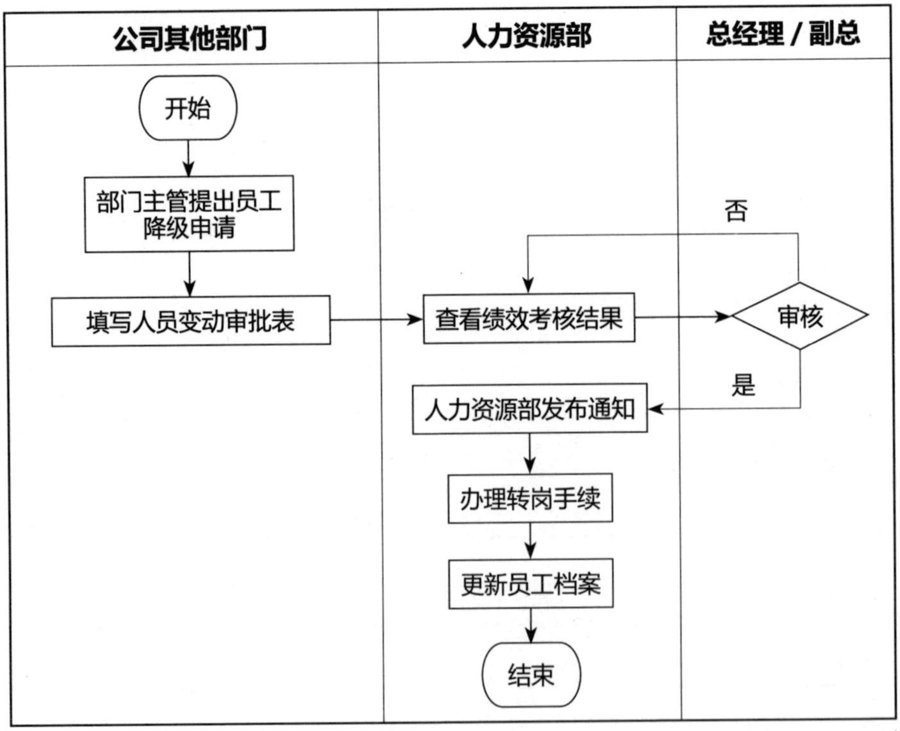

企业内部的人员流动除了岗位调换外，还包括晋升、降级和离职。对员工进行降级处理是件极为头疼的事，管理人员要保证员工没有异议，并接受降级处理，否则容易遭到员工的投诉，或是流失企业人才。

5.2.1 了解降职员工的心态

一般来说，为了维护企业的稳定发展和日常经营，不会轻易对员工做降职处理。若是员工的行为对企业的经营产生了很大影响，企业为了更好地管理和激励员工，也会视情况对员工做出降职处理。常见的降职情况有以下一些。

- 违反了企业的规章制度，或犯了重大错误造成企业重大损失。
- 绩效考核成绩长时间不佳。
- 由于组织机构调整而精减工作人员。
- 不能胜任本职工作，调任其他工作又没有空缺，则需要降职。
- 应员工要求，如身体健康状况欠佳不能承担繁重工作等对员工进行降职。
- 依照奖惩条例，对员工进行降职。
- 因不可抗力等外部原因导致降职。

当然，从常理来说，员工被降职了自然不会心甘情愿地接受。所以在处理员工降职工作时，管理人员应该了解员工的心态，关心员工的想法，及时与员工沟通。被降职处理的员工，一般会有3种常见的心态。

一是丢面子，难以面对同事或是下级，更难以对家人朋友启齿。

二是强烈不满，甚至不服从企业的处理结果，开始找客观原因，否认自己的失误。

三是快速调整自己的心态，将自己投入到工作中，积极面对不顺利的情况。

面对不同心态的员工，企业要有不同的处理方式。对第一种心态的员工，管理者应该更多地给予员工自信心，给员工更多的关心与呵护。在员工的绩效反馈面谈中，多与其沟通，总结其还能进步的地方。

对持第二种心态的员工，企业管理人员首先要安抚其不满及不安的情绪，通过真实的考核数据和事件帮助其认识自我，并向其表示企业不会放弃他，会一直给予其帮助。

对第三种心态的员工，管理人员应该重视其良好的心态，这类员工心理素质非常好，可以说是大有潜力，值得重点培养。

降职申请大多是各用人部门提出的，由人力资源部门进行审核，然后呈上级领导确认，最后确定降职的人员，人力资源部应该通知其本人，并发布降职通知，如下所示。

案例实操 降职降薪通知书

××同事：

原为本公司××部销售主管，20××年×月×日起在我司工作，现因____________________________________。

根据公司有关规定，经研究决定对你予以记过处理，并自20××年×月×日起，降职为__________，薪资标准按照__________岗位标准实行。

希望你____________________________________。公司将给予最长3个月时间的考核，再重新确认岗位职责，特此通知。

员工本人已收到降职降薪通知书，并将在日后工作中自觉遵守公司的各种管理规定。

员工签名：　　　　　　　　　　人力资源部负责人：

年　月　日　　　　　　　　　　年　月　日

在处理员工降级事件的过程中，管理人员需要重视一个非常重要的问题，即员工降职的审核权限，由于降职对员工来说是非常重大的事项，那么一定要做到名正言顺。

根据岗位职级的不同，审核权限也会有所区别，见表5-2。

表5-2　降职审核权限

岗位职级	审核权限
总经理、副总经理	由董事长裁决，人力资源部门备案
部门经理级	由人力资源部门提出申请，报总经理核定
部门一般管理人员	由用人部门或人力资源部门提出申请，报部门经理审核，由总经理核定
各部门普通员工	由用人部门提出申请，报人力资源部门核准

5.2.2　降职管理的五大技巧

要让员工接受降职处理不是一件容易的事，除了发布员工降职通知，与员工进行沟通外，管理人员还应知晓其他的操作技巧，灵活运用到降职管理中。

◆ 详述降职原因

对员工进行降职需要“名正言顺”，如果不能有一个合理的原因和解释，那么无论如何都得不到员工的认可。所以无论是人事专员还是部门负责人都要及时通知员工被降级的具体原因，这很重要，并且前因后果都要说清楚，这样员工才会心服口服。最好能拿出有员工本人签字的数据资料，或是客户投诉书等。

◆ 给出时间期限

如果说员工还能够接受降职，但可能无法接受永远降职。企业要是能在降职处理上多点弹性，例如虽然降职，但给员工降职的期限，如3个月、5个月或半年，许诺员工如果在降职期间能够达到某种业绩，对企业有一定贡献，就能升回原职。

这样可分散员工的注意力，让员工将反对的情绪转化为积极工作的情绪，让员工有了努力的方向和期望。

◆ 倾听员工意见

虽然降职处理由上级审核并决定，但员工的意见和想法也很重要。员工如果表示不希望降职，那么企业管理者可以看看员工能否提出什么有效的解决方案，而不是否定员工的一切想法和意见。

◆ 维护员工的面子

如果员工因为工作表现不佳遭到降职，那么企业在发布降职通知的时候，可以省略具体的降职原因，简单提及“因公司安排”或“个人工作调动”，所以对员工做出降职处理，这样员工不至于在同事和上下级面前颜面扫地。

◆ 降职处理一律不公开

有些较为人性化的公司，对于降级、辞退这一类的事件处理，都以“不声张”为原则，只告知相关责任人和当事员工，并不会向全体员工公开，这也能加大员工接受降职的概率。

5.3 员工离职交接流程

员工离职交接流程展示如下。

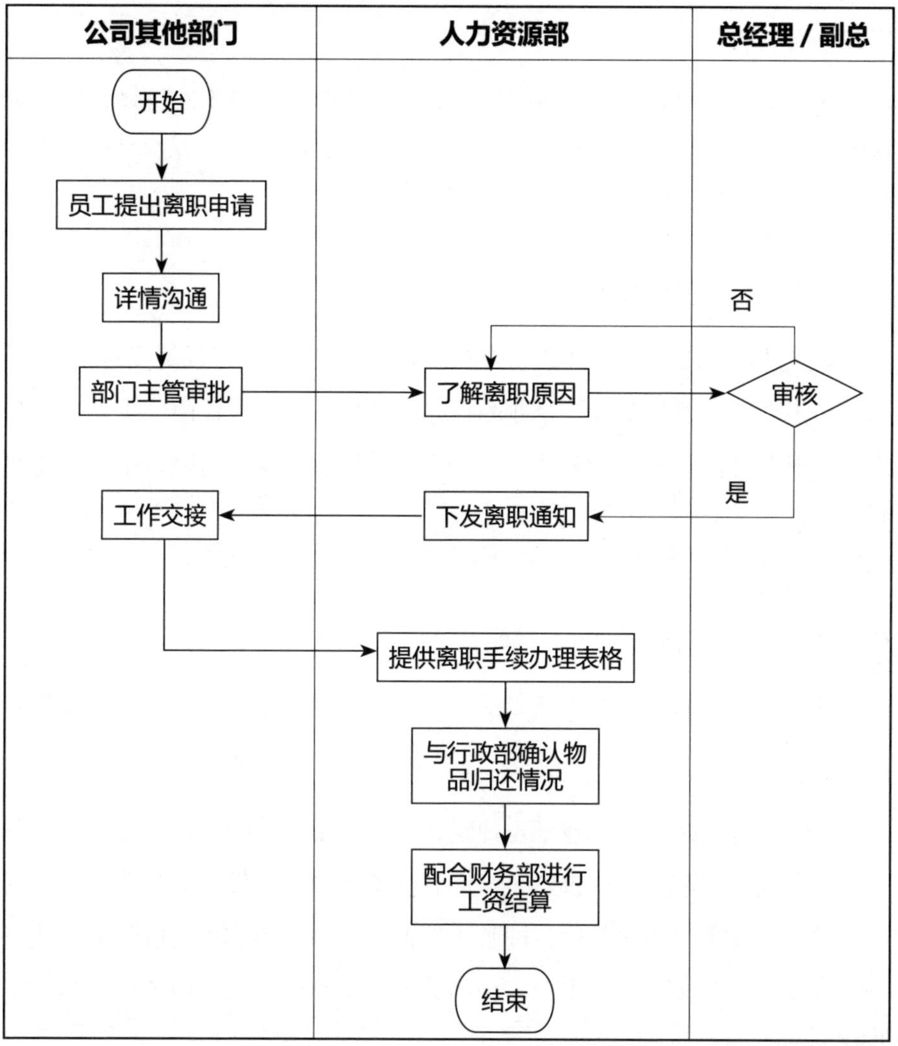

员工离职对企业来说是无法预计的，而员工一旦离职给企业带来的负面影响却接踵而至。为了降低员工离职对企业日常工作造成的影响，企业应做好离职管理工作，包括与离职员工的面谈以及离职交接工作。

5.3.1 注意员工离职的风险

离职风险指由于员工在企业尚未收回对其人力资本投资的成本之前终止与企业的契约关系所产生的风险，是企业人力资本投资人为风险中最严重的风险。

通常我们所说的离职风险指由于员工离职给企业带来的直接损失。企业管理人员要重视员工离职可能带来的风险，并提前做好应对措施。常见的员工离职风险有如下几种。

1. 企业机密或核心技术被泄露

如果从企业离职的人员是企业核心技术的研发人员，或是高层管理者，那么在工作期间已经掌握了企业的核心竞争信息，如果任由这类人才随意离职，很有可能给企业带来非常大的影响。要解决这类风险，企业需要做好 3 件事。

①保障员工的基本待遇，至少对于高级人才来说，不能低于市场平均值，否则很容易出现高层人员离职。

②进行离职面谈，关心员工想法，找到挽留员工的可能，这是最省心的处理方式。

③与关键人才签订竞业禁止协定，竞业禁止指根据法律规定或用人单位通过劳动合同和保密协议禁止劳动者在本单位任职期间同时兼职于与其所在单位有业务竞争的单位，或禁止他们在原单位离职后一段时间内从业于与原单位有业务竞争的单位，包括劳动者自行创建的与原单位业务范围相同的企业。

竞业禁止协定是保障企业商业利益的有效协定，常见的竞业禁止协定如下所示。

案例实操 竞业禁止协议范本

甲方：　　　　　　　　　　　　　　　乙方：

住所：　　　　　　　　　　　　　　　住所：

法定代表人：　　　　　　　　　　　　身份证号码：

鉴于乙方知悉的甲方商业秘密具有重要影响，为保护双方的合法权益，双方根据国家有关法律法规，本着平等自愿和诚信的原则，经协商一致，达成下列条款，双方共同遵守。

一、乙方义务

1. 未经甲方同意，在职期间不得自营或为他人经营与甲方同类的行业。

2. 不论因何种原因从甲方离职，离职后3年内不得到与甲方有竞争关系的单位就职。

3. 不论因何种原因从甲方离职，离职后3年内不得自办与甲方有竞争关系的企业或者从事与甲方商业秘密有关的产品的生产。

二、违约责任

1. 乙方不履行规定的义务，应当承担违约责任，一次性向甲方支付违约金，金额为乙方离开甲方单位前一年的基本工资的50倍。同时，乙方因违约行为所获得的收益应当归还甲方。

2. 甲方不履行义务，拒绝支付乙方竞业限制补偿费，甲方应当一次性支付乙方违约金人民币5万元。

三、争议解决

因本协议引起的纠纷，由双方协商解决。如协商不成，则提交仲裁委员会仲裁。

四、合同效力

本合同自双方签章之日起生效。本合同的修改，必须采用双方同意的书面形式。双方确认，已经仔细审阅过合同的内容，并完全了解合同各条款的法律含义。

甲方：（签章）　　　　　　　　乙方：（签名）

年　月　日　　　　　　　　　　年　月　日

2. 客户流失

若是长时间与客户打交道的人员离职，如销售经理、业务人员等，很可能会带走企业重要的客户资源，从而导致企业失去市场竞争，所以企业应做到有备无患。

①建立企业内部的客户资源数据库，管理好企业的客户资源，方便及时使用。

②提高企业产品的质量，塑造品牌特征，以此得到客户的信任，吸引客户。这样客户看重的是品牌，而不是销售人员。

③定期将一线人员调区或是升职，这样一线人员就不会一直负责某位客户。

3. 岗位空缺

在企业没有任何准备的情况下，员工提出主动离职，一定会造成岗位空缺，很多时候企业难以及时填补人员空缺，为了不影响企业的正常工作，企业应做好以下一些工作。

①规划好企业的人力资源，对于高级管理者和关键岗位，最好实施人员储备制，培养有潜力的接班人。

②可将“储备人才”加入绩效指标中，在绩效考核中评分较高的员工便可作为候选人来参考。

4. 集体离职

集体离职的情况并不多见，一般是企业中有号召力的人离职才会造成这种情况。一旦出现这种情况，对企业造成的影响是非常巨大的，很有可能让企业某一部分的工作停摆。要避免这种情况，需要做好以下两点。

①开放招聘范围，聘用不同地区、背景的员工，让员工学习企业文化，认同企业的价值观，让员工对企业有归属感。

②对中层管理者实施岗位轮换制度。

5. 影响企业凝聚力

如果企业内有分量的人员离职，可能会导致有些员工丧失对企业的信心，这样不利于企业开展工作。

越是这样的时候，企业越要保持和员工的沟通，在内部各部门召开会议，向员工说明企业的主要成绩和未来发展状况。除此之外，企业还应做好员工职业规划和技能培训，让员工对自己的未来发展有信心。

5.3.2 了解离职面谈的程序

离职面谈指在员工离开企业前与其进行的面谈。为了降低员工离职的不良影响，企业在同意员工的离职申请前，先要与员工进行离职面谈，尽量挽留优秀员工，或是了解员工离职的具体原因，促进企业不断改进。不过，员工能够提出离职申请，说明已经过了深思熟虑，一般很难说服其改变心意。

离职面谈最好以面对面的形式进行，这样双方更容易打开心扉，顺畅地交谈和沟通。条件不允许的情况，也可以采用离职调查问卷的形式进行交流。

要进行离职面谈，首先要了解离职面谈的程序。离职面谈的程序可以参考表 5-3 所列的内容。

表 5-3　离职面谈程序

程　　序	具体内容
准备工作	1. 了解离职员工的基本信息，包括姓名、年龄、部门、职级、入职时间和所学专业等 2. 根据离职员工的具体情况，准备面谈话题和内容 3. 安排面谈时间、地点，尽力让员工在轻松、安静的氛围中表达自己的真实想法
过程安排	1. 请面谈者入座，以握手、点头及微笑等示意员工 2. 先自我介绍，表明身份，简要说明本次面谈的话题和目的。如“您好，我是人力资源部的 ××，今天我们主要对您的离职申请进行相关交流，以便于我们做好今后的工作，本次面谈的内容不会公开，不会对您造成任何不良影响，请您畅所欲言。” 3. 开始提问，问题涉及的范围要广泛，让员工充分表达自己的看法。如“您是如何做出离职的决定呢？您方不方便谈一下是哪些因素使您做出这个决定呢？” 4. 更加深入地推进谈话内容，如“您不是很认可公司的管理制度，那您觉得有哪些可以完善的地方呢？” 5. 面谈要注意多角度考虑问题，注意对方的情绪变化，展现企业的人性化和对员工的关怀 6. 尊重对方的隐私，不要询问个人问题 7. 以握手、微笑等方式结束面谈，感谢对方配合，并祝对方有一个好的前途，友好地结束面谈
做好面谈记录	为了让离职面谈发挥作用，需要进行面谈记录，当然在面谈前需要征求员工的同意，一般通过离职面谈记录表来记录重点内容

续表

程　　序	具体内容
整理、总结面谈记录	1. 面谈结束后，需及时对面谈记录进行整理，总结出该员工的离职原因及其他看法，通过报告的形式交总经理审核并保存资料 2. 总结此次面谈效果，记录自己做得好的或不好的地方，不断改进自己的面谈技巧

拓展贴士 *离职面谈记录表*

姓　　名		部　　门		岗　　位	
谈话人		谈话日期		谈话方式	□面谈 □电话
1. 请指出你离职最主要的原因（请在恰当处打“√”，可选多项），并加以说明。	□薪金　□工作性质　□工作环境　□工作时间 □健康因素　□福利　□晋升机会　□工作量 □加班　□与公司关系或人际关系 其他：________				
2. 你认为公司在以下哪方面需要加以改善。（可选多项）	□公司政策及工作程序　□部门之间沟通 □上层管理能力　□工作环境及设施 □员工发展机会　□工资与福利 □教育培训及发展机会　□团队合作精神 其他：________				
3. 你所在部门氛围如何?					
4. 你觉得公司该如何缓解员工的压力?					
5. 公司本来可以采取什么措施，让你打消离职的念头?					
6. 你觉得公司各部门之间的沟通、关系如何？应该如何改进?					
7. 若能挽留你需要解决的问题?	□增加薪酬　□调整工作部门　□调整工作岗位 □解决其他问题（可以描述）：________				
8. 你即将离开公司，我们仍真诚的希望你能给公司一些个人建议。					

5.3.3 掌握离职面谈的技巧

要让员工放下戒心、开诚布公地与自己交谈，管理人员需要掌握一定的离职面谈技巧，若能灵活运用，自然能了解员工的真实想法。

1. 信息收集有方法

收集离职员工的信息是进行面谈前的一项准备工作，但也不能不顾一切地收集一通，具体而言，需要收集的员工信息应该包括三类，如图 5-1 所示。

1. 与该名离职员工有关的个人信息，包括职位信息、心理状况信息、经验信息、学历信息、家庭背景信息及生活状况信息等。
2. 与离职员工有关的绩效和薪酬信息，包括获得的奖励信息、薪酬福利信息以及绩效表现等内容。
3. 该员工离职信息，包括可能离职原因、离职后的目标单位以及目标岗位等内容。

图 5-1　需要收集的员工信息类型

图 5-1 所示的第一、二类信息都是员工的客观信息，很容易收集到，而第三类信息多是员工的主观想法，只能向其同事、上司询问，不能保证信息的真实，但能够给面谈人员一个启发，帮助面谈人员设置离职面谈信息。

2. 慎重选择面谈人员

员工离职的相关手续都是由人力资源部办理，自然而然，离职面谈也由人力资源部进行操作。但是对企业来说非常重要的高级管理人员或精英，一般的人事专员就显得有些不重视，应该安排领导级的人员进行离职面谈。所以进行离职面谈的人员有两个选择方向。

◆ 由人力资源部门相关人员实施面谈。

◆ 由人力资源总监或者总经理、部门主管实施面谈。

3. 确定合适的面谈时机

选择合适的面谈时间点，更能收到好的面谈效果，管理人员可以把握两个时间点。

①在了解员工离职信息后，安排与员工面谈，此时员工还未办理完离职手续，可以考虑挽留员工。

②员工已经办理完离职手续，这时与员工进行面谈，员工没有任何顾忌，能够说出自己心中真实的想法。

4. 学会倾听

倾听能够建立谈话双方的信任关系，只有员工信任企业才能说出自己的"心里话"，这样才能真正达到离职面谈的效果。所以管理者在设计问题时，既要考虑封闭式话题，也要考虑开放式话题。

封闭式话题能够将双方带到一个既定的方向，双方有交流的主题，但这样的问题不宜过多。为了深入交流，可以多设置一些开放式问题，打开员工的思路，得到更多不一样的看法。

一般来说，在进行离职面谈时，管理者会提前设计好相关问题，有备无患。常见的离职面谈问题如表5-4所列。

表5-4　离职问题清单

类　型	常见问题
工作环境	1. 你认为工作环境为你的工作创造了良好的条件吗 2. 你觉得公司该如何改进工作条件、工时和便利设施等 3. 你觉得公司哪些设备或机器需要更换、升级或没有得到充分及合理的使用

续表

类　　型	常见问题
离职原因	1. 你是如何做出离职决定的 2. 你决定离职的主要原因是什么 3. 你决定离职的其他原因是什么 4. 为什么这个因素对你来说非常重要 5. 在你决定离职的所有因素中，你最在意的是什么 6. 为什么会申请离职 7. 薪资问题是否是你这次申请离职的主要原因 8. 公司本来可以采取什么措施让你打消离职的念头
公司管理	1. 你对公司的总体感觉如何 2. 公司的相关政策与程序能让你充分理解吗？如果不是，为什么 3. 你对公司福利满意吗 4. 你认为公司的福利计划如何？还需做什么改进 5. 你认为企业对你工作表现的评价是否公正 6. 你得到了足够的培训吗 7. 你认为企业的报酬体系怎样 8. 你对怎样的培训和发展计划最感兴趣 9. 你对公司的企业文化有何感想？有更好的建议吗 10. 你对公司展开的绩效评估和绩效反馈有何看法 11. 你对公司的绩效考核系统有何看法 12. 你觉得公司存在哪些特别荒谬的制度或规定 13. 您觉得上次公司的考评方案在哪些方面有待改进
员工关系	1. 你觉得公司各部门之间的沟通和关系如何？是否可以有进步的空间？应该如何改进 2. 在工作中你与同事合作得怎么样
上级关系	1. 你对自己的上级感觉如何？是否认可其管理技巧 2. 你是否向你的上级反映过自己的不满和需求？是否得到了解决
建议	1. 我们可以做些什么 / 哪一项因素改变，你会选择留在公司 2. 你认为公司在哪些措施方面可以改善，可能会产生哪些不一样的结果 3. 公司本可以怎样使你更好地发挥才能和潜力呢

5.3.4 建立离职人员人才信息库

面对员工离职，企业会做好交接工作、离职面谈工作，但很少有企业建立离职人员人才信息库。其实离职人员也是一种人力资源，建立人才库可以汇总这一部分的人力资源，以备未来发展使用。

建立人才库首先要按不同的要素将人才库进行分类，才能将收集到的离职人员信息放在合适的位置，常见的几种分类情况如图 5-2 所示。

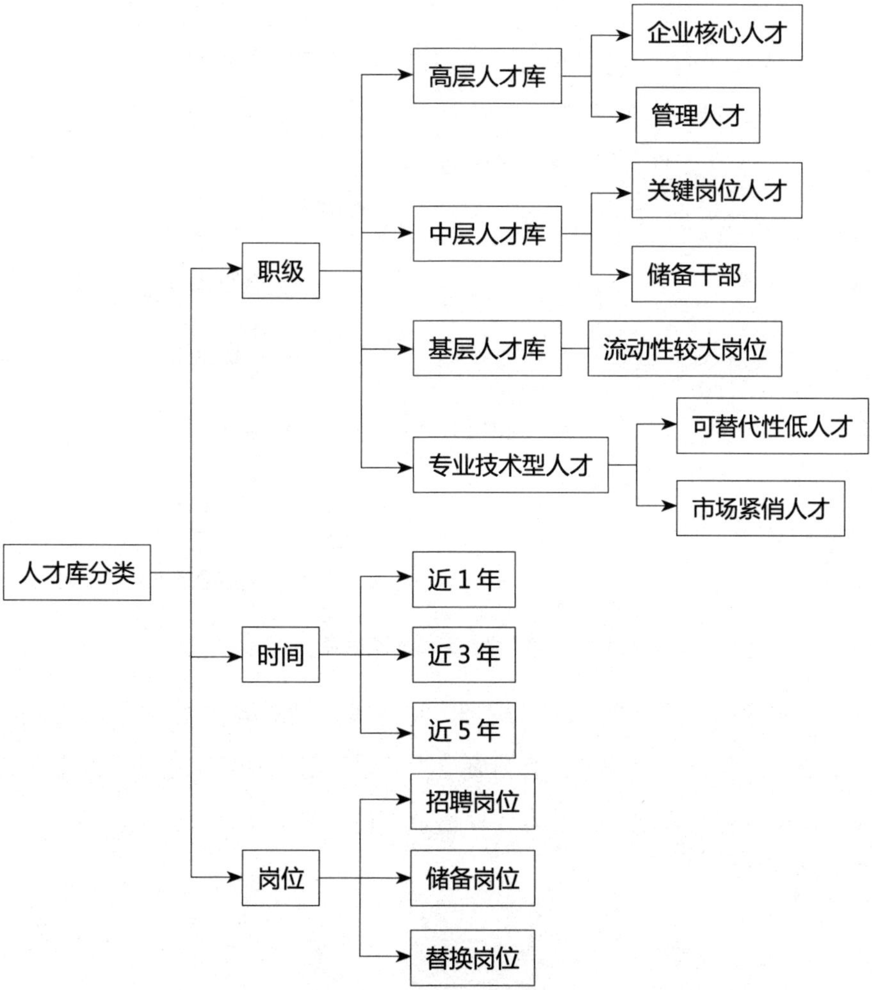

图 5-2 人才库分类情况

将人才库分类后，就可以储备离职人员的相关信息了。为了不遗漏重要的信息，可以罗列值得记录的信息，然后据此收集整理信息，如图 5-3 所示。

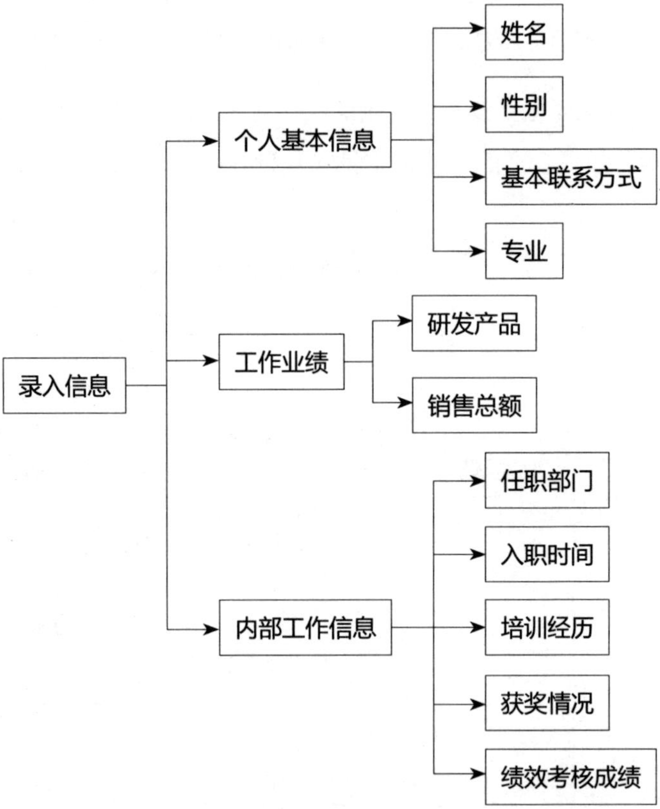

图 5-3　罗列人才信息

人才库初步建立后，相关管理人员还需定期对人才库进行整理维护，一是要盘点各类人员信息，有月度盘点、季度盘点和年末盘点；二是要对人才库设置管理权限，保证人才库信息不被轻易泄露，一般会安排人事管理人员负责。

流程办事

第6章

日常行政事务管理

办公日常事务虽然看似并不起眼，但对于一个企业来说是不可或缺的。员工工作需要的设备，各种日常事务的开展，琐碎却重要，行政部人员做好这些工作才能让企业顺利运转。

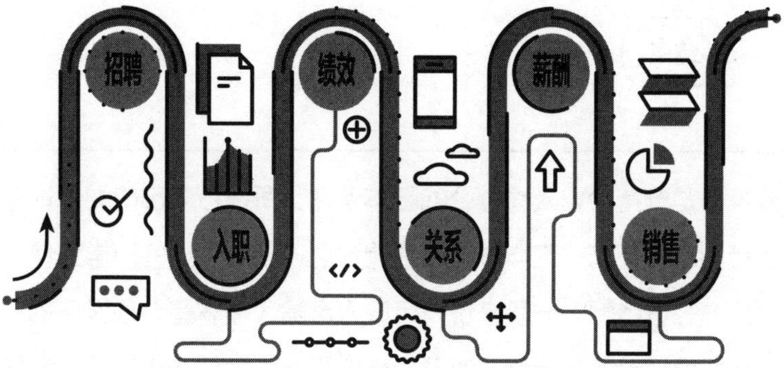

6.1 办公设备管理流程

办公设备管理流程展示如下。

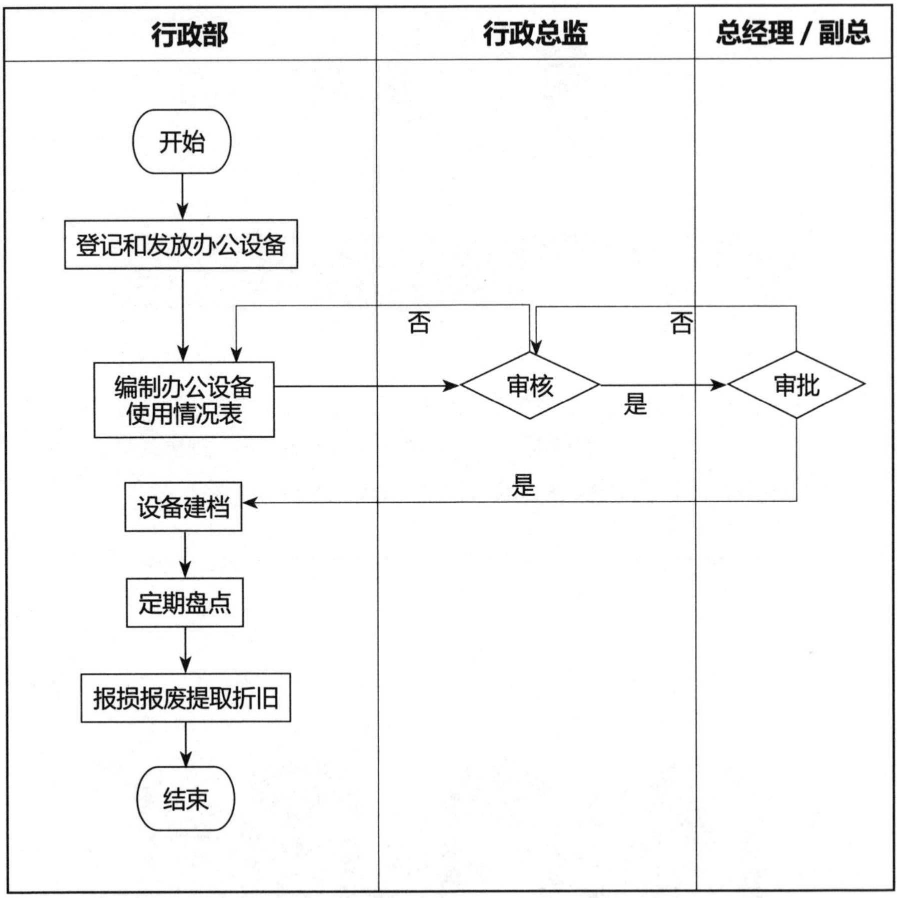

办公设备是维持企业人员办公的基本条件，所以行政部门要保证办公设备的正常运行和及时补充，这样才不会影响企业各部门人员的日常工作。那么应该如何管理办公设备呢？一般来说，行政人员除了需掌握办公设备的日常使用情况外，还要根据设备的损耗及时更换新的设备，尽量避免出现设备故障导致难以顺利开展工作的情况。

6.1.1 办公设备分类管理

办公设备多且杂，为了方便企业管理，可以对办公设备进行统一分类编号，设备有了编号，无论是排查、维修还是更换，都能大大提高工作效率，那么应该如何给办公设备编号呢？

一般来说，编号不能设置得过于简单，如“01、02、03……”，多是由“数字＋字母”的形式组成，且编号中的每组数据都代表了不同的含义，可能是设备的分类属性，可能是设备的使用部门。如下例所示为某公司设备分类及编号管理规定，可作参考。

案例实操 **设备分类及编号管理规定**

一、目的

为规范公司所有设备的分类及编号方法，便于设备统一管理，并符合生产质量管理规范中的相关要求，对公司现有设备进行分类与编号。

二、适用范围

本规定适用于本公司所有设备管理分类及编号。

三、设备分类

1. 设备分类

根据公司通用设备现存状况，将所有设备分为四大类：办公设备；生产设备；检测设备；其他。

2. 设备各类别代码

序　　号	设备类别	类别编号
1	办公设备	A
2	生产设备	B
3	检测设备	C
4	其他	D

四、设备编号

1. 设备编号规定

根据公司实际情况，拟定我公司设备编号由5个部分组成：

公司简称＋部门代码＋设备类别编号＋设备名称＋序号

2. 公司部门代码表

序　　号	部　　门	代　　码
1	品质部	PZ
2	行政部	XZ
3	研发部	YF
4	生产部	SC
5	采购部	CG
6	销售部	XS
7	财务部	CW

3. 设备编号样式及详解

例：品质部第一台检测设备编号为PZ-C-01→PZC01。

参考上例，企业应该根据实际情况对办公设备进行统一分类，分类因素有使用部门、设备属性等，一旦设定好编号规则，最好不要轻易改变，一来改变的操作很复杂，二来容易使编号变得混乱。

6.1.2 编制办公设备使用情况表

企业行政人员要想管理好办公设备，就需要掌握办公设备的基本情况。定期对设备进行抽查是非常实用的方法，抽查之后还要及时记录要点，这样才能对比出不同时期设备的损耗情况。行政人员可通过办公设备使用情况调查表来辅助办公设备的抽查工作。

如何设计该类记录型表单呢？首先不可少的内容就是办公设备的分类，其次是办公设备的名称和编号，然后是符合该办公设备的基本属性和各种考核指标，最后要考虑是否将采购的情况加入记录表格中。表 6-1 所示为常见的办公设备使用情况表。

表 6-1　办公设备使用情况表

填表日期：　　年　月　日

<table>
<tr><td colspan="3">填 表 人</td><td colspan="2"></td><td colspan="2">电　话</td><td colspan="2"></td></tr>
<tr><td colspan="9">情况反馈</td></tr>
<tr><td colspan="2">设备类型</td><td>使用部门</td><td>品　牌</td><td>编　号</td><td>采购时间</td><td>平均月印量</td><td>耗　材</td><td>其　他</td></tr>
<tr><td rowspan="4">打印机</td><td>针式打印机</td><td></td><td></td><td></td><td></td><td></td><td></td><td></td></tr>
<tr><td>喷墨打印机</td><td></td><td></td><td></td><td></td><td></td><td></td><td></td></tr>
<tr><td>激光打印机</td><td></td><td></td><td></td><td></td><td></td><td></td><td></td></tr>
<tr><td></td><td></td><td></td><td></td><td></td><td></td><td></td><td></td></tr>
<tr><td colspan="2">设备类型</td><td>使用部门</td><td>品　牌</td><td>编　号</td><td>采购时间</td><td>开机速度</td><td>内　存</td><td>噪声是否大</td></tr>
<tr><td rowspan="2">电脑</td><td>一体机</td><td></td><td></td><td></td><td></td><td></td><td></td><td></td></tr>
<tr><td>普通台式</td><td></td><td></td><td></td><td></td><td></td><td></td><td></td></tr>
<tr><td colspan="2">……</td><td></td><td></td><td></td><td></td><td></td><td></td><td></td></tr>
</table>

6.2 会议组织管理流程

会议组织管理流程展示如下。

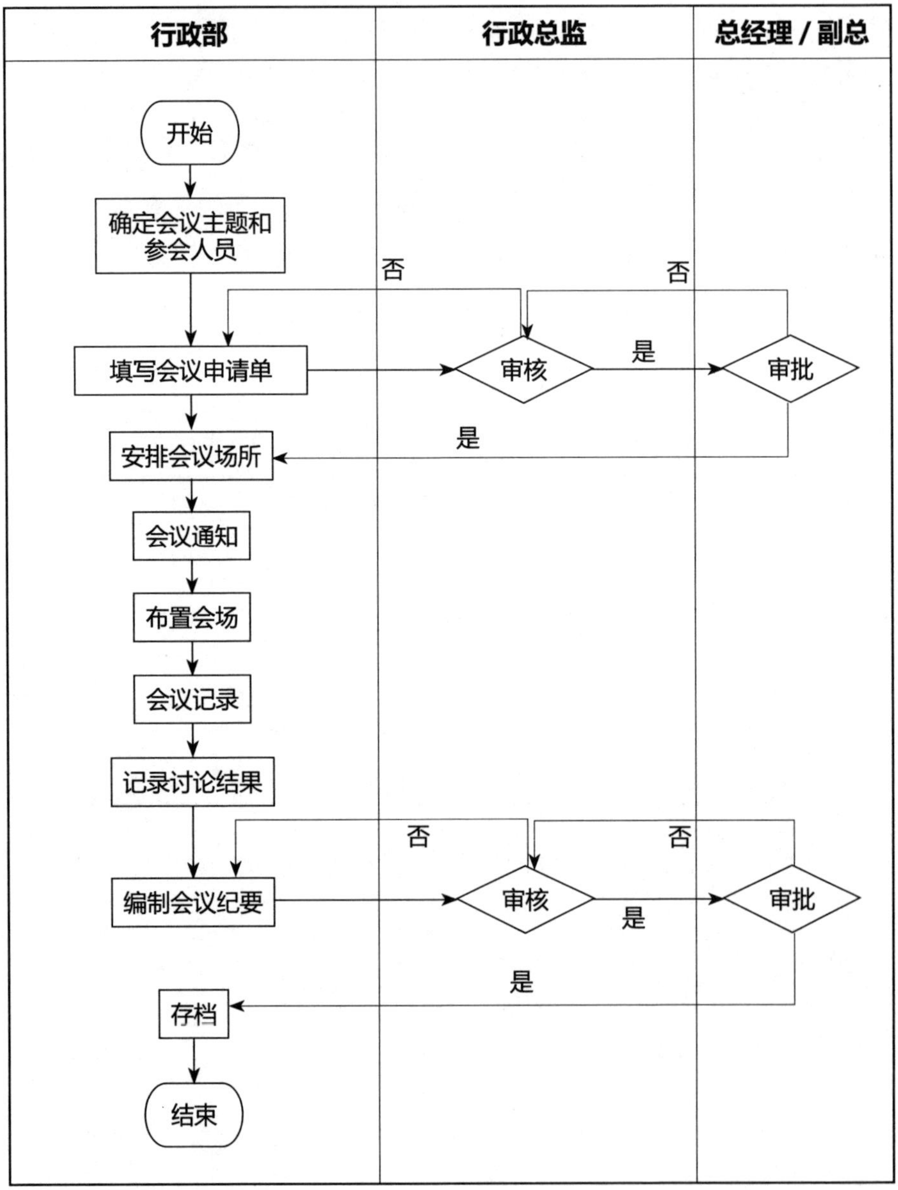

会议是解决问题的手段之一，是指导工作的一种方式，在企业内部可能每隔一段时间就要根据工作的形式和内容召开会议。而要想会议顺利召开，就需要提前做好相关准备工作，规划好会议的流程。

一般由行政部门负责企业大中型会议的召开和管理，做好会议管理能够提高会议的效率，对会议的筹备、组织和保障等工作是一种有效的协调。

6.2.1 会议准备工作

企业召开会议，准备工作是必不可少的，有哪些准备工作需要行政人员特别注意呢？

1. 了解会议目标

会议目标是召开会议的源头，行政人员只有了解了会议目标才能根据目标策划会议的相关内容，如某公司的会议目标是“在今年年底前将产品不良率由目前的 5% 降低至 3%”，通过该会议目标行政人员可以判断这是针对生产部召开的会议，在选择会议室位置时，应尽量方便生产部人员。

2. 确定与会人员

与会人员一般由公司安排或部门自行安排，不需要行政部提出意见。但行政人员应该对出席人员心中有数，这样才能在安排入座位置的时候妥当、正式。一般来说，会议人员的结构有 3 类。

一是对会议主题有深入研究或对会议讨论情况非常熟悉的人。

二是对会议目标达成有关键作用的人。

三是能够对会议内容建言建策的人，这类人员一般与讨论的会议工作内容有紧密关系，能够客观理智和积极发表自己的见解。

3. 准备会议材料

保证会议的顺利，基本的设备和材料是必不可少的，比如放映 PPT 的投影仪、讲话需要的扩音设备以及会议主题资料等。

4. 设置会议的基本程序

会议程序即指会议中先做什么、后做什么、再做什么，虽然行政人员并不能决定会议进行的细节和内容，但要事先安排会议议题的基本顺序，这样可在大方向上保证会议顺利进行，一般按照主要议题到次要议题，紧迫议题到可延迟议题的顺序来安排。

5. 安排会议时间和地点

会议的时间安排一般要与上级领导或部门领导商量，毕竟参会人员较多的情况，大部分员工都会参与，这样就需要提前做好工作安排。确定好了会议时间后，行政人员就要结合各方面因素选择会议地点，并提前订好会议室，以免发生使用冲突，导致会议泡汤。选择会议地点应考虑如下因素。

- 会议的规模大小和人数多少。
- 交通是否便利。
- 是否受外界干扰。
- 是否有足够的停车位。
- 是否有必需的会议设备。

6.2.2 如何完成会议记录

在会议过程中，由记录人员把会议的组织情况和具体内容记录下来，就形成了会议记录。会议记录有详记与略记之分，详记要求记录的项目必须完备，记录的言论必须完整。

会议记录的形式也有几种，包括笔录、录音或是影像记录，当然，最终还是要将录下的内容通过文字的形式保存。会议记录员一般由行政部人员或是部门员工来担任，需对会议记录的基本要求有所了解，才能将会议的核心内容记录下来。

首先，记录员填写好会议的名称（全称），以及开会时间、地点和会议性质。

其次，对出席会议的人员进行记录，包括会议主持人，出席会议应到和实到人数，缺席、迟到或早退人数及其姓名、职务，当然包括记录员自己的姓名。对于规模非常大的会议，主要记录总人数及较为重要的管理人员即可。

然后，就要记录核心内容了，包括会议上的发言和有关动态，发言内容是记录的重点，而相关动态指发言过程中引起的反应，如插话、鼓励及掌声等，若有临时中断等特殊情况也要记录。

在记录的方式上有摘要和全文两种，不过大多数会议只需要记录发言要点，即记录发言者讲了哪几个问题，有哪些基本观点和主要事实、结论。如果来不及记录，可先用录音机录下全部内容，事后再进行总结。

最后，还要记录会议结果，如会议通过的决定、决议或表决等情况。

作为记录员在进行会议记录的时候要遵守一个基本的原则，即忠于事实，除此之外，还要做到以下几点。

- **抓住要点：**记录有太多的随机性和不确定性，所以要根据情况随时调整记录的详略，一般来说，对于决议、建议、问题、发言人观点以及论据材料等都要详细记录。
- **保持认真：**记录是一件枯燥的工作，若是会议的时间太长记录员可能觉得烦躁。因此，始终要保持一致的态度，认真负责地记录。

◆ **注意格式：**会议记录一般都有统一的格式，记录员要按照格式记录内容，不能写得太过凌乱，让人看不懂记录的具体内容是什么。

其实会议记录的格式并不复杂，一般会包括会议名称、会议时间、出席人数、主持人、缺席人、记录人、会议发言、建议和最后决议等内容。

一般将发言人的名字写在发言内容前面，然后按顺序记录员工的发言，如下例所示为某公司的会议记录格式，可作参考。

案例实操 会议记录格式

××公司办公会议记录

时间：××年××月××日××时

地点：×××

出席人：×××，×××，×××，×××，×××……

缺席人：×××，×××，×××……

主持人：×××

记录人：×××

主持人发言：（略）

与会者发言：

×××：1.……

2.……

×××：（略）

会议决议：……

主持人：×××（签名）

记录人：×××（签名）

（本会议记录共 × 页）

6.2.3 编制会议纪要

会议纪要是在会议记录基础上经过加工、整理出来的一种记叙性和介绍性的文件。一般包括会议的基本情况、主要精神及中心内容，便于向上级汇报或向有关人员传达及分发。很多人都会将会议记录与会议纪要搞混，其实这两者有很大的区别，见表 6-2。

表 6-2 会议记录与会议纪要的区别

区 别	会议记录	会议纪要
性质	对会议发言的实录，属事务文书	记录一些要点，是法定行政公文
功能	不需公开，也不需传阅	一般在一定范围内传达
载体样式	载体是会议记录簿	载体为文件，享有相关法定效力
称谓用语	真实记录发言人发言即可	通常采用第三人称的写法，以介绍和叙述情况为主
适用对象	不允许公开发布，只是有条件地供需要查阅者查阅	具有传达告知功能，因此有明确的读者对象和适用范围
分类方法	一般用名称或者编号来进行区别	按照内容可分为决议性纪要、意见性纪要、情况性纪要和消息性纪要；按会议性质可分为常委会议纪要、办公会议纪要、例会纪要和工作会议纪要

行政人员要如何书写会议纪要呢？根据会议的性质、规模及议题等的不同，可选择不同的写法。

统一概况法。对会议的主要情况、讨论问题、与会人员观点及议定事项概括叙述，这种书写方法多用于小型会议，讨论的问题比较简单能够进行概括。

分项叙述法。这种书写方式主要针对大中型会议或是议题较多的会议，可以分开叙述会议的重要议题，加上小标题，对相关内容进行详细阐述，包括对目的、现状及措施的分析。

发言提要法。主要是对会议上的重点发言进行整理，提炼出重点内容，按顺序进行说明，可以如实地反映与会人员的意见。

除了书写方式外，会议纪要的结构也很重要，行政人员需要进行简单的了解，下面来看会议纪要的基本结构。

1. 标题

标题有两种常见格式，一是会议名称 + 纪要，如销售部秋季总结会议纪要；二是将会议的主要内容放在标题中，如提高下半年销售额讨论会议纪要。

2. 开头

开头部分一般简要介绍会议概况，包括会议召开的背景，会议的目的要求，会议名称、时间、地点、与会人员、主持者、会议主要议题（讨论问题）以及会议评价。

3. 文号格式

文号写在标题的正下方，由年份、序号组成，用阿拉伯数字全称标出，并用“〔 〕”括入，如〔2020〕12 号。办公会议纪要对文号一般不做必须的要求。但是在办公例会中一般要有文号，如“第 ×× 期”“第 ×× 次”。

会议纪要的基本格式如下例所示，行政部人员可以进行参照。

案例实操 **会议纪要格式**

关于协调解决员工出勤控制问题的会议纪要

第 2 期

2020 年 10 月 10 日，在公司一楼会议召开了 ×× 会议，会议研究讨论了 ×× 等事项，公司领导 ××，×× 以及 ××，××，×× 等员工参加会议，会议由 ×× 主持，现将议定事项纪要如下。

会议听取了 ×× 的关于 ×× 的汇报，经与会人员讨论，会议认为 ××，会议决定如下事项：

一、员工出勤……

二、各部门近期需要明确的工作：

1. 做好人员的考核。

2. 安排人员在下班时间录入指纹。

3. 加强员工思想建设……

会议强调……，希望……

×× 公司行政部办公室

×××× 年 ×× 月 ×× 日

6.3 消防管理流程

消防管理流程展示如下。

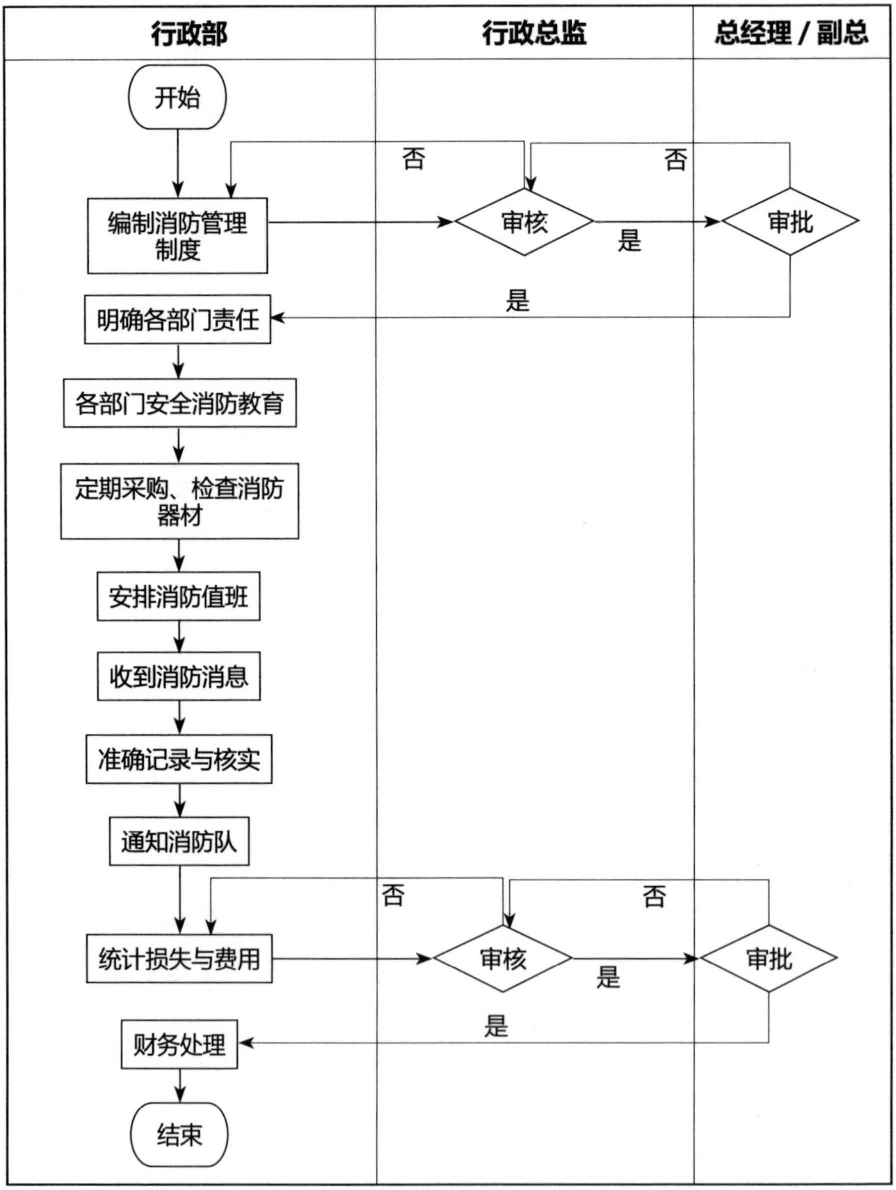

对于大型企业尤其是工厂来说，办公设备、任职人员数量较多，所以在安全方面尤其要注意，其中，最大的隐患就是消防隐患，一定要时时注意，划分好责任，定期检查消防设备。

6.3.1 如何编制消防管理制度

企业要做好消防管理首先要编制消防管理制度，然后按照制度规定的相关内容开展自己的工作。因此在编制消防管理制度时，要考虑多方面的内容，如下例所示为某企业的消防管理制度。

案例实操 **企业消防管理制度**

第一章 总则

第一条 目的。

为了加强公司的消防安全工作，保证公司财产安全和员工人身安全，特制定本制度。

第二条 职责范围。

1. 行政部责成专人负责消防管理的各项工作。

2. 公司所有员工均应配合行政部的消防安全管理工作。

第二章 消防设施和器材管理

第三条 行政部消防管理人员应对公司内配置的各类消防设施和设备进行检查，保证符合消防要求和安全规定。

第四条 消防设施和器材不得随意挪作他用，禁止擅自更改、移动、拆除消防设备。

第五条 消防设施和器材应当定期进行检测、保养，发现损坏应当及时维修或更换，确保各类消防设施和器材随时处于完好状态。

第三章 安全疏散设施管理

第六条 各部门必须按规定配备应急照明设施和疏散指示标志，按规定配备防火门和其他应急疏散设施。

第七条 疏散通道和安全出口必须保障畅通，不得堵塞。

第四章 消防安全检查管理规定

第八条 消防安全检查内容。

检查消防制度的落实情况；消防设施与设备的完好情况；火灾隐患的防范情况等。

第九条 消防安全检查的主要形式如下表所示。

检查形式	操作说明
日常性检查	即经常、普遍检查，每年行政部都要组织进行若干次车间检查、科室检查，每月、每周及每班次都应进行相关检查
季节性检查	要根据历年各季节火灾发生规律有的放矢地进行检查

第十条 消防安全隐患整改。

根据消防安全检查结果，行政部消防管理人员认真研究企业内存在的火灾隐患，制定出一套切实可行的整改方案。

第五章 消防安全培训管理

第十一条 消防安全培训内容。

……

第十二条 消防安全培训方式。

1. 讲课；2. 示范演练；3. 演习。

第六章 消防安全日常管理规定

第十三条 禁止在防火的场所擅自动用明火。

第十四条 禁止在办公区和宿舍区使用自制或外购电炉取暖或做饭。

第十五条 公司划定禁烟区，员工不得在禁烟区吸烟。

第十六条 公司员工一旦发现有火灾，应根据火灾的性质立刻采取措施。

第七章 奖惩和处罚

第十七条 对于扑救火灾、制止安全事故的公司员工，公司给予相应的奖励。

第十八条 对各种安全事故的责任人和违反本办法的员工，根据不同情况分别给予罚款、降级乃至辞退，严重者送交司法部门追究法律责任。

通过上例，我们可以大致了解消防管理制度应该包括哪些内容，主要包括 7 个方面的内容，即一般制度都会包含的目的、职责范围，其次是消防器材和设施管理、安全疏散管理、消防安全检查管理、消防安全培训管理、消防安全日常管理和安全奖惩管理，几乎包含了消防管理的全部内容。

6.3.2 了解消防安全常识

企业除了做好消防安全管理，从管理上防止火灾隐患，还应该加强员工的消防安全意识，让员工了解消防安全知识，这样可从源头防止火灾事故产生。有哪些消防常识需要企业员工了解呢？下面一起来看看。

- 发生火灾穿过浓烟逃生时，要尽量使身体贴近地面，并用湿毛巾、手绢等捂住口鼻前进，防止有毒烟气的危害。
- 疏散通道、安全出口要保持畅通，不能在疏散通道或安全出口堆放障碍物，不得遮挡、涂画安全疏散指示标志。

◆ 禁止在具有火灾、爆炸危险的场所使用明火。

◆ 禁止携带火种进入生产、储存易燃易爆危险物品的场所。

◆ 消防值班人员必须坚守岗位，不得擅离职守。

◆ 新员工上岗前的消防安全培训是必不可少的，任职火灾危险性高的岗位员工还要进行消防安全专业培训，培训率要达到100%，并持证上岗。

◆ 禁止在宿舍、生产车间及厂房等场所乱接乱拉临时电线和私自使用电气设备，禁止超负荷用电。

◆ 不要在易燃物品附近堆放木材、纸张。

◆ 从事一些原料生产工作的，应该注意褐煤、湿稻草、麦草、棉花、油菜籽、豆饼、粘有动植物油的棉纱、手套、衣服、木屑以及擦拭过设备的油布等，如果长时间堆积在一起，很容易自燃发生火灾。

◆ 植物堆垛应存放在干燥的地方，同时做好防潮。堆垛不宜过大，加强通风，并设专人检测温度和湿度，防止垛内自燃或引起飞火蔓延。

◆ 企业职工需了解基本的救火常识，会报火警、会扑救初起火灾和会组织疏散人员。

◆ 火灾发生后，要及时报警，不得不报、迟报及谎报，或者隐瞒火灾情况。拨打火警电话“119”时，要讲清起火单位、所在地区、街道、房屋门牌号码、起火部位、燃烧物质、火势大小、报警人姓名以及所使用电话的号码。报警后，应派人在路口接应，引导消防员进入火场。

◆ 电器或电线着火，要先切断电源，再实施灭火，否则很可能发生触电伤人事故。

6.4 事故处理流程

事故处理流程展示如下。

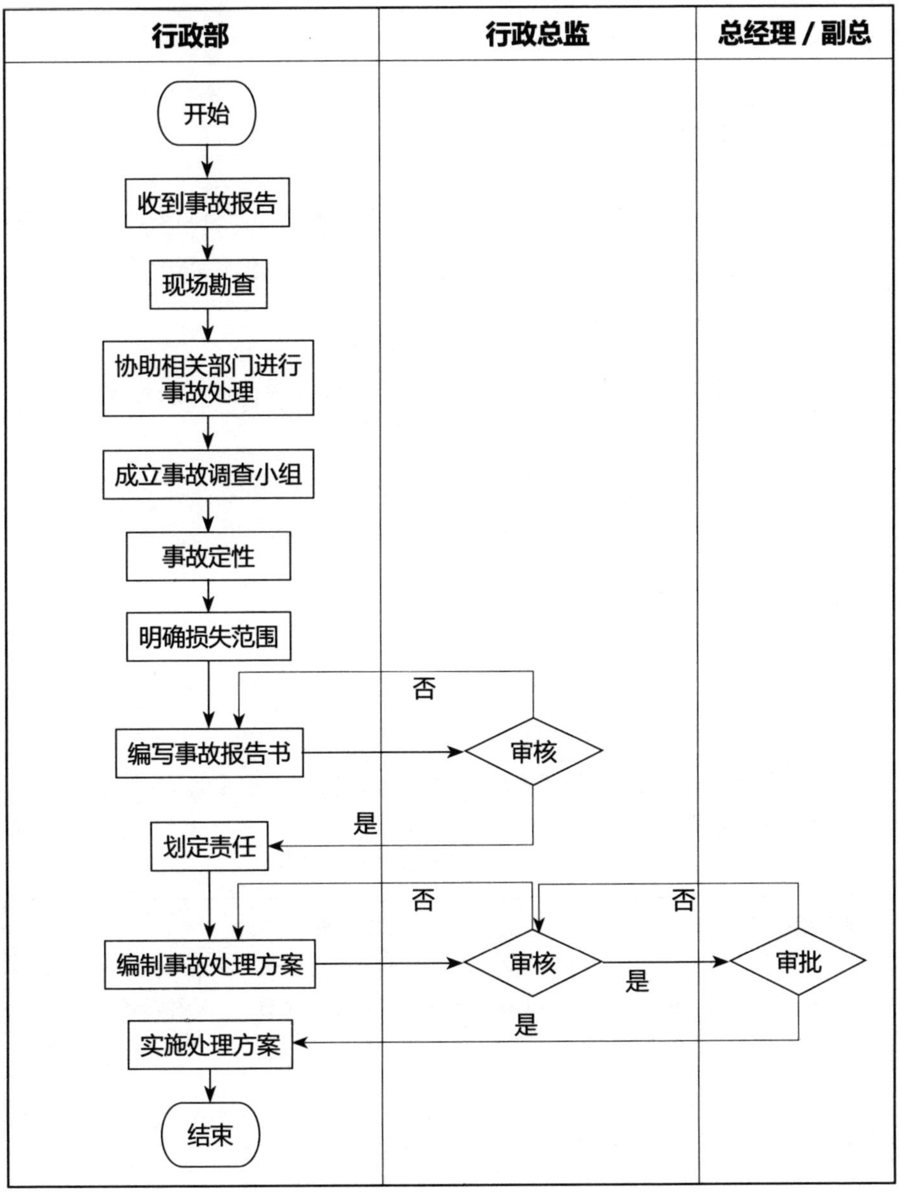

在企业的生产活动中，难免会因各种不当操作导致事故发生，而一旦发生意外事故，就可能对企业造成不可预知的损失。为了尽可能降低损失风险，企业应做好事故管理工作，提前对相关工作进行安排，这样不至于发生事故时手忙脚乱。

6.4.1 成立事故调查小组

企业内部发生事故，自然要对事故的前因后果、具体情况进行调查，一来追责，二来引以为戒。所以企业需要成立调查小组负责相关调查工作。一般来说，事故调查组的基本工作职责有以下 5 点。

①查明事故发生的原因、经过、人员伤亡情况及直接经济损失。

②认定事故的性质，划定事故责任。

③提出对事故责任人的处理建议。

④总结事故带来的经验教训。

⑤编写事故调查报告，并向上级提交。

不同的事故需要成立不同的调查组，常见的调查组类型有综合型调查组、管理型调查组和技术型调查组，其具体的工作职责见表 6-3。

表 6-3 不同调查组的工作职责

调查组类型	工作职责
综合型调查组	1. 协调与事故调查相关的业务并承担调查组的事务性工作 2. 负责组织协调事故救援，调集相关人员、车辆和设备等 3. 随时掌握事故调查的进展，负责起草有关汇报材料并传达领导指示 4. 查明事故部门的责任分工 5. 负责事故调查处理报告的起草工作

续表

调查组类型	工作职责
管理型调查组	1. 查明事故发生的时间、地点、经过、人员伤亡情况和处理过程 2. 初步核算事故造成的直接经济损失 3. 对有关部门的安全管理情况进行调查 4. 通过相关资料，对照法律法规和制度，查明有关部门和人员的履职情况 5. 根据各方意见认定事故的类别和性质，找出事故发生的直接原因和间接原因 6. 提出对责任部门和责任人的初步处理建议 7. 从管理方面提出预防事故的意见或建议
技术型调查组	1. 负责对事故现场勘查的技术鉴定工作 2. 按照相关技术规范、标准，对事故勘查情况和相关数据进行技术分析论证 3. 从技术角度确认事故性质，查明事故发生原因 4. 从技术层面提出有关责任认定和对责任人的处理意见 5. 从技术方面提出预防事故的意见建议 6. 给出与事故相关的技术型建议

在成立事故调查组的时候，一般先确定小组的组织结构，常见的结构为组长、副组长和组员，也可以省略副组长，如果是小型的调查组可以只有调查组员。在确定好调查组的结构后就能安排相关人员了。

6.4.2 划定事故的安全等级

由于生产活动不同，企业内部发生的安全事故也有所不同，常见的企业安全事故包括物体打击、车辆伤害、机械伤害、起重伤害、触电、淹溺、灼烫、火灾、高处坠落、坍塌、冒顶片帮、透水、放炮、火药爆炸、瓦斯爆炸、锅炉爆炸、容器爆炸、其他爆炸、中毒和窒息以及其他伤害。

事故不同，对企业产生的影响也不同，企业对相关负责人的处理方法也不同。为了更精准地追责，可以先划定事故的安全等级。

按照伤亡情况，一般企业内发生的事故可分为 4 个等级，即轻伤事故、重伤事故、重大伤亡事故和特大伤亡事故。

- **轻伤事故**：指只有轻伤的事故。
- **重伤事故**：指有重伤无死亡的事故。
- **重大伤亡事故**：指 1 ～ 2 人死亡的事故。
- **特大伤亡事故**：指 3 人以上死亡的事故。

当然，除了伤亡情况外，企业还可以通过自身所受损失来划定事故等级，并根据企业的具体情况来衡量等级标准。可以设置一份表格直观地展示有关内容，如表 6-4 所示。

表 6-4　伤亡等级划分表

事故项目	一般事故	较大事故	重大事故	特大事故	备注
轻伤人数	[0,10)	[10,50)	[50,100)	-	等级评定依据 4 个项目中最高的那个条件
重伤人数	[0,5)	[5,30)	[30,50)	[50,+∞)	
死亡人数	0	0	1 ～ 2	[3,+∞)	
直接经济损失（万元）	[1,10)	[10,50)	[50,100)	[100,+∞)	
调查期限	60 天（特殊情况 120 天）	60 天（特殊情况 120 天）	60 天（特殊情况 120 天）	60 天（特殊情况 120 天）	从事故发生起计时，需要技术鉴定的所需时间不计入该时限
相关负责人处罚（年收入）	30%	40%	60%	80%	

表 6-4 所示为某企业通过不同的项目对事故等级进行了划分，并且对不同事故等级下负责人的年收入处罚进行了列示，在划分等级的同时将处

罚条件也设计好了。当然除了负责人的年收入以外，还可以有其他的处罚方式，可以根据企业的需要来设置。

6.4.3 编写安全事故报告

对事故进行调查后，企业相关人员还需要根据事故情况编写事故报告，主要是整理出必要的内容，提交给上级确认，上级通过调查报告书的相关内容可以做出相关指示。有两种表现形式，一是表格，二是以文字直接叙述。

常见的安全事故报告表如表 6–5 所示。

表 6-5 安全事故报告表

编号：

填报日期	年 月 日 时	填报人	
发生时间		发生地点	
事故类别		事故级别	
事故简要经过			
事故救援情况			
事故造成的人员伤亡和直接经济损失			
事故原因分析和事故性质认定			
事故责任的认定以及对事故责任者的处理建议			
事故防范和整改措施			

因为表格的特殊格式，将调查报告中需要填写的内容直接分成了几个部分，所以核心内容一目了然。而用文字书写调查报告书，一般要分段式叙述，对于不同部分的内容叙述，行政人员要注意填写的内容规范。具体如表 6–6 所示。

表 6-6 报告书填写规范

填写内容	填写规范
事故的基本过程	1. 事故发生前，事故发生部门的生产作业状况 2. 事故发生的具体时间、地点 3. 事故现场状况及事故现场保护情况 4. 事故发生后采取的应急处置措施情况 5. 事故救援情况及善后处理情况
经济损失	可按直接经济损失和间接经济损失分别说明，直接经济损失包括以下一些费用 ①造成人员伤亡所需支出的医疗费用（含护理费用）、丧葬费及抚恤费、补助及救济费和停工工资等 ②善后处理费用，包括处理事故的事务性费用、现场抢救性费用、现场清理费用和事故罚款赔偿费用等 ③财产损失价值，包括企业固定资产损失价值和流动资产损失价值 而间接经济损失包括停产、减产损失的价值；工作损失价值；治理环境污染费用；补充新员工的培训费用等其他损失费用
事故原因	可以通过分析直接原因和间接原因来进行书写，直接原因包括设备的不安全状态；环境原因；人为原因（操作不当等） 间接原因包括技术原因（技术上的维护和保养）；培训不足（安全意识的培训）；个人身体原因（疲劳、酩酊大醉等）；精神原因（焦躁、紧张等）；管理原因（主管人员缺乏责任心）
事故责任人	书写责任人时，要注意 3 个方面的责任人书写，一是直接责任人，如一线的违章操作人员；二是主要责任人，如违章指挥人员；三是领导责任人，如事故发生部门的主管人员
事故防范和整改措施	书写这部分内容时，要注意针对性、可操作性、普遍适用性以及时效性
总结经验	主要从 4 个方面来书写：①应该吸取的教训；②事故主要负责人应该吸取的经验；③事故有关领导和部门应该吸取的教训；④从业人员应该吸取的经验

6.5 安全检查管理流程

安全检查管理流程展示如下。

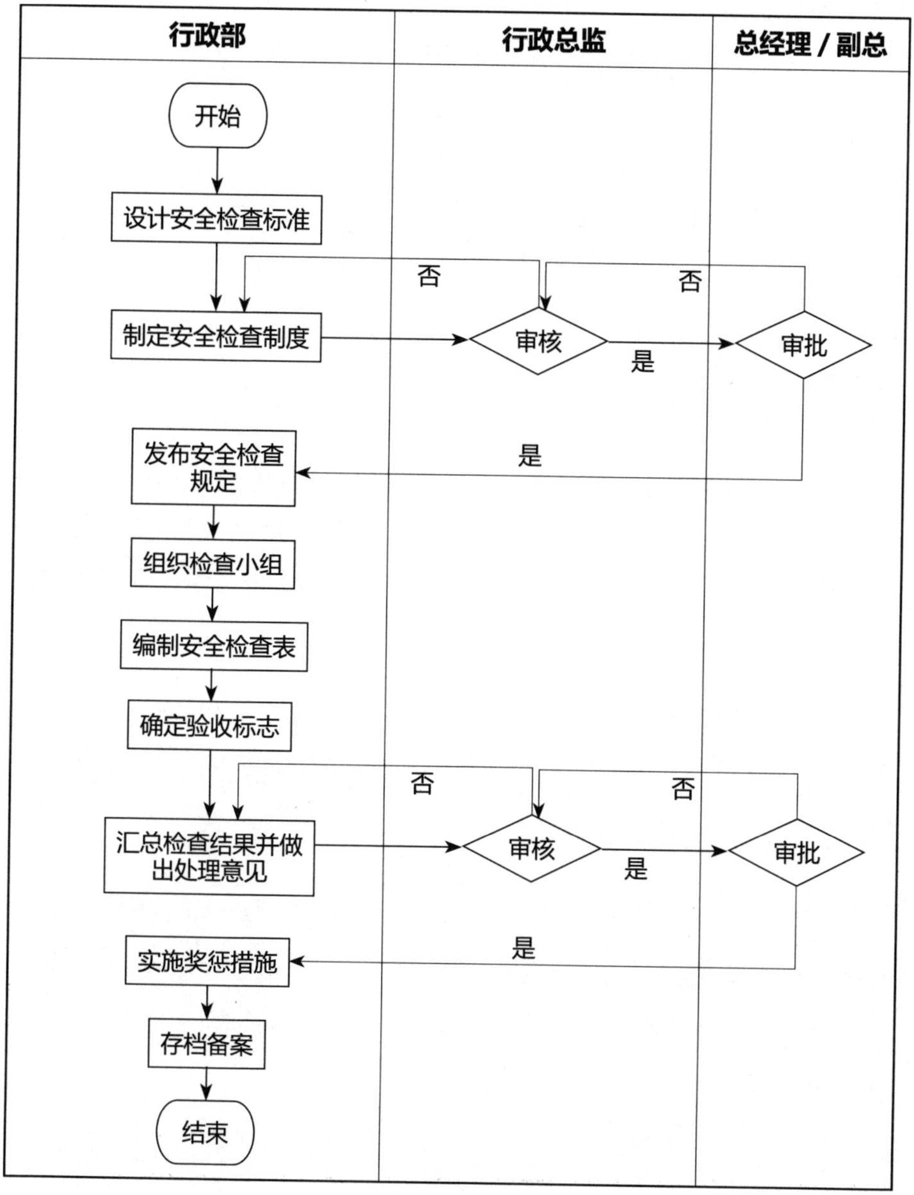

企业的生产经营活动中涉及了很多环节，每个环节都有不可替代的作用，所以每个环节都很重要，要保证企业经营顺利和安全进行，相关部门要定期对不同生产环节进行检查，保证设备、人员操作等没有问题，这样可以尽可能地避免安全事故的发生。

6.5.1 如何进行安全检查

可能很多行政人员都以为企业的安全检查管理仅仅是对生产车间进行检查，其实不然，安全检查管理与企业的各个方面都密不可分，安全检查应该渗透企业各个环节。那么，主要从哪几个方面开展安全检查工作呢？

1. 指导工作思想

如果想要保证工作按既定的流程顺利操作，工作的指导思想非常重要，部门领导是一个部门的核心，其决定了部门工作的指导思想。如果部门领导重视劳动保护和安全生产，一定会对员工产生正面的影响，部门内部的全体员工一定会更加重视自身安全和操作安全。

所以，进行安全检查时不能忽略各部门管理人员的安全意识，其中包括对企业安全生产规章制度和国家规定的劳动保护政策的学习和了解程度。

2. 检查制度的执行情况

要想各部门规范自己的生产操作，制度的建立是必须的，因此企业应该建立安全责任制度来监督各部门的工作，各部门的领导和员工也要遵守制度的规章内容，行政人员也要注意监督安全责任制度的实施情况，查看各层级人员是否按照指示行事。

3. 检查纪律

纪律是规范工作的基础，虽然不是直接对安全问题进行管理，但企业内部的人员都按纪律行事，安全隐患就会少很多。所以行政人员在日常工作中要注意检查各级员工的劳动纪律、工作纪律、操作纪律和出勤纪律等。一般包括如下所示的一些内容。

- 有没有在工作岗位上打盹睡觉，做与工作无关的事。
- 有没有不按规定使用安全保护设备，在禁烟区吸烟。
- 有没有违反操作流程、操作方法，或是在生产操作时胡乱打闹。
- 有没有在生产操作中违反规定。
- 有没有随意动用明火等。

4. 检查管理

安全检查说到底是一种管理，既然是管理就要把握好管理的目标、范围、重点和注意事项，让安全管理工作制度化、规范化。

5. 检查隐患

安全管理不仅要从整个生产出发，还要重点防备，对于那些易引起安全事故的地方，要严防死守、定期检查；而不同时节事故发生的比例也会有差别，如秋冬干燥季节常易引发火灾，所以更要多加注意。

6.5.2 制定安全检查制度

制定安全检查制度能够帮助企业行政人员落实好检查工作，所以行政人员要根据企业实际情况制定好安全检查制度，如下例所示为某公司起草的安全检查管理规定，可供参考。

案例实操 安全检查管理规定

一、目的

对安全管理活动进行监督、检查与测量，并实施考核，保证安全生产方针和目标的实现，保证安全标准化的有效实施。

二、适用范围

适用公司范围内的所有安全管理运行与活动的检查。

三、职责

1. 行政部负责组织实施日常安全检查与管理，制定具体办法和规定，经总经理批准后实施。

2. 各有关部门负责各管辖范围内的安全检查与管理。

四、工作程序

1. 安全检查的内容和类型。

主要内容	1. 安全目标、安全工作计划的实施情况 2. 安全管理规定、操作规程执行情况 3. 对设备设施管理的安全监督执行情况 4. 现场作业的监督执行情况 5. 危险化学品管理的安全监督情况（危险化学品使用、储存、处置等管理情况的监督） 6. 作业环境的监测 7. 岗位、个人防护管理和使用情况 8. 员工的安全意识和能力 9. 对以往事故、事件、不符合及违章情况的统计记录
安全检查类型	1. 日常的例行安全检查。（①综合检查；②季节性检查；③日常检查；④专业检查；⑤关键装置的检查；⑥不定期随机检查） 2. 安全标准化自评

2. 安全检查的实施要求。

（1）日常的例行安全检查。

生产单位对可能造成事故的关键特性，按照工艺设备和设施的安全操作规程例行日常检查，并予以记录。

（2）综合检查。

公司每季开展一次综合性安全大检查，检查结果由行政部汇总形成安全通报。

（3）专业检查由各专业部门的负责人组织本系统人员进行，每年不少于3次。主要是对危险物品、电气设备、机械设备和厂房建筑等进行专业检查。

（4）季节性检查分别由各单位的负责人，根据当地的地理和气候特点组织本系统人员对防火防爆、防雨防洪工作等进行预防性季节检查。

（5）日常检查。

日常检查分班组岗位操作人员和管理人员巡回检查。特别对关键装置重点部位的危险源进行重点检查，发现问题和隐患要及时逐级报告有关职能部门解决。

各种安全检查均应按相应的安全检查表进行，科学、规范地开展检查活动。安全检查应认真填写检查记录。

（6）作业环境监测。

行政部每周对作业环境的有毒、有害因素进行监测，并将监测结果存档。

（7）重点岗位的作业人员的健康体检活动由劳动督察部、职工医院组织，一年一次。

3. 检查结果的处理。

检查结果应及时反馈给相关部门，对检查中发现的潜在不安全因素和不符合项目，要填写隐患整改通知单，并按《隐患整改管理制度》执行，行政部对所采取隐患整改措施的有效性进行监督检查。

上例所示的安全检查规定，其核心内容就是检查工作的基本程序，规定了安全检查的内容和类型、安全检查的实施要求（主要对不同检查的重点进行说明）。除此之外，还要设置好制度的目的、范围和基本职责。

若是需要用到相关制度和表单，还可以通过附件的形式列出相关资料。

流程办事

第7章 文件与档案管理

公司在日常的经营事务中会产生很多的重要文件，这些资料可以指导和帮助管理人员处理相关事务，所以资料的管理也成为企业内部的一项重要工作。

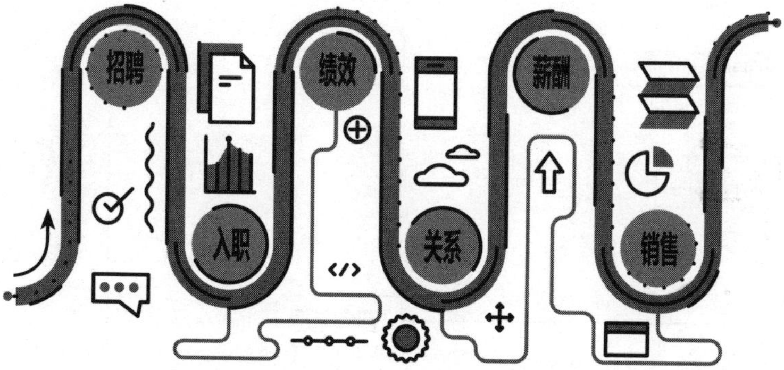

7.1 文件管理流程

文件管理流程展示如下。

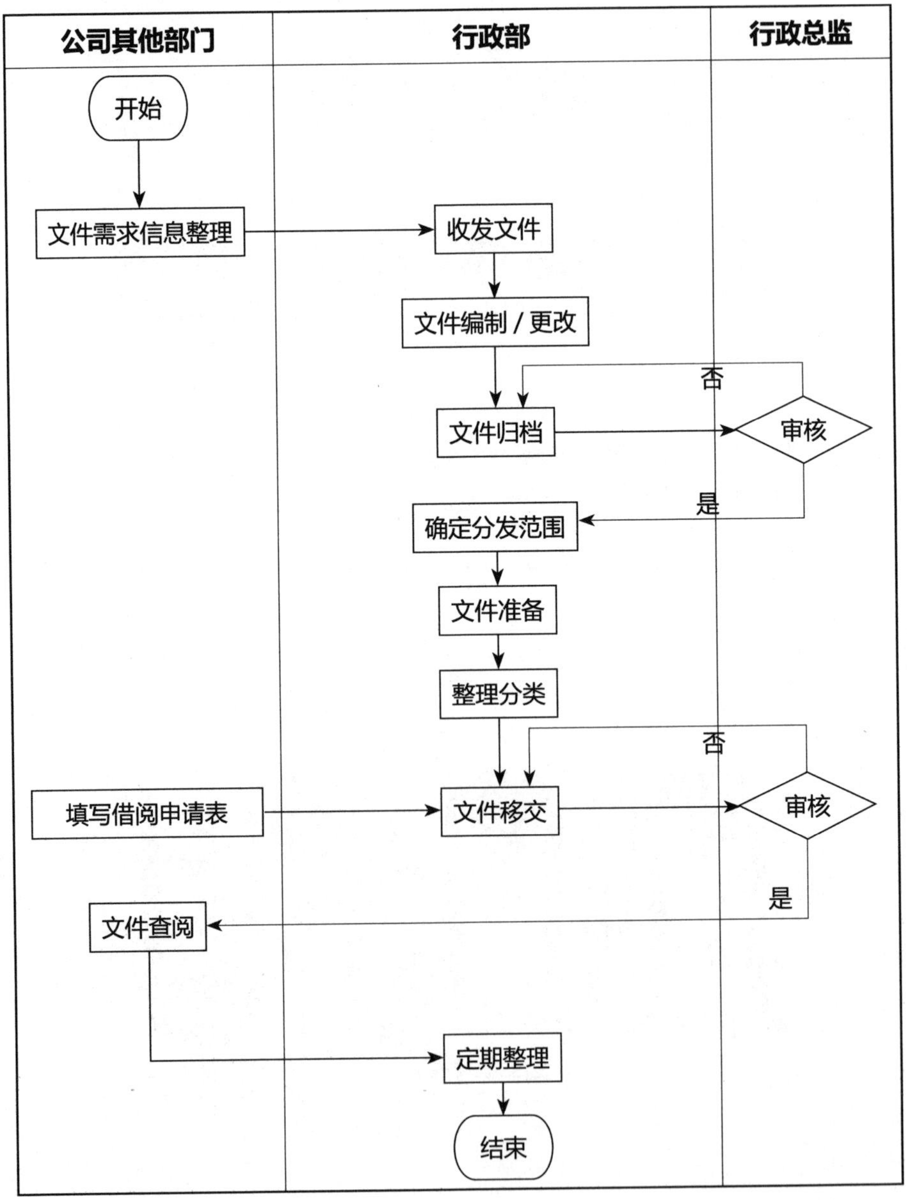

企业在生产经营活动中，有很多重要的生产经营资料需要保存，而保存的目的是可以在需要的时候及时查阅，帮助员工处理日常工作。不过文件一多起来，就容易混乱，因此，企业需要对各种文件资料进行管理，方便储存、检索、使用和保护。

7.1.1 文件收发应有基本要求

文件在储存中都会经历发出和收入两个过程，而为了更好地保管重要文件，企业应重视文件的收发，规定文件收发的基本要求，防止文件随意收发导致遗失、损毁，如下例所示为某企业的文件收发管理制度。

案例实操 收发文管理制度

一、总则

1. 为充分发挥文件在各项工作中的指导作用，根据文书处理的有关规定，结合企业实际情况，特制定本制度。

2. 文件管理内容包括上级政府部门函、电和来文，同级合作企业函、电和来文，本企业上报、下发的各种文件和资料。

3. 本企业各类文件统一由行政办公室归口管理。

二、发文管理

1. 凡以我公司名义上报或下发的文件（报告、请示、纪要、通知和函件等），由承办部门拟稿，送办公室核稿，经办公室核稿后送总经理签发。

2. 经总经理签发的文件由办公室统一登记、分类编号并保留一份原件存档。

3. 落实发出的文件对方是否收到。

4. 所有由办公室发出的传真、文件等应统一登记，并标注发送单位、日期，由发件人签名。其他部门自主发送的，由发送部门自行负责。

5. 发文办理工作程序。

拟稿→核稿→会签→签发→发文登记→用印→存档

三、收文管理

1. 所有发至本企业的文件由办公室统一签收、登记和编号，送总经理阅示或送有关部门办理，为避免文件挤压，一般应在当天完成送阅。

2. 接收传真应明确来文单位、接收人或部门，办公室接收后负责转交，并由接收人签收。

3. 外出办公带回的文件及资料应及时向总经理上报或移交办公室。

4. 办公室收到文件，应根据文件内容和性质全面统筹，送总经理批示或交有关部门阅办。需要办理的公文，经请示总经理后办理，根据文件内容、总经理批示予以催办。

5. 已交办公室存档的文件在借阅中应严格遵守传阅规定和保密范围，所有文件如需外借或复印必须办理文件借阅手续，经总经理批准后方可借阅。

6. 个人或部门阅读文件应抓紧时间，不得将有密级的文件带回家，也不得将文件转借给其他人，阅读完后应及时交还档案管理员。

7. 收文办理工作程序。

签收→收文登记→拟办→批办→承办→催办→注结→存档

四、附则

1. 本制度由公司办公室负责解释。

2. 本制度自发文之日起实施。

上例所示为某企业的文件收发管理规定，分别对收文和发文管理进行了规定，并说明了收发文的基本程序。在收发文的操作过程中也对文件借阅的相关事项进行了说明，一是文件借阅需要批准权限，二是文件不能随意带出，三是文件的借阅有时间限制。

那么，文件的借阅流程应该是什么样的呢？如图 7-1 所示。

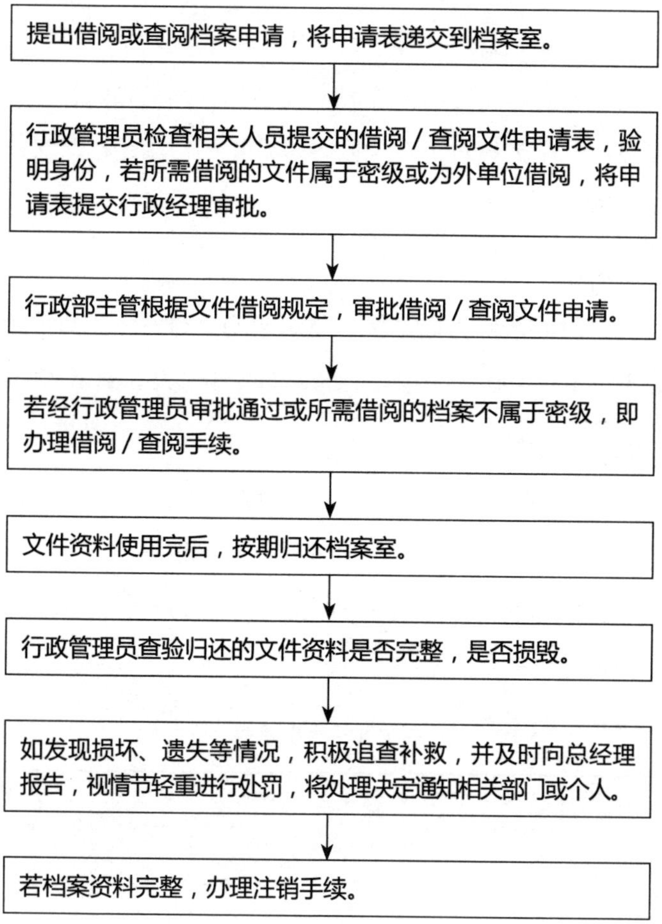

图 7-1　文件借阅流程

7.1.2 文件移交的注意事项

在企业的生产经营中，因为业务的交接与合作，需要共享不同的资料和文件，或是将资料移交给不同的人员或部门，为了保证资料的完整性，在移交资料的时候应该遵守一些注意事项。

◆ 检查文件

在移交文件之前先要对文件进行检查，主要从以下几个方面入手，一是检查文件封面及内容，查看是否有文件名称、编号等内容；二是检查资料是否编制页码，三是核对资料的内容是否正确；四是核对文件数量是否与封面填写一致。

◆ 当面交接

文件交接的时候最好当面交接，将交接的资料一一列成清单，这样才能保证不会出现本人不在场的意外情况，如文件遗失、拿错文件等。

◆ 填写移交清单

移交清单是对移交文件的统计，并对移交文件的一些情况进行记录，一般一式三份，移交部门一份、接受部门一份、资料室一份。在移交文件的同时，请三方在移交清单上签字确认，明确各方责任。如表 7-1 所示为常见的移交清单。

表 7-1 移交清单

序号	文件名称	份数	页数	移交人	接收人	资料室	交接日期	备注
1								
2								
3								
4								

7.2 印章使用管理流程

印章使用管理流程展示如下。

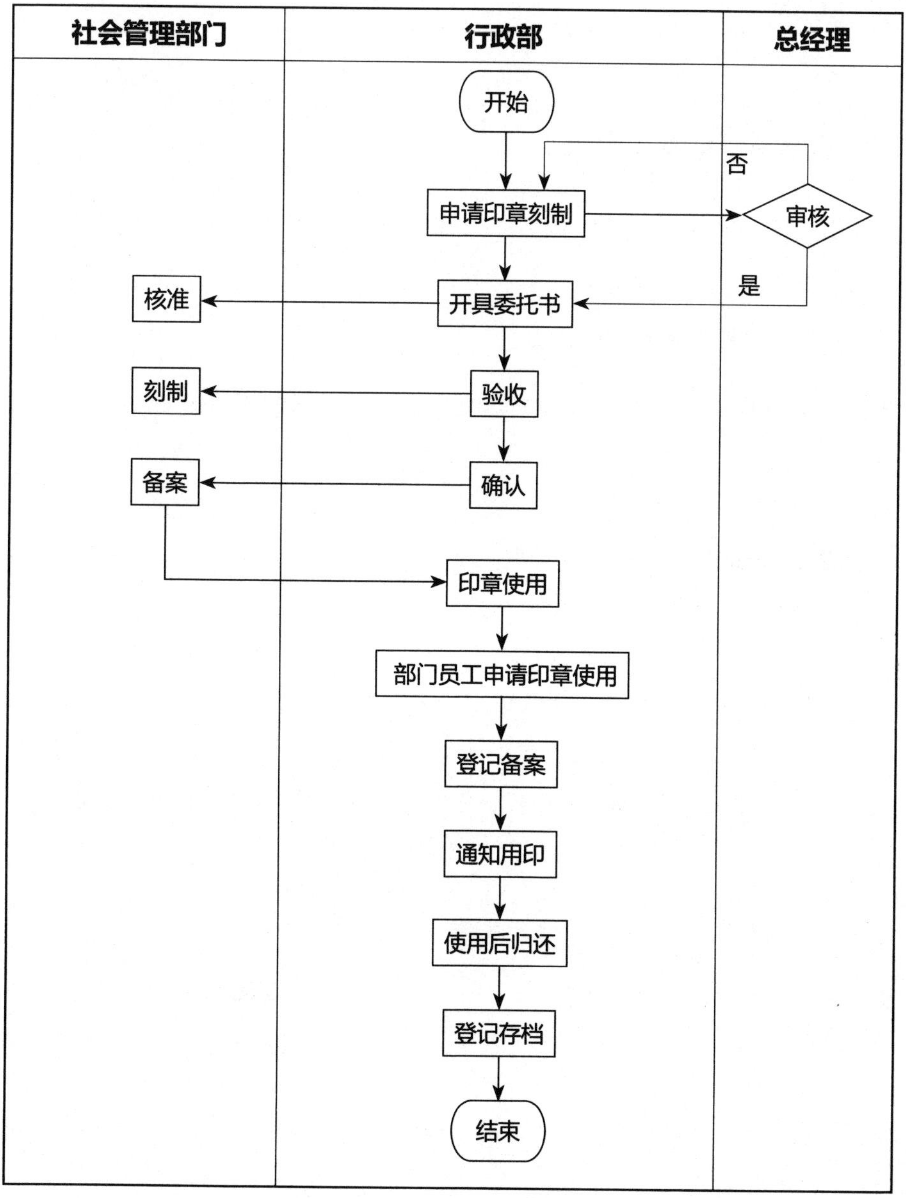

企业生产经营过程中，印章是必不可少的管理工具，主要印于文件上表示鉴定或签署的工具。所以印章的使用涉及企业的运营，是一种权力的标志，需由专人负责管理和使用，如果没有领导批准，一般人员不能随意使用或是代管和代盖印章。

7.2.1 刻制印章需要申请

由于印章的使用关系重大，所以印章需要在公安部门备案，刻制印章也需要向当地公安机关申请，申请时应按照当地公安机关的规定提交相应证明材料，并按流程完成印章办理。

若是企业法人不能亲自前往办理申请手续，则需要提供委托书作为证明材料，如下所示。

案例实操 委托书

委托书

××县（市）公安局：

现委托我公司________（身份证号：________________）前往贵处办理“××有限公司”“××有限公司财务专用章”印章刻制事宜，敬请予以接洽。

特此委托

委托人：××有限公司

法人：________

年　月　日

附：被委托人身份信息

联系电话：

不同地区的公安机关需要企业提供的证明材料和办理流程有些微的差别，通常来讲，申请刻制印章的流程如图7-2所示。

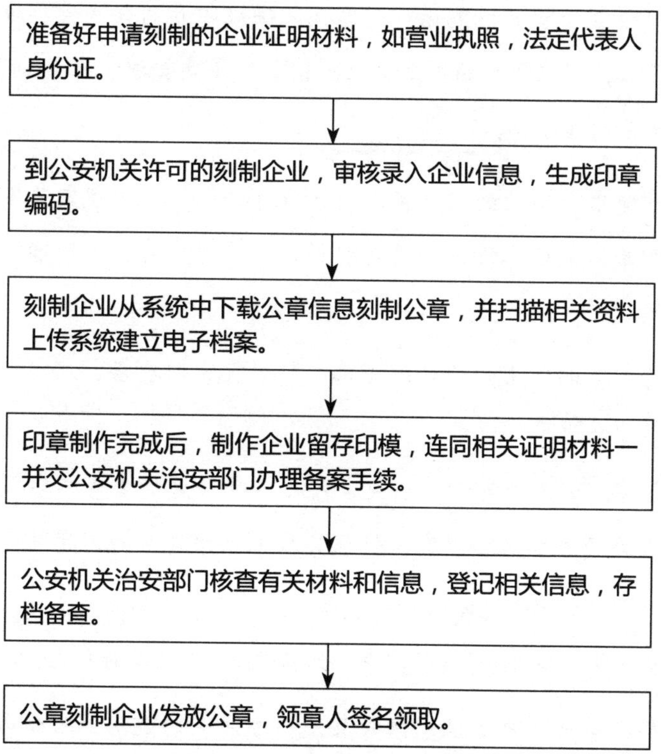

图7-2　申请刻制印章程序

7.2.2　多方入手管理印章

印章的申请需要经过公安机关的审核，对企业来说是一件重大又正式的事。成功申请印章后，管理和使用也是需要重视的一件事。企业应该编制《印章管理手册》，还要安排有关的印章管理人员。

对于印章管理人员，正式上岗前，应让其在承诺书上签字，保证不会私自动用公司的印章，如果违反了相关管理规范由管理人员承担相应的损失。如下所示为常见的承诺书内容。

印章管理责任承诺书

为公司印章管理的规范化、制度化，保证印章的合法性、权威性、严肃性和安全性，明确印章的加盖责任，特制定印章管理责任书如下：

1. 所管理印章名称：____________________

2. 印章使用必须做到以公司利益为重，必须按公司规定范围使用。每加盖一次印章必须认真仔细阅读需要加盖文件的内容，不能确定的应及时咨询相关部门。

3. 所有印章的使用必须详细登记，严禁在空白表格、空白证明材料和空白便函上加盖印章。

4. 在管理和使用印章时，如因责任心不强造成的保管不当及使用不当给公司造成的经济和名誉损失，将视其后果按照有关规定追究责任人相应责任。

5. 印章保管人必须妥善保管印章，如有遗失，必须及时向主管部门上报。

6. 违反公司《印章管理、保管及使用办法》的规定，给公司造成损失的，由公司对责任人予以处分，造成严重损失或情节严重的，移送有关机关处理。

7. 保管人变更后，出现在负责期内的问题，有权追究其责任。

承诺部门负责人：____________________

至于《印章管理制度》，可围绕印章的刻制与保管、加盖与外借、停用与销毁，以及惩罚规则来编制相关内容，以保证印章管理的制度化，如下例所示为某公司的《印章管理制度》。

案例实操 印章管理制度

一、总则

……

二、印章的刻制

1. 因公司新设或更名需刻制印章的，由集团办公室法律事务人员负责，严格按照工商行政部门的要求进行刻制，刻制完毕后交相应的印章管理人员保管并报上级印章管理部门备案。

2. 集团公司、各公司不允许私自刻制部门章。

3. 所有印章只能刻制一枚，不得重复刻制。

三、印章的保管

1. 印章保管人员的选择应由印章管理部门提名，人力资源管理部门考核，报总经理批准。保管人员一经选定，不得随意更换，如需更换，应按批准程序报批。

2. 印章的存放应按集团统一规定，使用双锁保险柜。一旦发生印章丢失或异常情况，应保护好现场，及时报告保卫部门和有关领导，查明情况，妥善处理。

3. 财务专用章和法定代表人印章必须分人保管。

4. 印章保管人员须保持印章的清洁，确保其清晰。

5. 印章管理部门应设立印章保管台账，并定期（每季度）对印章刻制、更名和注销情况汇总报相关领导。

四、印章的加盖与外借

1. 印章的加盖。

（1）申请人填写用章审批单，经申请人部室负责人或单位负责人核准后，交由印章归口管理部门负责人审核，通过后方可用印。

（2）因工作紧急或相关领导外出难以履行审批程序的，有关人员须按上述审批程序电话征求相关领导意见或请经过总经理授权的领导签字后，方可用印，并在3日内补办审批手续。

（3）合同专用章的加盖由印章管理部门根据《××经济合同管理制度》中相关规定进行审核，用印申请人需提供合同审批单原件，在审核修改意见及相关责任人签字齐全后，方可用印。

（4）加盖印章须端正，盖在单位名称和日期上，骑年盖月。印章颜色应按规定使用红色或蓝色。

（5）印章使用完毕后，印章保管人员应在用章审批单上签署自己的姓名及有关信息。

（6）集团董事会办公室将联合法律事务人员每年分两次对印章使用情况进行抽查，并对抽查结果进行通报。

2. 印章的外借。

（1）在一般情况下，印章不得外借。如因工作需要必须外借时，申请人应填写用章审批单，由印章管理部门负责人签字后，方可外借。财务专用章严禁外借。

（2）外借印章办事时，按程序批准后，由专管员带章办理，并在印章外借登记表中记录。

（3）归还印章时，印章保管人员应注意检查是否为原借出印章，确认无误后记录归还人姓名、归还时间等事项。

（4）所办事项完成后，如需延长借用时间，须经借用审批的有关领导同意后方可延长，印章保管人员不得自行应允延长借用。

五、印章的停用和销毁

1. 因公司注销或更名，所注销或更名前公司印章由印章归口管理部门交董事会办公室停用封存，统一进行销毁。

2. 因损坏或时间过长不能继续使用，重新刻制进行更换后的旧章由印章归口办理部门上交董事会办公室停用封存，统一进行销毁。

3. 所有印章的销毁应由董事会办公室、集团法律事务人员、集团财务管理部门会签，报集团董事长审批同意后，由三方指定负责人共同销毁。

六、罚则

1. 违规用印，给公司造成一定经济损失的，给予印章管理人员处罚，并赔偿给公司所造成的损失。

2. 未严格按照审批程序刻制或销毁印章的，视情节轻重，给予相关人员处罚。

3. 未经任何审批，以谋取私利、损害公司利益私自刻制或使用印章的，给予开除处分并赔偿给公司造成的全部损失，构成犯罪的，移交司法机关追究其刑事责任。

除了《印章管理制度》外，印章管理人员还要注意遵守3项基本原则，一是若无领导授权签字， 不能在文件上加盖印章；二是空白纸张坚决不能加盖印章；三是相熟同事要求加盖印章，要予以拒绝，不能碍于人情做出违反职业道德的事。

7.3 技术资料保密流程

技术资料保密流程展示如下。

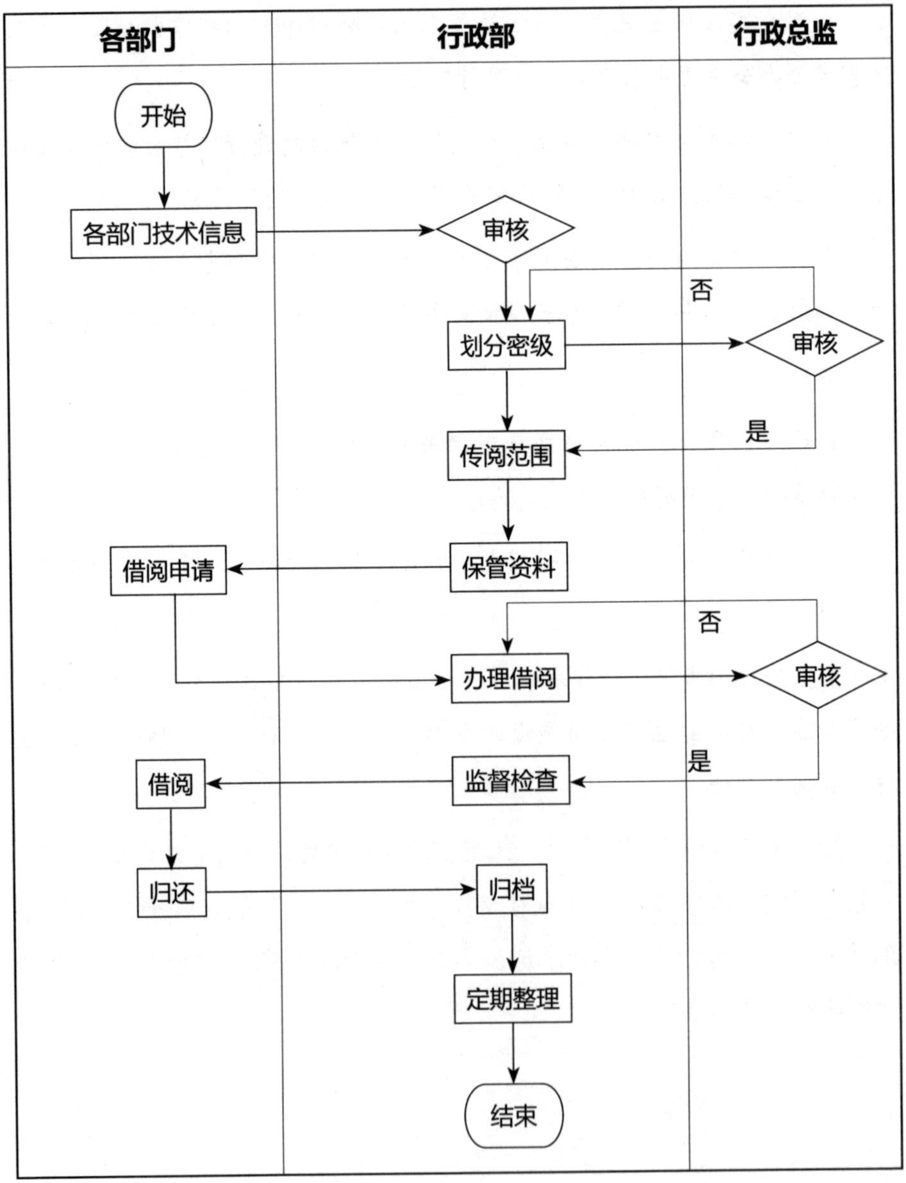

技术资料是企业生产经营中产生的重要材料，对企业的经营发展有很大的帮助，包括企业的产品设计图纸、各项技术指标、客户资源以及重要的财务报表等。技术资料是企业的技术结晶，不能轻易被其他人员获取。所以为了保证企业的竞争力，对于技术资料企业要更加机密地保存。

7.3.1 如何确定资料的密级

想要保管好技术文件，首先要对文件的秘密等级进行规定，按照秘密的等级对文件采取相应的保存措施，一般来说密级可以分为绝密、机密、秘密和内部4个等级。当然根据公司的情况不同，密级也可以划分为不同的层次。

划定了密级后，还要说明不同的密级代表的重要程度，以及保存的文件范围。

技术资料保密项目，按其经济技术价值和对公司影响的大小分为绝密、机密、秘密和内部四级。

1. 绝密

①对公司经济利益有重大影响，一旦泄密会使公司遭受严重危害和重大损失的技术资料。

②处于同行业领先地位或者具有突破性的、一旦泄密会失去某种优势的技术资料。

③我公司独有的并且经济价值很高的技术诀窍和独特工艺技术。

2. 机密

①科研项目中长期规划、年度计划。

②重要的技术情报、技术资料。

③项目可行性分析报告、总体设计方案。

④产品软件的原程序、执行程序和软件说明材料。

⑤项目重要的阶段性技术成果。

⑥引进技术中属于双方协议规定的保密部分，以及对引进技术的重大改进部分。

3. 秘密

①各主题、专题及课题的评审报告、总结、验证结论和实施情况等。

②开发过程中未公开的技术信息，如技术图纸（含草图）、试验结果、试验记录、工艺样品、数据和软件等。

③通过引进技术改进的一般新技术、新工艺。

④需要保密的技术情报、技术资料。

4. 内部

不属于以上三种密级，只对公司外部保密的部分。

从上例可以看到绝密的技术资料是对公司有重大影响的；机密的技术资料多是项目资料、年度计划、阶段性技术结果或与产品有关的资料；秘密的技术文件多指公司内的一些专题报告、技术图纸等；内部资料的保密等级低了很多，只对外部人员保密，内部人员可以通过申请进行查阅。

为公司技术资料设置了密级后，就要紧接着设计查看权限，否则密级无法发挥任何作用。如下所示。

保密项目的审批权限：1. 凡属绝密和机密级项目，由申报部门提出密级，经综合技术部审查，报分管经理审批；2. 凡属秘密和内部级项目，由申报部门提出密级，报综合技术部审查、批准。

上例所示的审批权限分为了两个层次，绝密和机密一个层次，秘密和内部一个层次，前者需由分管领导审批，后者由技术部审批。可见，绝密和机密需要上级领导进行审批，而密级程度较低的则由技术部审查。

7.3.2 遵守技术资料借阅流程

虽然公司的技术资料有保密性，但在日常的生产经营中员工需要参考借阅。为了规范员工的借阅流程公司需要设置一定的限制条件，主要从借阅时间、借阅申请、借阅审核、借阅禁忌以及归还注意事项来要求员工，以从各个方面保证技术资料的完整无缺。如下所示。

1. 属公司秘密级及以上的技术文件的借阅，需经总经办批准，并办理登记签收手续后方可借阅。

2. 签收手续应写明借阅目的、借阅范围和使用方法，经批准办理借阅手续后，借阅期限为 30 天，如需延长借阅期限须在借阅期满前 1 ～ 2 天内办理续借手续；对遗失档案、文件的要依法追究其法律责任。

3. 借阅公司或借阅人应负责维护被借阅档案文件的完整和安全，不能转借他人和私自影印、复印、复制，不得遗失、拆散调换、抽取、污损或加注标记等。

4. 借阅人应严守公司机密，不得泄露借阅内容或扩大借阅范围。

5. 借阅密级以上文件，必须经总公司副总经理及以上级别领导批准。

6. 借阅的文件归还时，要认真清点和仔细检查文件状况，并在借阅登记本上注销，如发现文件有损坏，应及时请示总经理处理。

7. 工作人员出入要关好门窗，锁好柜筒，做好防盗、防火、防虫、防潮、防光及防鼠等工作，确保档案存放的安全。

通过以上所示的借阅规则，我们可以总结出一些重点，在设计借阅规则时多加注意。

一是必须有相关领导签字批准，员工本人没有任何权限借阅资料。

二是必须说明借阅的具体时间，即借阅的起止时间。

三是借阅的用途必须说明。

四是在借阅归还时一定要保证借阅的文件完好，若是出现文件损毁或是丢失，借阅人员要承担相应的责任。因此，需要借阅人签字确认。

而对于员工申请需要使用的相关表格和申请单也要直接提供，方便员工使用。表 7-2 所示为申请表格模板。

表 7-2　申请表模板

<table>
<tr><td>申请人</td><td></td><td>申请提出时间</td><td></td></tr>
<tr><td colspan="4">申请人说明借阅文件种类、范围和要求：</td></tr>
<tr><td colspan="4">部门主管审批意见：

总经理签字：　　部门主任签字：　　分管领导签字：
年　月　日</td></tr>
<tr><td colspan="4">经办人记录：
1. 借阅保密资料的名称：
2. 借阅保密资料的编号：
3. 借阅文件的类型：□书面文件；□磁盘文件
4. 借阅保密资料的时间：
5. 是否进行了□复制；□摘录
6. 借阅资料已回复□</td></tr>
</table>

7.4 档案归档与维护管理流程

档案归档与维护管理流程展示如下。

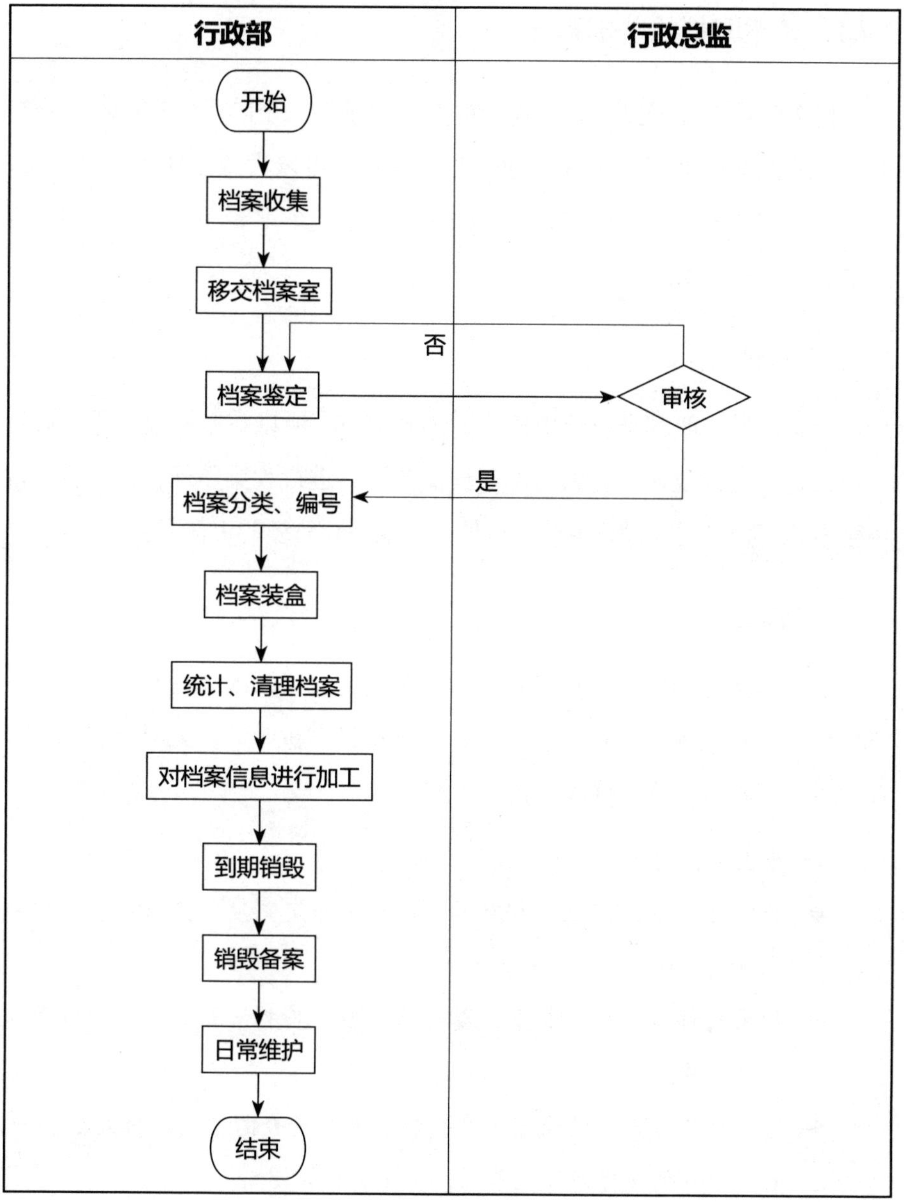

档案资料的归档与维护管理是企业保存资料所必须进行的一项工作，只有做好档案归档维护才能让档案在需要的时候发挥作用。

7.4.1 档案归档的基本程序

档案归档需要经过一系列连续的过程，了解每个阶段的程序和工作标准，才能做好档案归档工作，通过流程图我们可以大致了解到申请归档、档案装订、档案归档、档案装盒和档案维护这几个重要的过程，下面来看具体的归档操作流程。

1. 申请归档

档案资料一般都是有价值的企业内部信息，所以在归档前会进行筛选和审核，首先行政人员要将各部门提交的资料进行收集整理，再向行政部主管申请归档，通过行政主管的审批，就能展开后续的工作了。

2. 档案装订

各部门送来的资料有可能是松散、杂乱的，行政人员在归档前还要仔细整理、装订，如果资料内容较少，可以用订书机装订；如果资料文件较厚，可以用卷绳装订，具体步骤如下。

- ◆ 根据文件的排版形式确定装订的位置。
- ◆ 若文件未留装订位置和空隙，要加上一定宽度的纸边以免装订线穿过文字区域。
- ◆ 如果文件有部分被损毁，要进行修复、托衬和裱糊，尽量恢复文件的原貌。
- ◆ 若文件不是统一的纸张大小，应该采用折叠的办法，将大小不一、长短不齐的文件对齐。总之，要使装订方便。

3. 档案归档

装订后就可以正式归档了，具体的操作步骤如图 7-3 所示。

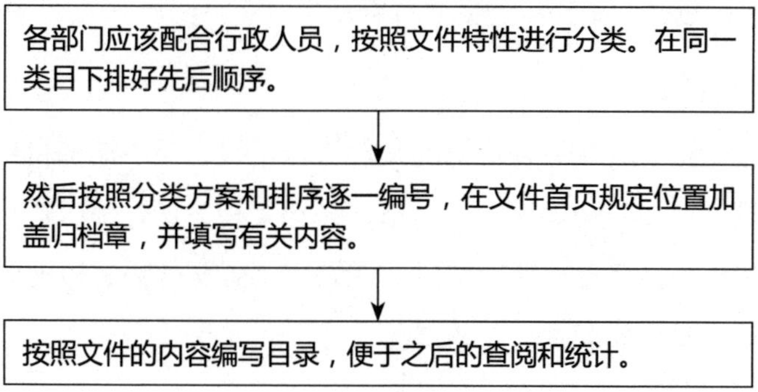

图 7-3　归档步骤

4. 档案装盒

整理好档案材料后，便可按顺序装入档案盒，并填写档案盒封面、盒脊及备考项目。要注意档案盒封面要标明全宗名称、全宗号、年度、保管期限、起止件号和盒号等必备项。

另外，档案盒上还应该附上相关情况说明（包括文件缺损、修改、补充、移出和销毁等情况）、整理人员和日期。

5. 档案维护

文件装盒后，应统一交行政主管进行审核，行政人员还要定期对文件进行维护。

7.4.2　档案的后续管理

文件顺利归档后，行政人员要做的就是后续维护工作，一般要定期进行检查，主要从以下几个方面进行。

◆ 定期整理

定期（一般是半年）对档案室所有资料进行一次全面清查，更新台账和检索目录，将过期、作废的文件资料从档案室移出。

◆ 档案销毁

对超过存储年限或失去价值的文件进行销毁，但不能私自销毁，需要由行政人员填写文件档案销毁申请单，经档案相关责任部门负责人和行政主管，甚至是总经理批准后才能进行销毁。销毁文件后，也要做好文件档案销毁记录等有关台账。

◆ 档案安全

档案文件都是纸质的，长时间放置肯定容易出现物理损毁，所以要做好防火（禁用明火、放置消防设施）、防潮（除湿）、防虫（使用驱虫剂）、防霉（放置除湿剂）以及防光（窗帘遮光）等档案防护的各项工作。

◆ 保管维护人员

指定相关的行政人员专人保管及维护，可按文件的特性分类，让不同人员负责不同类别的资料。

流程办事

第8章

薪酬福利与费用管理

企业招聘员工就是利用员工的才能为企业带来利益，员工也会获得一定的报酬。所以企业要根据市场情况和企业发展状况设计出合适的薪酬福利制度，按照规定为员工发放工资。

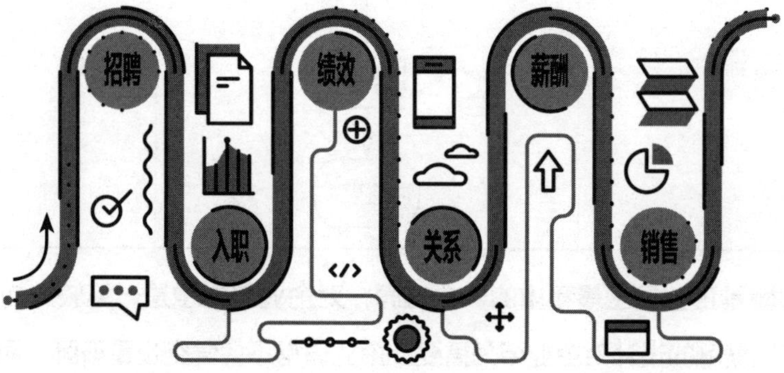

8.1 薪酬方案审批流程

薪酬方案审批流程展示如下。

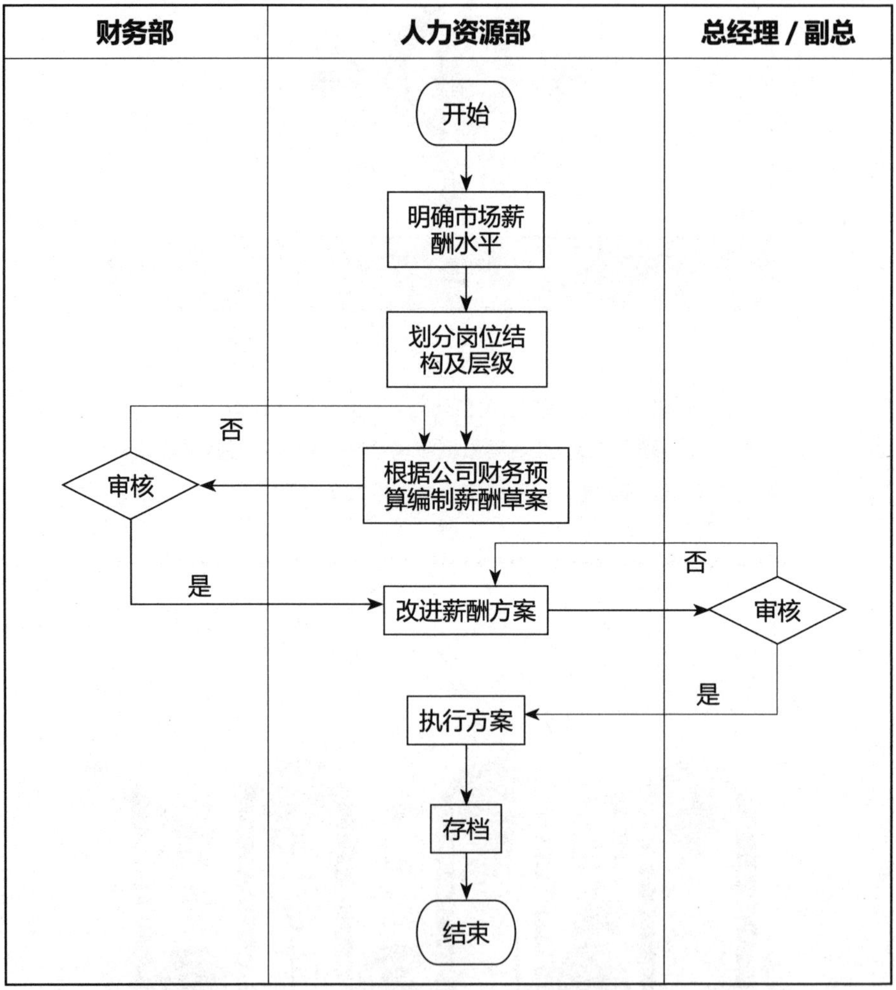

薪酬是企业员工最看重的一个方面，对企业来说也是一笔较大的人力支出，所以薪酬的设计对企业至关重要。企业通常不会凭空设置薪酬，而是会进行相关调查，与外部薪酬水平相比较再定位薪酬水平。

8.1.1 行业工资状况决定工资基准

薪酬调查是薪酬设计前必须要进行的准备工作，企业通过一系列标准、规范和专业方法，对市场上各职位进行分类、汇总和统计分析，形成能够客观反映市场薪酬现状的调查报告，为企业提供薪酬设计方面的决策依据及参考。一般来说，薪酬调查主要有以下几个目的。

- ◆ 可有效确定招聘新员工的起点薪酬标准。
- ◆ 可有效查找企业内部工资不合理的岗位。
- ◆ 能够了解同行业企业调薪时间、水平及范围等。
- ◆ 了解当地工资水平并与本企业比较。
- ◆ 可了解工资动态与发展潮流。

而薪酬调查的主要内容包括以下 3 点，企业人力资源部需了解这几项内容，才能做出合理薪酬设计。

①了解同行业工资水平，以设计有竞争力的薪酬标准。

②调查本地区的工资水平，由于不同地区的物价有差别，生产水平也有所不同，所以工资水平也会有很大不同。

③了解竞争企业的工资结构。

如何展开薪酬调查呢？大体上有 3 种调查形式，分别是政府部门薪酬调查、专业调查公司调查和企业人力资源部自行调查。

1. 政府部门薪酬调查

国家有关部门、各级地方劳动保障部门和统计部门都会抽调专门的人员，来调查本地区各行各业的薪资水平，然后通过调查的结果制定工资调控政策。

这样企业就可以通过政府发布的相关资料和数据，了解到行业的基本工资水平以及国家的定薪建议。企业可在当地的政府官网上找到相关信息，如图 8-1 所示。

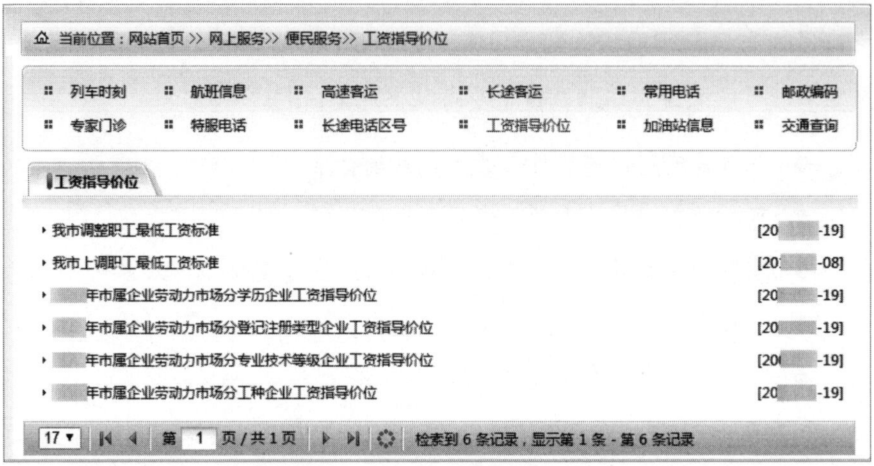

图 8-1　政府网站指导工资信息

政府提供的信息可能比较片面，而且方向性很强，企业可能得不到太多有效的信息，不过能看到地区的工资流向和水平，也能帮助人力资源部定薪。

2. 专业调查公司调查

对于大型企业来说，可以选择专业的调查公司得到有效的薪酬数据，这样可以节约企业的人力资源，不过花费较大。一般专业的调查公司，可以负责多方面的薪酬数据调查。

宏观数据。包括全国各省、城市 GDP 以及 CPI 等宏观数据查询。

工资标准。包括全国各省市工资标准、工资指导线数据的查询。

城市薪酬差异系数。全国城市薪酬水平差异系数查询。

HR 核心数据。包括对薪酬增长率、离职率和编制变化率数据的查询。

而且可以通过数据的导入，分析设计出薪酬标准，可以省去企业很多麻烦。如图 8-2 所示为某调查公司的薪酬设计工具页面。

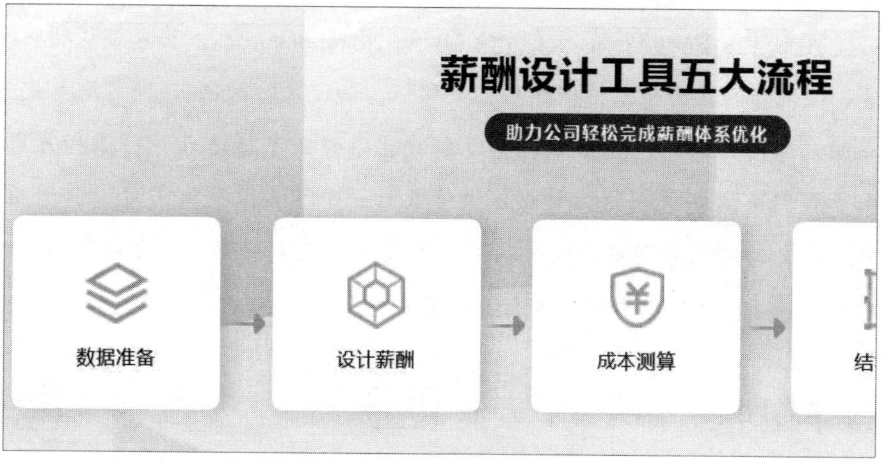

图 8-2　专业调查公司功能页面

3. 人力资源部自行调查

除了借助外部机构调查相关人力资源数据，企业还可以自行调查，当然，需要通过一些特殊的途径。

◆ 同行交流

同行业的人力资源专员一般来讲都互有人脉，彼此也都有联系，可以进行信息互换。人力资源专员应注意在日常的生活工作中多打探一些与岗位薪酬有关的信息，这样在薪酬设计的时候心中有一个基准。

◆ 招聘网站

自从互联网发展起来，招聘网站就成了企业人力资源部的重要工具，不仅可以发布招聘信息，寻找优秀的人才，还可以检索需要的信息，自然包括岗位薪酬的相关信息。由于现在很多企业都会在网上发布招聘信息，所以通过搜索就可以知道该岗位在不同企业的薪酬标准。下面以智联招聘网为例，我们一起来了解如何进行薪酬调查。

案例实操 在智联招聘网中进行薪酬调查

首先进入智联招聘官网（https://www.zhaopin.com/），登录智联招聘账号，在跳转的页面搜索框中输入相关职位，如“采购助理”，即可进入搜索界面，如图 8–3 所示。可以选择限制搜索条件，包括地点、行业和月薪。由于我们是调查薪酬的，所以不用管最后一个搜索限制。而对于前两项，系统会自动定位为到本地区，不用自己设置；至于行业，人力资源部可以选择本行业，也可以查看所有行业的有关信息。

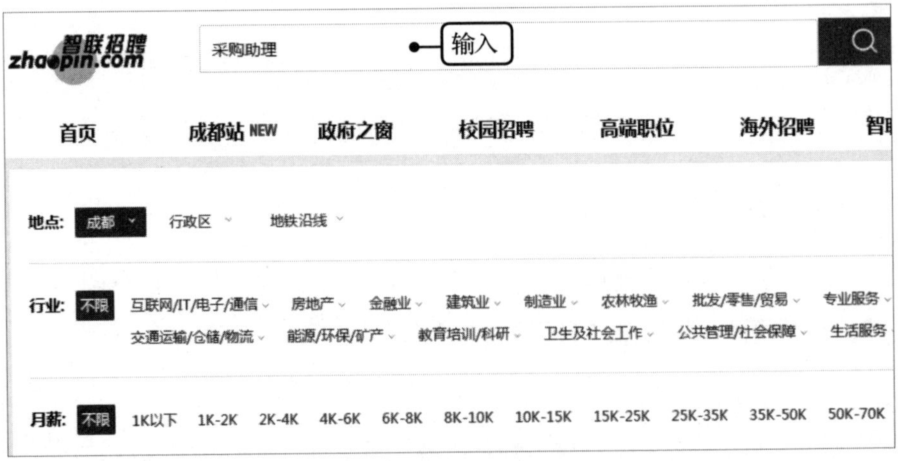

图 8–3 职位搜索页面

在页面下方即可看到搜索结果，即各个公司发布的岗位招聘信息，人事专员可以看到各个公司给出的薪酬范围，如图 8–4 所示，我们可以看出，成都地区采购助理的平均工资在 4 000 ～ 6 000 元。

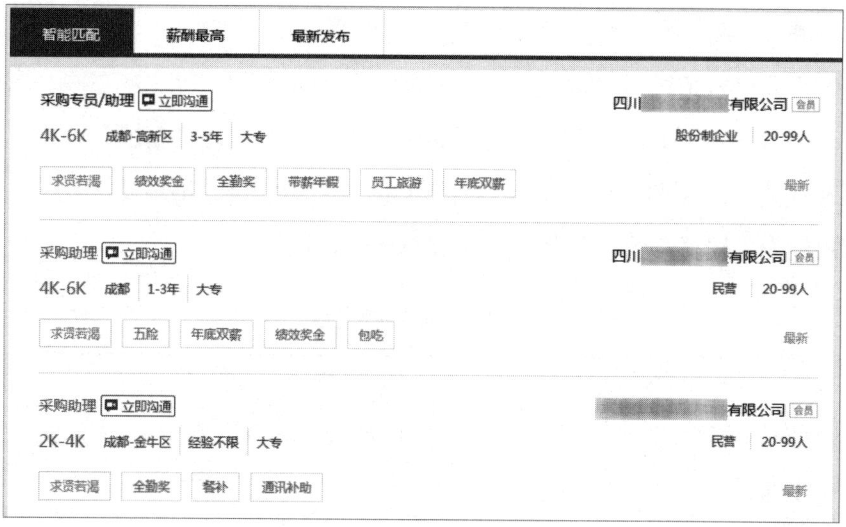

图 8-4　搜索结果界面

在搜索结果处，有不同的结果类型，默认呈现的是智能匹配结果项。单击“薪酬最高”选项卡，可以看到该区域企业为采购助理岗位给出的最高薪酬，如图 8-5 所示。

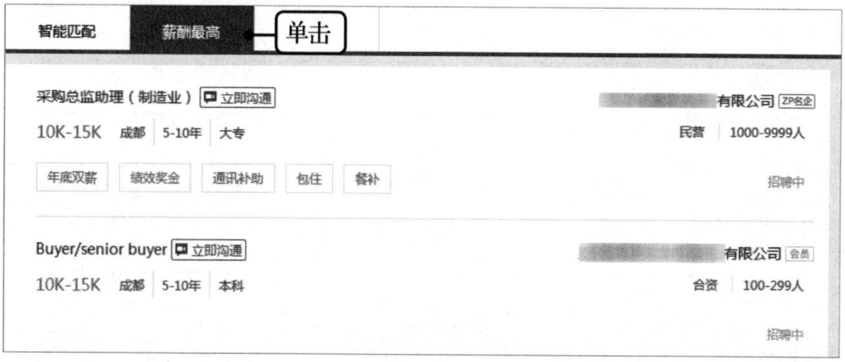

图 8-5　薪酬最高搜索结果

通过上例所示的方式，可以获取大量企业所需的薪酬数据，总之，人力资源部获取的信息越多，在进行薪酬设计时，越能做出准确的判断。

◆ 离职人员

企业进行招聘时，很多前来的应聘者几乎来自同一行业或在同一岗位工作了很多年，人力资源部可在面试登记表中加入“过往薪酬”内容，如表 8-1 所示，据此可以收集很多有用的岗位薪酬信息。不过要注意，应聘者可能为了提高身价，将自己的过往薪酬有意提高。

表 8-1 面试登记表

<table>
<tr><td>姓　　名</td><td></td><td>性　　别</td><td colspan="2"></td></tr>
<tr><td>应聘职位</td><td></td><td>应聘部门</td><td colspan="2"></td></tr>
<tr><td>身份证号</td><td></td><td>电　　话</td><td colspan="2"></td></tr>
<tr><td>最高学历</td><td></td><td>专　　业</td><td colspan="2"></td></tr>
<tr><td>毕业院校</td><td></td><td>外语水平</td><td colspan="2"></td></tr>
<tr><td>电子邮件</td><td></td><td>目前地址</td><td colspan="2"></td></tr>
<tr><td colspan="5">工作经历</td></tr>
<tr><td>起止日期</td><td>企业及部门</td><td>职　　位</td><td>离职原因</td><td>在岗工资</td></tr>
<tr><td></td><td></td><td></td><td></td><td></td></tr>
<tr><td></td><td></td><td></td><td></td><td></td></tr>
<tr><td></td><td></td><td></td><td></td><td></td></tr>
<tr><td></td><td></td><td></td><td></td><td></td></tr>
<tr><td></td><td></td><td></td><td></td><td></td></tr>
<tr><td></td><td></td><td></td><td></td><td></td></tr>
<tr><td>个人期望薪酬</td><td colspan="4">__________元 / 月</td></tr>
<tr><td colspan="5">个人声明</td></tr>
<tr><td colspan="5">本人承诺以上所提供事实真实性，本人承诺个人提供的电子简历和填写的简历内容是一致的，如有虚假愿意承担被解聘的后果。
应聘人员签名（日期）：</td></tr>
</table>

拓展贴士 *薪酬调查的范围*

根据职位的不同，薪酬调查的范围也有所不同。普遍职工岗位的薪酬调查以企业所在地为调查地区；而高级技术人才和管理人才的学历较高，流动性较大，最好扩大调查区域，以一线城市为主；介于两者之间的岗位人员，可结合当地薪酬调查水平和全国薪酬调查水平综合评定。

8.1.2 岗位分析的直接目的

岗位分析是对企业各类岗位的性质、任务、职责、劳动条件和环境，以及员工承担本岗位任务应具备的资格条件进行的系统分析与研究，并由此制订岗位规范、工作说明书等人力资源管理文件的过程。岗位分析主要是为了解决以下 6 个重要问题。

①工作的内容是什么（What）？

②由谁来完成（Who）？

③什么时候完成工作（When）？

④在哪里完成（Where）？

⑤怎样完成此项工作（How）？

⑥为什么要完成此项工作（Why）？

只有做好岗位分析，我们才能了解企业各级岗位的主要职责和基本工作内容，才能具体划分岗位重要性，方便对各级岗位设计相应的薪酬。岗位分析的基本过程如表 8-2 所示。

表 8-2 岗位分析的基本过程

阶 段	具体过程
筹划准备阶段	1. 首先明确分析的基本目的是什么 2. 制订分析计划 3. 人力资源部组建分析小组 4. 选择分析对象
信息搜集阶段	1. 搜集背景资料，包括组织结构、职业分类标准 2. 选择搜集方法 3. 沟通搜集对象
资料分析阶段	1. 审查工作信息 2. 分析工作信息 3. 结果完成阶段 4. 应用反馈阶段

岗位分析的直接目的是编写岗位说明书，经过岗位分析的 3 个阶段后，人力资源部还要编制岗位说明书，将岗位分析的重要内容进行汇总。岗位说明书由岗位描述和岗位规范两部分构成。

岗位描述指与工作内容有关的信息，包括职务概况、岗位工作目标、岗位工作特点和岗位工作关联等；岗位规范说明了岗位的任职资格，如表 8-3 所示为销售经理的岗位说明书。

表 8-3 销售经理岗位说明书

职务概况	岗位名称		所属部门		定编人数	
	直接上级		所属下级		职务编号	
工作概述	负责产品推广和销售工作，并与企业代理商和客户进行联络，负责本销售区域的售后服务工作					
工作内容和职责	1. 协助上级建立公司产品销售渠道，对市场需求进行分析和预测，制订销售计划和指标 2. 参与协助制订公司渠道产品价格体系和产品促销计划 3. 熟悉公司理念及产品，了解客户需求，能够为客户提出个性化的解决方案 4. 发展并维护客户关系，达成销售目标					

工作内容和职责	5. 按照公司销售工作流程，积极协调售前、售中及售后的相关问题 6. 负责或参与产品销售推广及策划工作 7. 协助编制区域销售费用预算 8. 负责对客户关系的维护、联络和跟踪管理 9. 负责收集销售相关信息工作 10. 完成上级安排的其他工作
任职资格	1. 年龄在 25 ~ 40 岁，身体健康、精力充沛，能承受工作压力 2. 大学本科及以上学历，营销、机械或汽车工程等相关专业 3. 有 3 年以上营销相关工作经验 4. 能够熟练使用一般办公软件操作系统，普通话流利

8.1.3 岗位评价帮助 HR 定薪

岗位评价指采用一定的方法对企业中各种岗位的相对价值做出评定依据，并以此作为薪酬分配的重要依据；是在岗位分析的基础上，对企业所设岗位需承担的责任大小、工作强度、难易程度以及所需资格条件等进行评价。

岗位评价的核心是划分岗位等级，建立合理的工资等级结构，实现组织内部的分配公平。人力资源部进行岗位评价需要建立岗位评价小组，编制岗位评价体系和岗位评价表，然后根据相关评价要素及其分级定义，逐一确定每个岗位的等级。如下例所示为某公司的岗位评价体系。

案例实操 **岗位评价体系**

一、目的

岗位评价作为一种解决工资分配问题的公正方法，是确定合理工资差别或奖金差别的基础。

二、适用范围

本公司职能部门各级别岗位。

三、架构分解

岗位评价要素、要素分级及配点表									
要素	配点	权重（%）	因素	一	二	三	四	五	六
工作智能	350	35	学历	25	50	75	100		
			经验	20	40	60	80	100	
			专业技能	25	50	75	100	125	150
工作责任	400	40	经济效益责任	40	80	120	160	200	
			质量管理责任	40	80	120	160	200	
工作强度	250	25	心理压力	50	100	150	200	250	
备注：在岗位评价中，如果认为某个因素处于两个等级之间，则可增加副级或档次，并酌情给予点数									

四、工作智能

1. 学历：本因素衡量顺利履行工作职责所要求的最低文化水平。

分　级	分级定义	点　数
一	高中	25
二	大专	50
三	本科	75
四	本科以上	100

2. 经验：本因素衡量开始工作时的见习时间，以及从事相关工作的时间。

分　级	分级定义	点　数
一	一年以下	20
二	一至三年	40

续表

分　级	分级定义	点　数
三	三至五年	60
四	五至八年	80
五	八年以上	100

3. 专业技能：本因素衡量岗位任职人员在经营管理、计划、政策水平、分析判断以及专业技术应用等方面应达到的专业技术水平。

分级	分级定义	点数
一	了解本专业工作内容，照章办事，具有完成一般性工作的能力	25
二	了解和初步掌握本专业工作内容，具有简单的分析判断能力	50
三	熟悉本专业工作内容，能够独立解决处理本专业范围内的问题，能独立承担本专业中一般项目的设计、技术和经营管理工作	75
四	熟悉本专业工作内容，能独立承担本部门或本专业较复杂的研究、设计及经营项目，能撰写一定水平的总结、报告	100
五	受过系统的培训，有较丰富的工作经验，具有较强的开拓能力，能够独立主持本部门重大项目的研究和设计	125
六	精通本专业，具有很强的开拓能力，能独立承担集团公司的重点研究课题和特大工程技术项目设计，有较强的综合分析和独创能力	150

五、工作责任

1. 经营效益责任：本因素衡量如果任职岗位发生工作失误，对本公司经济效益所造成的直接和间接经济效益损失。

分级	分级定义	点数
一	对公司最终产品的销售成本及企业经济效益影响较小	40
二	对公司最终产品的销售成本及企业经济效益影响不大	80
三	对公司最终产品的销售成本及企业经济效益影响较大	120
四	对公司最终产品的销售成本及企业经济效益影响很大	160
五	对公司最终产品的销售成本及企业经济效益影响巨大	200

2. 质量管理责任：本要素衡量岗位要求任职人员对保证贯彻落实集团公司质量方针所承担的责任。

分级	分级定义	点数
一	岗位要求对贯彻公司质量方针负有较小责任	40
二	岗位要求对贯彻公司质量方针负有一定责任	80
三	岗位要求对贯彻公司质量方针负有较大责任	120
四	岗位要求对贯彻公司质量方针在主要方面负有重要责任	160
五	岗位要求对贯彻公司质量方针负有全面责任	200

六、工作强度

心理压力：本因素衡量在完成本岗位所承担的任务时，对岗位任职人员所造成的心理紧张程度和心理压力。

分级	分级定义	点数
一	很小的心理压力：工作单一，不需要或很少做出决定	50
二	较小的心理压力：工作较单一，工作节奏有一定要求	100
三	中等程度的心理压力：工作有较快节奏的要求，需要处理一些应急性事宜	150
四	中上等程度的心理压力：工作任务多样，较为繁重，经常要求迅速做出决定，上下班时间难以正常实现	200
五	很大的心理压力：经常迅速做出决定，工作繁杂，以致在工作时间之外仍要继续考虑某些深层次的问题	250

七、评价结论

1. 岗位总点数作为度量每一岗位在本组织中的相对位置或相对价值的依据。

2. 岗位评价总点数 = Σ（各因素总点数 × 权重），评价结论作为《薪资管理（暂行）规定》中“岗位技能工资”的输入。

由上例所示的岗位评价体系，我们可以了解到进行岗位评价的重点是设置好评价的要素，如本例中的工作职能、工作责任、工作强度，然后按照一定的权重为这些要素的不同方面打分。

得出各岗位的评价分数后，在设计岗位薪酬时，可以按照评价等级和分数划定不同岗位的薪酬标准。

8.1.4 薪酬设计的策略

除了薪酬调查、岗位分析和岗位评价之外，要完成薪酬设计还要做好以下几个步骤。

薪资定位。调查了同行业或同地区的薪酬数据和水平后，人力资源部应根据企业的情况定位自身的薪资水平。

拓展贴士 *薪资定位策略*

在企业自身的薪资定位上，可以选择不同的定位策略，如市场领先、市场协调和市场跟随。

市场领先，薪酬水平在市场中居于领先地位，高于市场平均水平。

市场协调，又称市场平和策略，即薪酬水平在市场中居于中等水平，与市场平均水平持平。

市场追随，即薪酬水平在市场中居于比较低水平，跟随市场平均水平。

不过在实际操作中，很多企业会采用混合性薪酬策略，即根据职位的类型或层级来分别确定不同的定位策略。

薪资结构设计。确定薪酬的基本结构，一般要综合考虑 3 个方面的因素：一是其职位等级，二是个人的技能和资历，三是个人绩效。

薪资体系的实施和修正。确定薪酬体系后，在公司内实施不一定完全符合公司的情况，可能会出现员工不满、觉得薪酬设计不合理等情况，所以应该及时做好修正和调整。

8.2 工资发放流程

工资发放流程展示如下。

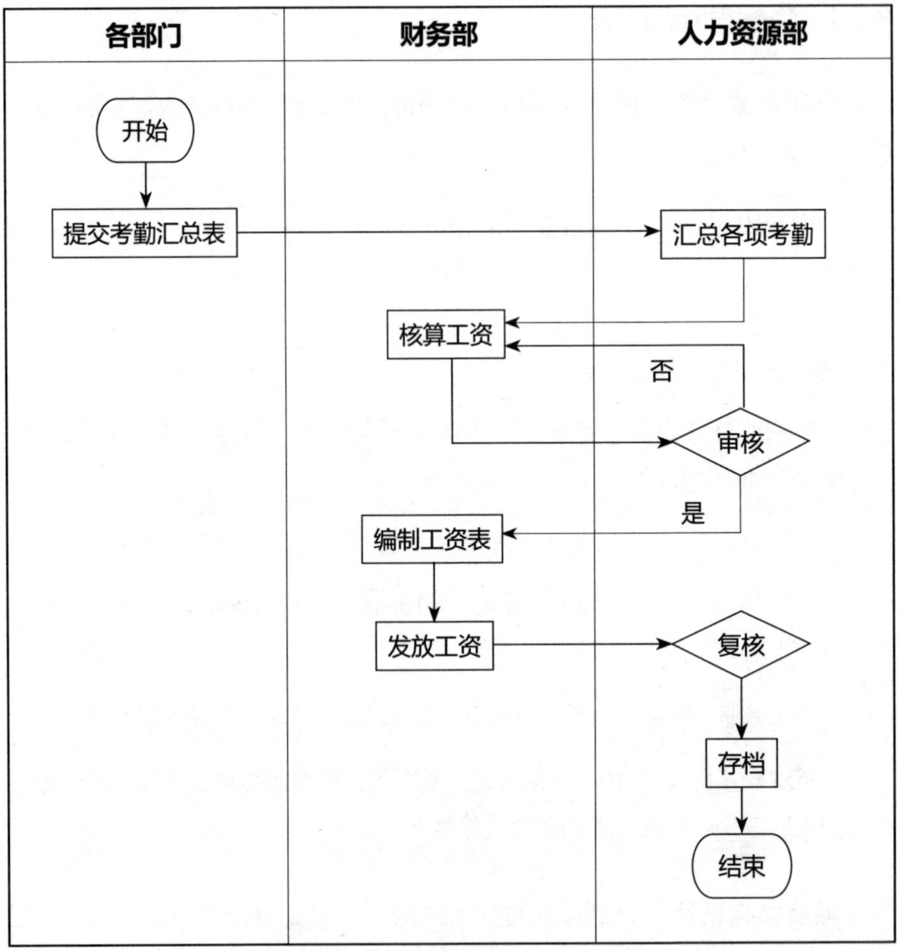

每月，企业都会按照薪酬体系编制员工工资表，向员工发放本月工资。员工薪酬对企业来说是一笔很大的支出，所以需要核对清楚才能发放。无论发多发少都会造成不好的影响，发少了会遭到员工的投诉，发多了会让企业承担损失。所以，企业要规范工资发放的流程。

8.2.1 编制工资表

工资表又称工资结算表，是按单位、部门编制的用于核算员工工资的表格，基本上每月一张。正常情况下，工资表会在工资正式发放前的1～3天发放到员工手中，员工可以就工资表中出现的问题向上级反映。

由于工资结算表是按各部门分别编制的，因此，只能反映各部门工资结算和支付的情况。

工资表的编制需要多个部门的配合，对于大型企业来说，人力资源部、财务部等各部门分工有序，所以一般由人事部负责考勤并制作工资表，由财务部核对发放工资。如果企业规模较小，部门设置不齐全，甚至没有财务部和人事部，只有与人事工作和财务工作有关的职工，这就需要企业指定相关员工负责每月的工资表制作。

为了顺利地制作工资表，人力资源部应该提前准备好相关材料，如下所示，以便整理出有用的信息。

①各部门人员名单，包含企业全体职工。

②各员工的绩效考核表（查看员工是否有提成奖励和罚款）。

③员工考勤信息，是否有迟到早退现象。

④工资水平划分信息。

了解了各部门员工的工资信息后，财务部还需要制作工资表模板，所谓工资表模板也有两种形式，一种是整个部门员工的工资表，一种是员工个人的工资条模板。

在部门工资结算表中，要根据考核表、考勤记录及代扣款项等资料按人名填列“应付工资”“代扣款项”“实发金额”三大部分。基本格式如表8-4所示。

表 8-4　部门工资表

部门：						年　月　日－　年　月　日							单位：元
姓名	基本工资	其他					应发工资	扣发		实发工资	签名	备注
		岗位津贴	保险	午餐补贴	交通补贴	通信补贴		缺勤	金额			
								小计：　元，大写　元整。				
审核人：					制表人：							

而员工个人的工资条模板如表 8-5 所示。

表 8-5　员工工资条

部门：										工资月份：　年　月			
序号	姓名	基本工资	在职天数	应发工资					应扣工资		实发工资	签名	备注
				工资	奖金	住房补贴	交通补贴	合计	缺勤	社保			
1													
									结算日期：　年　月　日				

填写完工资表的内容后，为了方便第二次使用，要注意保存表格模板，可用 Excel 保存。

8.2.2 核对工资的基本流程

制作工资表是发放工资的基本环节，而为了保证工资发放无误，应该在工资表制作完成后，及时与各方进行核对，基本流程如图 8-6 所示。

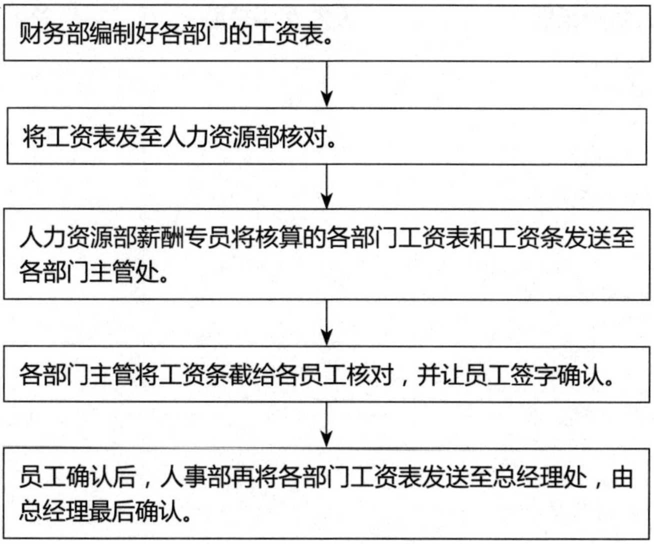

图 8-6　工资核对流程

在核对流程中值得注意的是，人事部将工资表交员工核对后，员工若是提出异议，人事部需重新确认数据正确与否；若员工确认无误，就需要签字确认，一些企业为了保险起见，还会让员工在确认单上签字。如下所示。

本公司销售部员工________，2020 年 10 月的基本工资 2 900 元，加班工资____元，法定节假日工资____元，高温补贴____元，社保补贴 1 000 元，计实发工资______元。

本人对上述所有统计及金额计算无异议，本月之前的全部劳动报酬均已结清，本人已经收到工资条。

（签字）：

年　月　日

8.3　员工薪酬管理流程

员工薪酬管理流程展示如下。

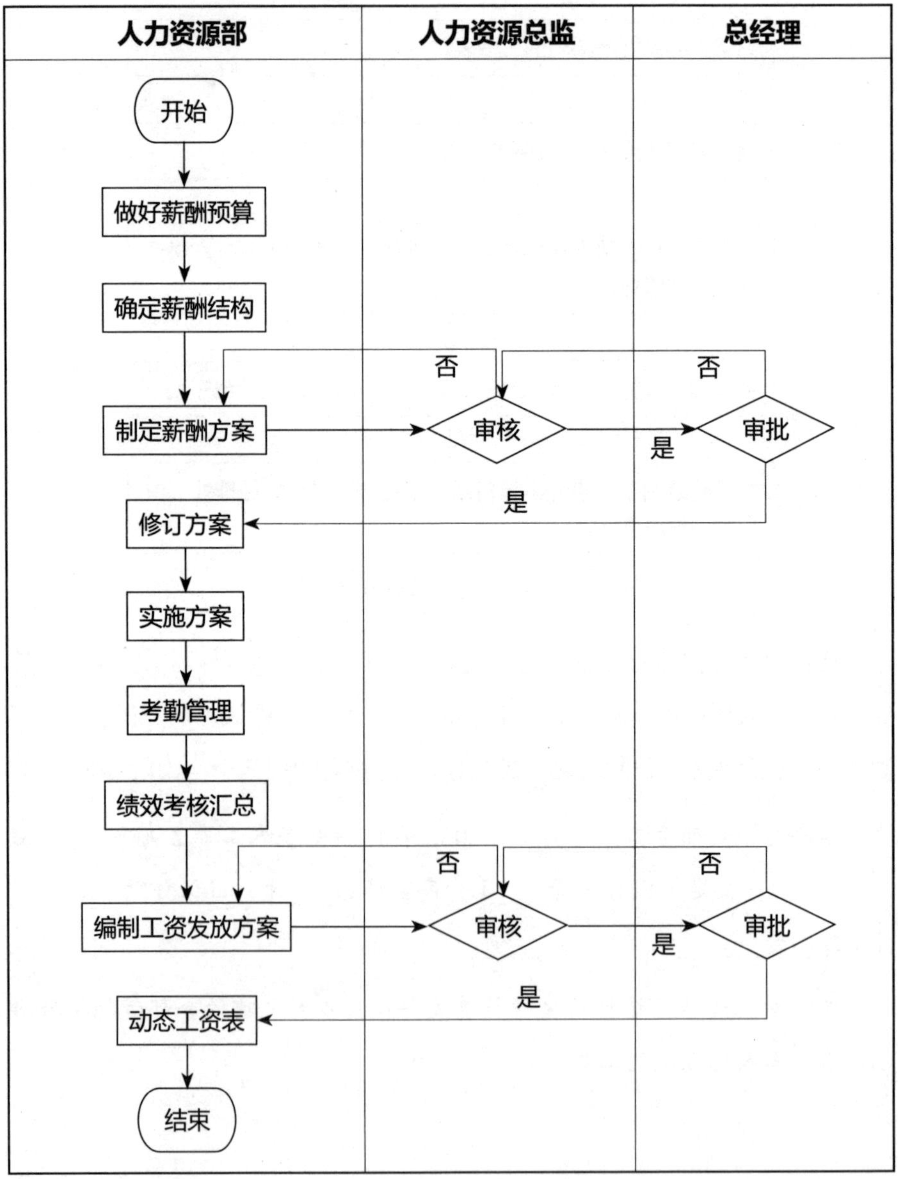

薪酬管理是企业整体人力资源管理体系的重要组成部分，一般包括薪酬体系设计与薪酬日常管理两个方面。薪酬管理要为实现薪酬管理目标服务，薪酬管理目标是基于人力资源战略设立的，而人力资源战略服从于企业发展战略。所以要进行企业薪酬管理，首先要确定企业薪酬管理目标，再根据管理目标设置具体的薪酬方案并实施。

8.3.1 薪酬方案的具体内容

制定薪酬方案是企业进行薪酬管理的基础，而薪酬方案的内容必须全面，一般包括工资系列分类、薪酬构成、工资发放和调薪的重点事项等内容，这样才能给予薪酬管理指导性意见。而制定薪酬方案需要经历哪些环节呢？具体如图 8-7 所示。

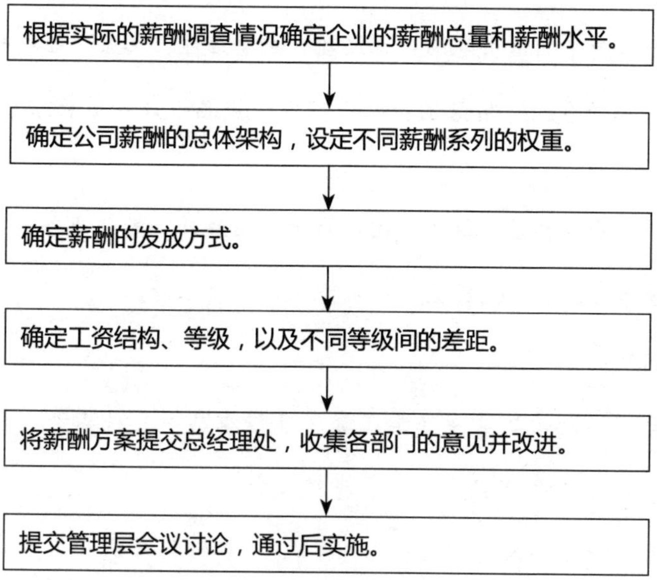

图 8-7 制定薪酬方案流程

下面通过某公司制定的薪酬方案，来了解一份完整的薪酬方案应该包括哪些内容。

案例实操 薪酬方案

一、目的

建立较为科学的、符合公司发展实际状况的工资分配模式与工资等级序列，实现员工工资分配与管理的制度化、规范化。

二、适用范围

适用于本公司所有员工。

三、工资系列

1. 本公司工资系列分为：管理工资系列、技术工资系列、营销工资系列和行政事务工资系列。

2. 管理工资系列适用范围：总经理、副总经理、总监、经理和主管。

3. 技术工资系列适用范围：技术研发、产品设计人员和质量管理技术人员。

4. 营销工资系列适用范围：国内市场部及海外市场部业务员。

5. 行政事务工资系列适用范围：除上述人员以外。

四、薪酬构成

员工薪酬 = 标准工资 + 工龄工资 + 各种津贴 + 各种奖金

其中：标准工资 = 职务工资 + 考核工资

1. 标准工资由每人的“薪层”“薪等”“薪级”确定，是公司以每人岗位相对价值为基准得出的，细分为六层，每个岗位对应的层等详见岗位薪等表。考核工资占工资比例如下表。

工资系列层		一层	二层	三层	四层	五层	六层
管理系列	营销	70%	60%	55%	50%	0%	0%
	生产	45%	40%	35%	30%	25%	0%
技术系列		50%	45%	40%	35%	30%	25%
行政系列		0%	0%	30%	25%	20%	%

2. 工龄工资。

(1) 工龄工资标准：20 元 / 年。

(2) 计算方法：从进公司转正之日开始计算，每满一年计一年工龄工资。

3. 各种津贴。

(1) 职务津贴。

单位：元

职务	组长	主管	经理	总监 / 副总	总经理
津贴	50	150	300	500	1 000

(2) 技术津贴。

单位：元

技术级别	初级技术员	中级技术员	高级技术员	工程师	高级工程师
津贴	50	100	150	200	300

(3) 夜班津贴。

员工工作需要班次安排跨入晚上 8:00 至第二日早上 6:00 的，可享每班次 30 元的夜津贴，以作为夜餐费。

4. 年终奖金。

(1) 年终奖金金额标准：对全年平均考核等级在 D 级（含 D 级）以上人员，用“月工资总额 × 绩效等级系数”发放第十三个月工资作为年终奖金。

（2）年终奖金绩效等级系数。

平均分数	120 ≥x ≥ 110	110 >x ≥ 100	100 >x ≥ 90	90 >x ≥ 80	低于 80
对应等级	A 级	B 级	C 级	D 级	E 级
绩效系数	2	1.5	1	0.5	0

5. 工资扣除项目：缺勤、个人所得税和代扣社保费。

五、工资发放

1. 考勤周期：本月 1 日至本月 31 日。

2. 月工资发放日期：每月 10 日发上月工资，如遇周末 / 节假日，则在放假前一天发放。

3. 计算时，各项目一律以元为单位计算，若有小数产生，一律将其四舍五入。

4. 员工对工资产生疑问时，可以提出书面申请，由部门负责人签名后交人力资源部协调处理。但必须在发放工资之日起 30 日内提出。

六、调薪

……

七、其他说明

1. 本制度规定之工资为税前工资。

2. 本制度规定之工资已包括社会养老保险费用个人缴纳部分。

3. 公司每年进行一次市场薪酬调查，每年一次修正薪酬方案。

4. 本制度由人力资源部行使解释权。

8.3.2 做好薪酬日常管理

如果说薪酬方案的设计给了薪酬管理的方向和标准，那么薪酬日常管理就是从企业的实际情况出发，做好薪酬预算、薪酬支付和薪酬调整，不断改进薪酬方案，节约企业成本。其中最重要的就是薪酬预算，其与企业的人工成本息息相关。

在企业的日常经营中，使用劳动力而支付的所有直接费用和间接费用的总和就是企业的人工成本。直接费用包括工资总额和社会保险费用，间接费用包括员工招聘、员工培养等有关费用以及职工福利费用、员工教育经费、劳动保护费用、住房费用以及其他人工成本支出费用。

在开始每一个财政年度时，企业肯定要做好下一年度的财务预算，而薪酬预算是财务预算的一个重要组成部分。薪酬预算的目标包括以下3个。

①使人工成本的增长和企业效益增长相匹配。

②使员工流动率控制在合理范围。

③引导员工的行为符合组织的期望。

企业常用的薪酬预算方法有自上而下法、自下而上法以及这两种方法的综合应用。

自上而下法。通过企业过往的经营数据做出预测，结合上一年度的人工成本，根据企业目前面临的问题，做出人工成本预测并分配到各部门。

自下而上法。各部门根据企业制定的经营目标，提出本部门人员配置数量及薪酬水平，人力资源部门根据市场变化的影响，综合确定企业人均薪酬增长率，确定各部门的人员配置和薪酬水平，得出企业整体的薪酬预算。

8.4 员工劳动保护管理流程

员工劳动保护管理流程展示如下。

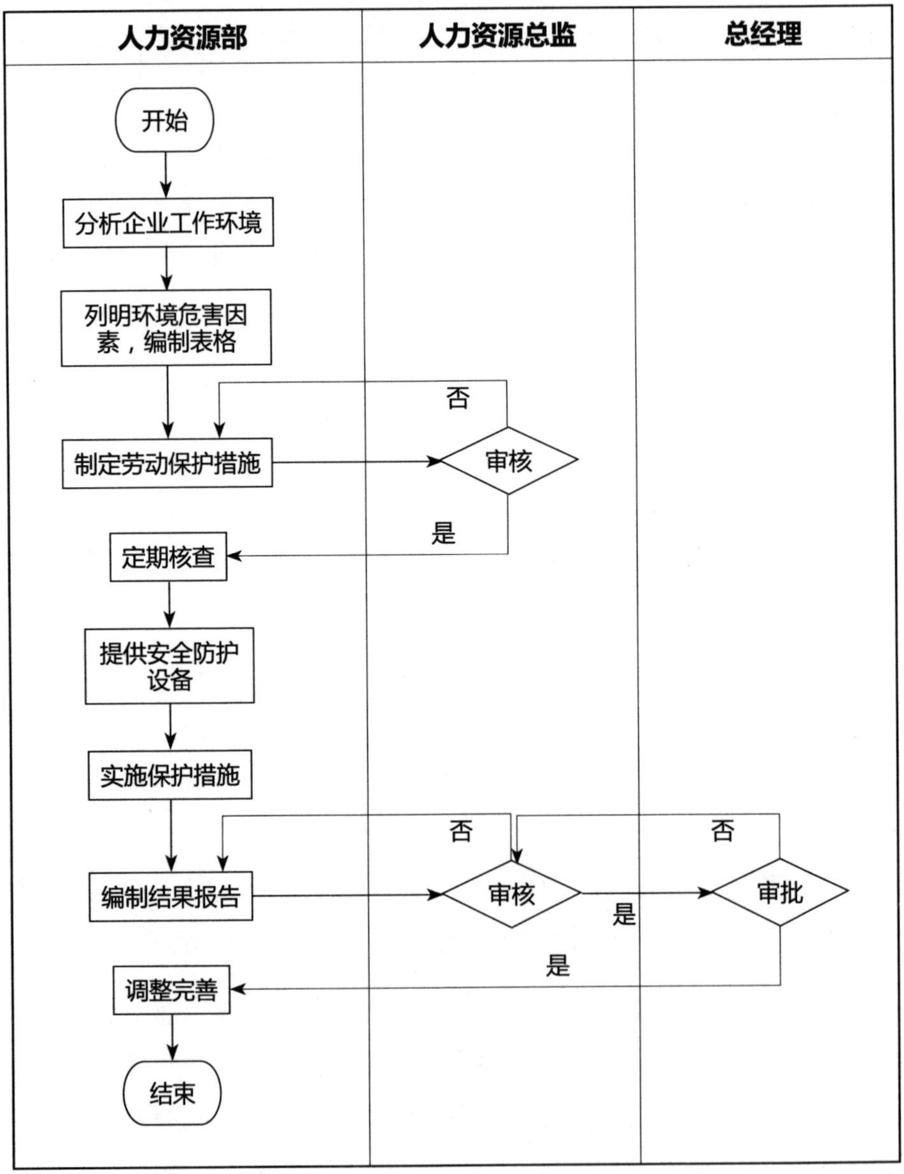

劳动保护管理是对企业有关劳动保护的各项管理制度、管理方法和管理行为的总称。企业对员工的劳动保护管理体现了企业的人性化，主要对工作中会对员工产生危害的环境进行调查分析，做好相应的保护措施。

拓展贴士 *有关员工劳动保护的法律条文*

根据《中华人民共和国劳动法》第五十二条规定：“用人单位必须建立、健全劳动安全卫生制度，严格执行国家劳动安全卫生规程和标准，对劳动者进行劳动安全卫生教育，防止劳动过程中的事故，减少职业危害。”

第五十三条规定：“劳动安全卫生设施必须符合国家规定的标准。新建、改建、扩建工程的劳动安全卫生设施必须与主体工程同时设计、同时施工、同时投入生产和使用。”

第五十四条规定：“用人单位必须为劳动者提供符合国家规定的劳动安全卫生条件和必要的劳动防护用品，对从事有职业危害作业的劳动者应当定期进行健康检查。”

8.4.1 工作环境分析不能少

要想保护员工在工作环境中不受伤害，企业应该编制相应的劳动保护措施，这样员工和企业管理者即可按照措施内容开展工作。不过，在此之前，人力资源部应该对工作环境进行分析，了解工作环境中可能产生的危害因素，这样才能制定出有针对性的劳动保护措施。

工作环境分析就是从不同的方面认识和确认工作的条件和情况，主要分为以下几类。

物理环境分析。主要包括对工作环境的温度、湿度、照明度、噪音、震动、异味、粉尘、污秽、气压和辐射等，以及员工在该物理环境中所受到的影响进行分析。

安全环境分析。主要对工作环境的危险性、危害性、危险程度、发生频率、职业病和工业卫生等安全因素进行分析。

社会环境分析。主要是对工作环境所在地的生活方便程度、工作孤独程度和人际交往频率等社会因素进行分析。

人力资源部可用表格将工作环境分析的结果直观展示出来，即编制环境危害因素影响表，如表 8–6 所示。

表 8–6 环境危害因素影响表

序号	场所 / 活动	环境因素	造成影响	时态	状态	打分				是否为重大环境因素
						法规符合性	发生频率	影响范围	总分	
1	监理现场电脑操作	电磁辐射	健康受损	现在	正常	1	3	1	5	否
2	日常生活	生活垃圾产生	影响人体健康	现在	正常	3	3	3	9	是
3	激光打印机使用	臭氧气体	影响人体健康	现在	正常	3	5	1	9	是
4	施工现场燃油机械设备	漏油、漏水、噪声污染	影响人体健康	现在	正常	3	3	3	9	否
5	施工现场危化品使用	包装乱扔	影响人体健康	现在	正常	1	3	3	7	否
6	施工现场机械加工	噪声污染	影响人体健康	现在	正常	5	3	1	9	是
……										

根据工作环境分析的相关内容企业可以制定劳动保护措施，以此规范企业员工的生产工作操作，一般来讲，应包括如下几部分内容。

◆ **总则：**对编制劳动保护措施的目的以及安全管理涉及的范围进行说明。

◆ **安全管理基本条款：**主要对法律规定的员工安全管理基本条款进行说明，如未成年、女性员工的相关规定。

◆ **企业安全职责：**应说明负责企业安全管理的人员，以及企业进行安全管理的基本政策。

◆ **员工应遵守的规则：**主要就员工在日常工作中应遵守的操作规范进行说明，或是说明操作的禁忌事项。

如下例所示为某公司设计的劳动保护措施，可供参考。

案例实操 劳动保护措施

一、总则

1. 为了加强对职工的劳动保护，促进安全生产，维护公司的生产秩序，保障职工的人身安全和公司的财产安全，结合公司实际，制定本制度。

2. 劳动保护的措施有安全生产管理、职业病防治、落实国家工作时间和休息休假制度以及提供必要的劳保用品和场所，对女职工和未成年工实行特事保护等。

二、基本条款

1. 禁止使用年龄未满18周岁的未成年人上岗。

2. 禁止安排年龄45周岁以上的人员从事高空作业。

3. 不得安排患有高血压、心脏病或癫痫病等不适宜从事建筑施工作业的人员上岗。

4. 作业人员上岗前必须经过三级安全教育，合格后方可安排其从事适宜的岗位。

5. 不得违反女职工“四期”劳动保护规定，合理安排女职工工作。

6. 按有关规定配发劳保用品。

7. 采购劳动保护用品时，必须到政府部门指定的专门销售点购买，批量抽检证并且合格证齐全。

8. 劳保用品保管仓库必须通风、干燥，劳动用品避免暴晒、受潮，不准接触高温、明火、强酸、油及尖锐的坚硬物等。

三、公司的劳动保护职责

1. 公司每年组织相关部门对劳动保护进行研究和规划，落实工作责任。

2. 公司建立年度劳动保护投入经费预算制度，保证对劳动保护的技术提升和设施建设投入。

3. 公司建立劳动保护奖励制度，对安全生产和职业病防治工作有贡献的车间集体和职工个人给予一定的奖励。

4. 公司建立劳动保护月查制度，对生产部门进行定期检查，及时维修有关设施，确保不发生安全生产事故和职工伤亡事故。

5. 公司建立劳动保护知识和技术培训制度，提高职工操作技能和防范意识。

6. 公司每年要投入必要的劳保用品，改善劳动条件，落实劳动保护的各项制度。

7. 公司人力资源部在招工录用时，应注意对女职工和未成年工的特殊保护，拒收未成年上岗，对女职工规避禁忌岗位，并经常督促检查用人部门贯彻执行情况。

四、厂区的劳动保护职责

1. 厂区职工要不断完善厂区管理制度，落实劳动安危和安全生产的各项措施，确保劳动保护贯彻于生产全过程。

2. 厂区应及时发现和报告有关安全隐患，及时落实防范措施，及时处理安全事故。

3. 厂区生产负责人对本厂区的劳动保护和安全生产负主要责任。厂区应建立劳动保护和安全生产例会制度，加强对职工的培训教育。

五、职工的劳动保护职责

1. 职工必须服从管理和作业指导，遵守劳动纪律和操作规程。

2. 职工有权向公司或车间提出改善劳动保护设施和技术的意见与建议、拒绝服从违章指挥和强令冒险作业。

3. 新入厂职工、变换工种人员以及特殊工种人员必须经过技能培训和安全生产教育，合格后上岗。

4. 职工不得私自代岗或随意操作其他工作岗位的机器设备。

5. 职工在每日开工前检查机器设备的电路、管道是否通畅，性能是否正常。

6. 发现安全隐患应及时报告车间负责人，由专业人员及时采取防范措施。

7. 中途停电应及时关闭机器电源，严禁跨越或坐、靠机器设备，严格按规定做好防火、防电和防漏措施。

8.4.2 检查劳动保护措施的实施效果

企业明确劳动保护措施还只是劳动管理的第一步，要真正保障生产安全还需要检查和监督措施的实施情况。如果只是制定了措施，而没有落到实处，只会让企业的劳动保护管理规则变成“一纸空文”。

我们可以通过表格来记录和监督保护措施的实施情况，如表 8-7 所示。

表 8-7 实施检查表

检查日期：		受检工程名称：		检查部门：		
序号	分项	检查内容	扣分标准	标准分	实得分	扣分原因
1	组织建设	1. 施工现场工会劳动保护组织健全，机构设置标示在明显位置；搞好班组安全建设，班组设劳动保护检查员（4分）	缺一项扣2分	8		
		2. 劳动保护工作纳入项目工作计划和考核内容；有计划、检查和总结，资料齐全（4分）	缺一项扣2分			
2	制度建设	1. 施工现场建立工会劳动保护工作责任制：分工明确、责任到人，有相关资料（2分）	缺一项扣1分	8		
		2. 施工现场建立工会劳动保护工作的会议制度、检查制度、教育制度、信息反馈制度和基础资料管理制度，有相应的台账记录（6分）	缺一项扣1分			
3	员工监督					
……						

通过表格可将企业设置劳动保护重点内容进行归纳和提取，并根据重要程度设置分值，然后展开检查监督工作，对各部门或各项目的实施效果进行打分，能够从侧面督促员工及其主管重视安全保护措施。

流程办事

第9章

员工出勤管理

员工出勤情况可以反映企业整体的工作氛围和员工工作态度，为了维护企业内部的秩序，对员工出勤进行管理是很有必要的。企业员工的出勤管理包括上下班打卡、迟到早退处理以及加班规定等内容。

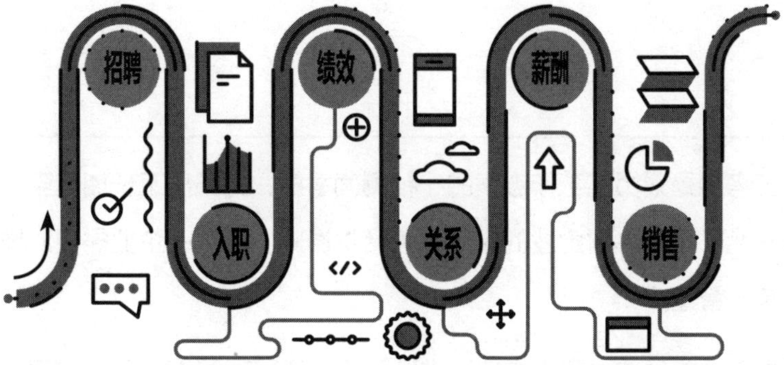

9.1 考勤管理流程

考勤管理流程展示如下。

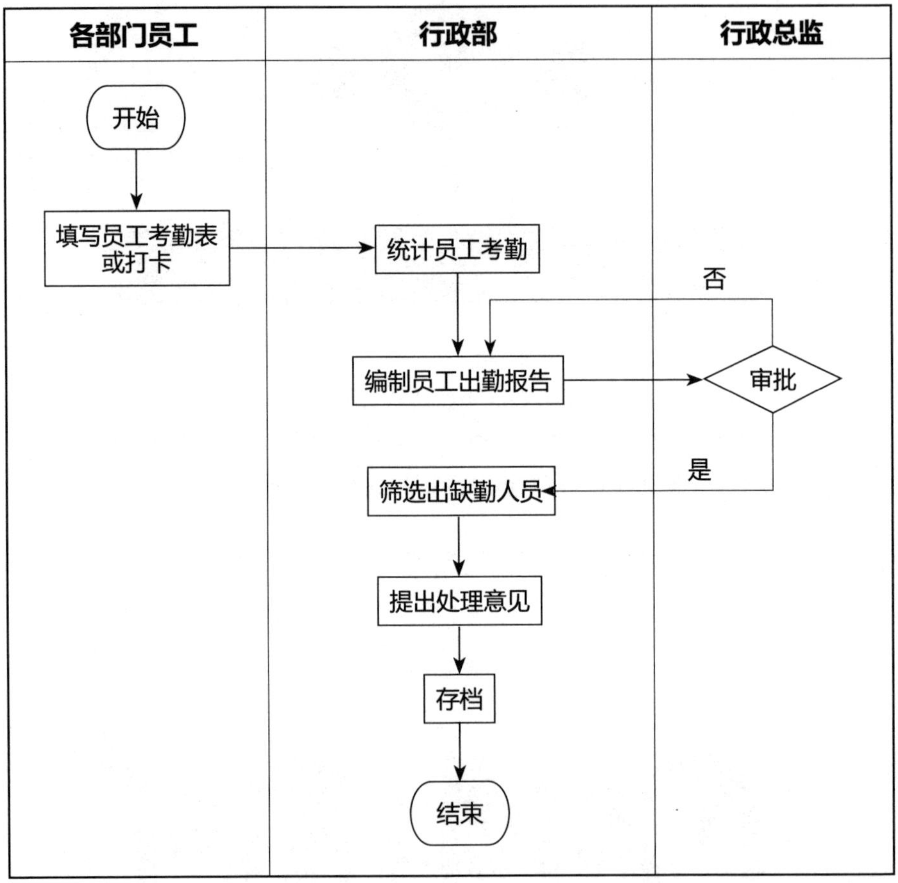

员工考勤是对员工工作态度的一种侧面考核，如果员工长期迟到、早退或是请假缺席，一定会对企业的生产经营产生影响，所以，企业需要对员工的考勤进行统一管理。

考勤管理的具体内容通常包括排班管理、请假管理（带薪年假管理)、补卡管理、加班申请管理、日出勤处理和月出勤汇总等。

9.1.1 如何开展员工考勤

员工考勤具体来讲是让员工自觉遵守工作时间和劳动纪律，所以要对员工进行考勤管理。首先要在员工手册里规定企业基本的作息时间和节假日放假规定，这样员工才能按规定约束自己的行为，如下所示。

员工考勤与休假管理规定

一、为了规范公司的考勤管理，科学合理地安排工作和休息时间，保障员工健康，提高工作效率，依据《中华人民共和国劳动法》，特制定本办法。

二、公司全体员工一律实行上下班打卡登记制度，不参与考勤打卡者须经公司领导批准。

三、作息时间。

1. 公司实行综合工作制（星期一至星期五）。

2. 员工早上 9:00 上班，晚上 6:00 下班。

3. 中午 12:00 ~ 13:00 为固定午餐时间，不计入工作时间。

4. 公司执行国家法定节假日制度。

四、考勤统计周期。

1. 公司考勤按照自然年度统计，从每年 1 月 1 日至 12 月 31 日。

2. 考勤月度按自然月执行。

五、考勤统计管理。

1. 公司考勤采取上下班指纹打卡的方式，员工考勤统计以打卡记录为准，各部门负责人负责监督员工上下班打卡。

2. 请假须提交请假申请单。

3. 如忘记打卡，应做考勤补签。

4. 打卡必须由员工本人亲自打卡，严禁代替他人打卡，违反者给予违纪处罚，按每次代打卡双方各罚款100元，代打卡3次/年以上，视为情节严重，予以辞退。

5. 部门负责人有责任经常检查考勤记录，对不能严格遵守纪律的员工，应及时核实情况并提醒、教育其改进出勤，遵守考勤纪律。

6. 考勤人员必须按实考勤，发现员工未遵守考勤管理制度，有责任告知相关负责人进行相应处理。

六、迟到早退。

1. 迟到。

（1）员工在每天早上9:10以后到岗者按迟到计，并按每次10元进行惩罚。

（2）员工在9:30以后到岗的，按旷工半天处理。

（3）每月迟到3次予以警告，迟到5次予以辞退。

2. 早退。

（1）员工早于下班时间离岗的为早退。

（2）早退60分钟以内，无任何请假或外出审批，20元/次。

（3）早退60分钟以上，无任何请假或外出审批，按旷工半天处理。

（4）每月早退3次，予以辞退。

七、旷工。

1. 旷工半日者，扣发当月薪酬的10%；一个月内累计旷工一天者，扣发当月薪酬的20%。

2. 30天内累计旷工两天者或全年累计旷工三天者，公司将予以解除劳动合同并不支付任何经济补偿的处理。

八、附则。

1. 本制度自颁布之日起执行。

2. 特殊情况须由部门负责人和公司领导批示。

有了考勤规定后，企业各部门就需要按照相关规定统计考勤数据，并提交至行政部；员工就需要按照规定规范自己的上下班时间。而考勤方式的不同，考勤数据的统计也有很大的不同。通常，有以下两种考勤方式。

1. 机器考勤

机器考勤就是我们常说的打卡考勤或指纹考勤，如今，很多公司还安装了人脸识别考勤机。这几种考勤方式主要是利用磁卡、IC 卡或其他感应系统录入信息，都需要员工本人按时到场打卡。

每个月末，行政部可以直接从考勤机中导出数据，然后编制员工考勤表，如表 9-1 所示。

表 9-1　员工考勤表

部门：			班组：			统计日期：					
姓名	工号	……（本月日期）	出勤天数	休息天数	迟到次数	旷工天数	早退次数	加班	事假	病假	年假
病假“+”；加班“☆”；事假“○”；旷工“×”；迟到“√”；早退“△”；年假“※”											
考勤员：			部门负责人：				审批人：				

拓展贴士 *员工考勤表常用字段*

员工考勤表常用字段包括：单位名称；部门名称；编号；姓名；上班时间；下班时间；迟到；早退；旷工；实出勤；备注；分管领导；部门负责人。

2. 网络考勤

由于网络技术的发展，现在很多企业都会使用 App 管理员工的日常事务，包括考勤，如阿里巴巴旗下的钉钉，提供了多种企业人事管理功能，包括企业通讯录、视频会议、企业群等，当然还包括签到功能。

无论是正常上班还是外勤签到，管理者都能快速了解员工的签到情况，还能查看团队外出员工分布，掌握员工外勤工作情况。如图 9-1 所示，下载钉钉 App，然后在首页就能看到考勤功能。点击“考勤打卡”按钮，系统就会自动为员工定位，按照事先设置好的考勤规则，提醒员工打卡。

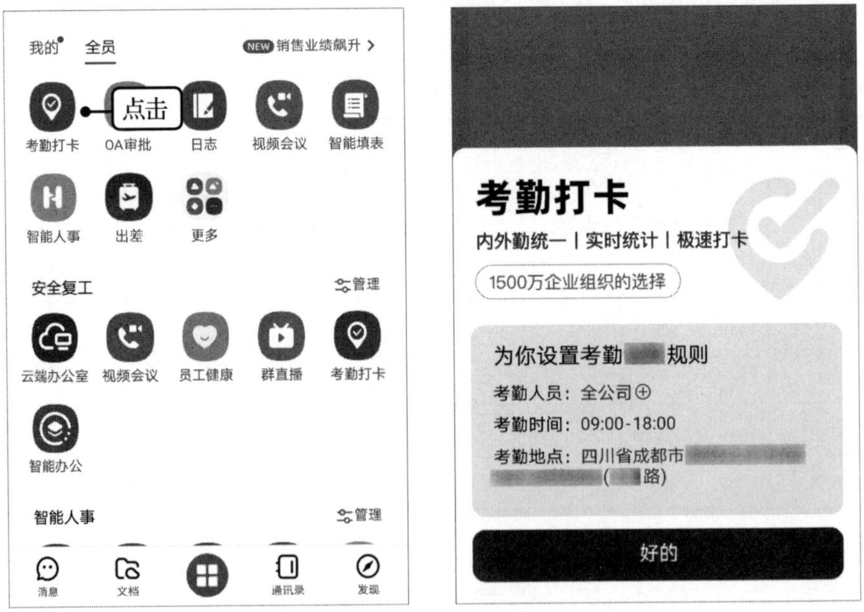

图 9-1　钉钉 App 考勤功能

使用网络考勤方式，行政人员或是企业管理人员就可以直接通过软件系统统计生成员工考勤表，直接下载即可，如图 9-2 所示，不需要再手动制作。

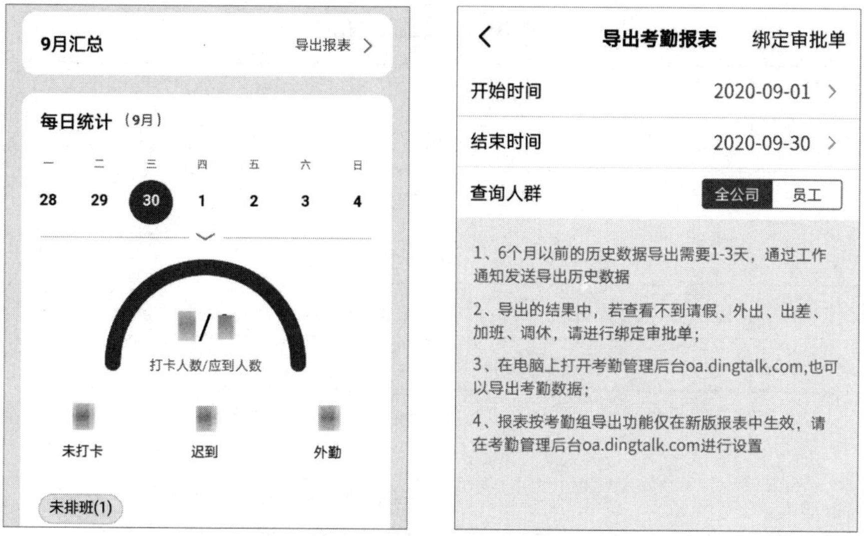

图 9-2 统计考勤数据

9.1.2 考勤管理的表单工具

要顺利地进行考勤管理，除了考勤打卡工具和考勤制度外，还需要使用一些表格工具以便记录相关的数据和情况，如员工请假申请单、员工外勤工作记录表等，有助于存档和统计。

1. 员工请假单

员工请假单是企业考勤必不可少的表单，一般在员工请假时使用。它可以记录员工请假的事由、日期和批准领导等信息，通过该表单企业能保存员工请假信息，统计员工的出勤情况。

另外对企业来说，员工如果在请假期间发生意外，请假条能证明员工不是因工负伤，也不是在上下班途中受伤，能够在一定程度上保证企业免受损失。如表 9–2 所示为常见的员工请假单模板。

表 9–2　员工请假单

请假人		部　门		岗　位	
请假类别	事假（ ）　病假（ ）　年假（ ）　婚假（ ）　产假（ ）　丧假（ ）				
请假事由					
请假时间	自　年　月　日至　年　月　日，合计　天				
请假去向		联系电话		销假时间	
备注					
批准人			审核人		

2. 员工外勤工作记录表

除了迟到早退、请假休假这些考勤情况外，员工出外勤也需要进行记录，这样在月末统计考勤的时候才能根据具体的工作判定员工未打卡期间是否在工作。相关管理人员也要注意在员工出外勤期间可以暂停打卡。员工外勤工作记录表如表 9–3 所示。

表 9–3　员工外勤工作记录表

序号	日期	姓名	外出时间	返回时间	外出事由（包括外出地点和去解决何事）	审批人
1						
2						
3						

9.2 节假日管理流程

节假日管理流程展示如下。

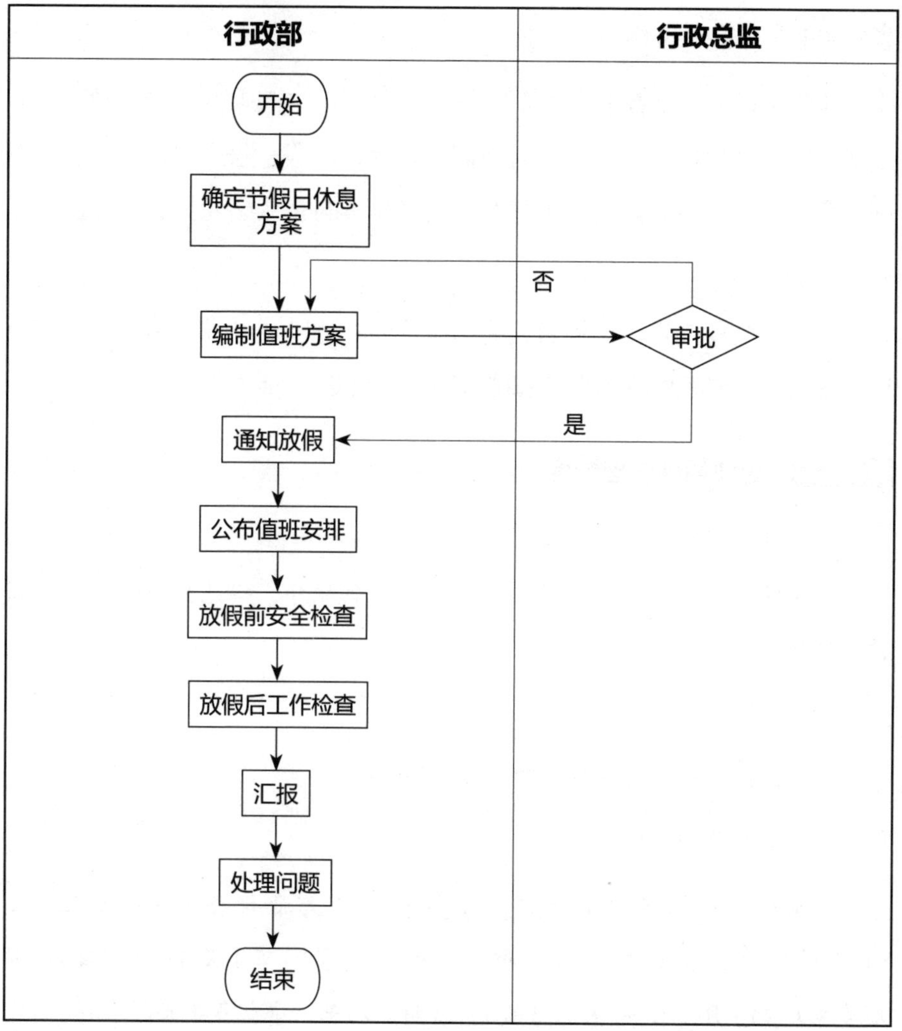

每逢节假日，各企业都要按照国家规定安排员工进行休假，为了保证工作的衔接和员工的安全，企业行政人员要做好节假日管理，提前安排相关工作，保证企业有序经营。

9.2.1 设计企业休假管理制度

为了保证员工的工作效率，维护员工的基本权利，企业需要结合法律规定的节假日日期来安排员工的休息时间，并真正实施下去，员工只有休息好才能更好投入工作。

休假是员工非常看重的一项基本权利，除了国家规定的法定节假日外，员工还应该享受到的休假类别有婚假、丧假、产假、陪产假、工伤假、事假、病假以及年休假。人性化和看重发展前景的企业会为员工安排这些休假福利。

因此，企业一定要重视员工的休假管理，可以通过设计制度来规范管理企业员工，如下例所示为某公司假期管理制度。

案例实操　企业假期管理制度

一、目的

为保障员工相关福利待遇，维护正常工作秩序，规范公司休假管理工作，特制定本制度。

二、范围

本制度适用于公司全体在职员工。

三、假期管理规定

1. 公休，按国家规定执行，每年享受 11 天带薪公休假：元旦 1 天（1 月 1 日）；春节 3 天（除夕、初一和初二）；劳动节 1 天（5 月 1 日）；国庆节 3 天（10 月 1 日 ~ 10 月 3 日）；清明、端午、中秋各 1 天。

2. 年休，员工入职满一年后方可申请此假，按照下列对应工作年限计算天数：

10年 > 工作年限 ≥ 1年	年休假5天
20年 > 工作年限 ≥ 10年	年休假10天
工作年限大于等于20年	年休假15天

说明：(1) 累计工作满1年不满10年的员工，年度请病假累计2个月以上的不享有当年的年休假。

(2) 累计工作满10年不满20年的员工，年度请病假累计3个月以上的不享有当年的年休假。

(3) 累计工作满20年以上的员工，年度请病假累计4个月以上的不享有当年的年休假。

3. 病假。

职工因病连续休假6个月以内	入职不满1年，按50%计发
	满1年，按60%计发
职工疾病连续休假超过6个月	入职不满1年，按40%计发
	入职满1年不满3年，按50%计发
	入职满3年以上，按60%计发

4. 事假：扣除当日工资，并扣除当月全勤奖。

5. 丧假：直系亲属可带薪休假3天，非直系亲属可带薪休假1天。若不在一个城市，可额外给予1～2天的路程假。

6. 工伤假：休假时间视工伤程度和治疗、恢复情况而定。工伤假超过国家规定的，视为病假。发生工伤，先由部门经理与行政部共同初审，确定是工伤的，申请工伤假。

7. 婚假：3天，需要提供结婚证。

8. 产假：98 天（含假日），难产或剖宫产的增加 15 天。多胞胎生育，每多生育一个婴儿，增加产假 15 天。需要向公司提供医保医院出院小结及孩子出生证明。

9. 护理假：10 天。男性员工需提供结婚证、孩子出生证明享有带薪休假，并在孩子出生当月一次性休完。

10. 流产假：女职工怀孕未满 4 个月流产，享受 15 天产假；怀孕满 4 个月流产，享受 42 天产假（含假日）。

11. 哺乳假：对哺乳未满 1 周岁婴儿的女职工，在每天的劳动时间内可安排 1 小时哺乳时间，根据需要，哺乳假可累计连续休假 30 天。

四、假期审批流程

1. 普通员工：假期≤ 1 天，部门主管审批；1 天＜假期≤ 3 天，需部门经理审批；假期＞ 3 天，需总经理审批。

2. 主管级：1 天＜假期≤ 3 天，部门经理审批；假期＞ 3 天，需总经理审批。

3. 经理级：总经理审批。

说明：（1）员工休假采取逐级审批原则，未获公示批准的情况下，员工不得擅离工作岗位，否则按旷工处理。

（2）员工休假至少提前一天申请，因特殊原因不能办理请假手续的，应及时电话告知部门负责人说明情况，返回公司一个工作日内补齐请假手续。

五、附言

本制度自发布之日起开始执行，人事行政部有权对其修订。

本制度对员工不同的休假情况进行了说明，重点包括两个部分，一是对不同休假的类别进行介绍，二是休假审批说明。

第一个部分通过罗列方式来说明不同休假情况的休假天数，具体的休假条件，以及休假后的工资安排，是带薪休假或是需要扣除部分薪酬。

第二个部分着重说明申请休假的审批人员，通过审批的特殊要求，以及申请休假的准备事项。

9.2.2 如何安排值班事宜

遇到法定节假日，企业就要按照法律规定安排员工休假，但并不意味着企业全体员工都要离开工作岗位。事实上，结合企业的需要，为了保证公司或工厂的安全，需要安排一小部分员工进行值班，这是一种合理的工作安排。

当然，安排谁值班、值班注意事项以及值班工作有哪些都需要企业提前做出规定。不同的企业其值班的内容会有所不同，重视的地方也有差别，不过在以下几个方面基本都会涉及。

值班人员安排。值班人员的安排应该从部门到人员，首先确定需要值班的部门，最后确定需要值班的部门负责人，最后确定需要值班的人员。为了方便安排值班人员，行政部最好编制节假日值班表，如表 9-4 所示。

表 9-4　节假日值班表

时间	值班领导			值班员	
	姓　名	职　务	电　话	姓　名	电　话

值班时间作息。企业虽然规定了作息时间，不过上班期间和休假期间还是应该有所区别，为了减轻值班人员的负担，企业一般会放宽上下班时间，或是设为轮班形式。

值班工作内容。值班内容与正常的经营内容有很大的区别，在休假期间企业暂停了日常的经营活动，所以值班内容常常包括 3 点：①安全巡视，企业人员大多离开，企业内部的资料安全、电器安全需要保证；②处理突发事件，如客人突然来访，客户有附加要求；③维护企业的基本运转，包括机器设备、电器设备的维护，避免长时间未使用而变得不灵动。

禁止行为。值班工作可以说没有什么技术含量，但也有一些基本的注意事项，比如值班的出勤问题、安全事项。

9.2.3 节假日安全管理

安全问题一直是企业经营的重点，休假期间企业各部门人员都离岗了，因此管理人员更要注意企业内部的安全，可以通过相关安全管理制度来规范员工行为，指导员工工作。如下所示。

节假日安全管理制度

为确实加强安全生产工作要求，结合公司实际和近年来节假日及前后安全事故高发的情况，为确保节日生产现场安全，特制定本规定。

一、节日前注意事项。

1. 根据节日的长短，除常规管理外，各部门提前进行安全检查，消除安全隐患。

2. 加强安全宣传和教育工作，确保节前安全生产。

二、节日期间，因为休假，会出现管理人员不到位，员工作息混乱的情况，容易导致生产安全事故频发，因此应合理安排生产和休假的时间。

1. 节日期间确需要加班的，必须检查管理人员和作业人员是否到位，并满足要求，管理人员不到位不得进行作业。

2. 进行休假的生产现场，除安排值班保卫人员外，还应在放假前进行安全检查，处理完隐患后现场要封闭管理，非特殊情况，人员不得进入。

3. 节日期间，应安排管理人员和值班电话，有情况及时向上级有关领导汇报。

4. 节日期间，巡视小组需每日进行安全巡查，掌握相关工作场所的基本情况，避免出现火灾等意外事故。

三、节日后，若是长时间休假，可能难以及时进入工作状态，容易引发安全事故，因此应重视节日后的心态调整工作。

1. 确定收假日期，人员到位后，进行安全宣传和教育 。

2. 对现场进行节后检查，确认安全隐患消除后，方可组织生产。

3. 节假日后对员工状态进行检查，状态不佳者不得进入施工现场。

4. 针对节后情况，督促生产部门管理人员到位，关键人员不到位，不得进行生产作业。

四、其他。

1. 各部门在每次放假前 3 天，把各部门节日期间的计划上报公司安全生产管理部。

2. 各部门未认真执行本规定的，按照公司管理制度执行。

3. 本规定自 20×× 年 1 月 15 日开始执行。

该安全管理制度主要从 3 个阶段来设计安全管理的相关内容，行政人员可以有所借鉴，要知道节假日安全管理并不仅限于休假期间，休假前后的准备工作也是很重要的。

节日前主要应对安全检查和安全教育两个方面进行说明，一来避免员工因为放假太过兴奋而没有做好收尾工作，导致安全隐患；二来时刻加强员工安全意识，保证工作有序进行。

节日期间需要规范的内容就有很多了，包括巡视工作、管理工作和工作安排等内容，行政人员可根据公司的具体情况编写。

节日后员工的状态可能还没有回到工作中来，所以管理人员要注意员工状态的调整，并做好制度规定。可以选择的方式有工作会议、节后设备检查、员工状态检查或管理人员巡查。

拓展贴士 *休假通知*

企业依照国家法定节假日安排员工休假，需要正式发布通知，让全体员工知晓休假有关事宜，如下所示为通知模板。

关于20××年“××节”放假通知

公司各部门：

根据国务院20××年××节期间的放假部署，现将我公司节日期间的工作安排通知如下，请各部门提早准备，以保证各项工作的正常进行：

1. 员工20××年×月份出勤25天即为全勤（即×月公休天数为5天）。

2. 放假日期为20××年×月×日—×月×日。

3. 各部门可根据实际情况安排假期工作，并自行倒休。

4. 各部门注意电器设备的关闭、使用，部门无人值班要切断所有电源。

××有限公司

20××年×月×日

9.3 差旅管理流程

差旅管理流程展示如下。

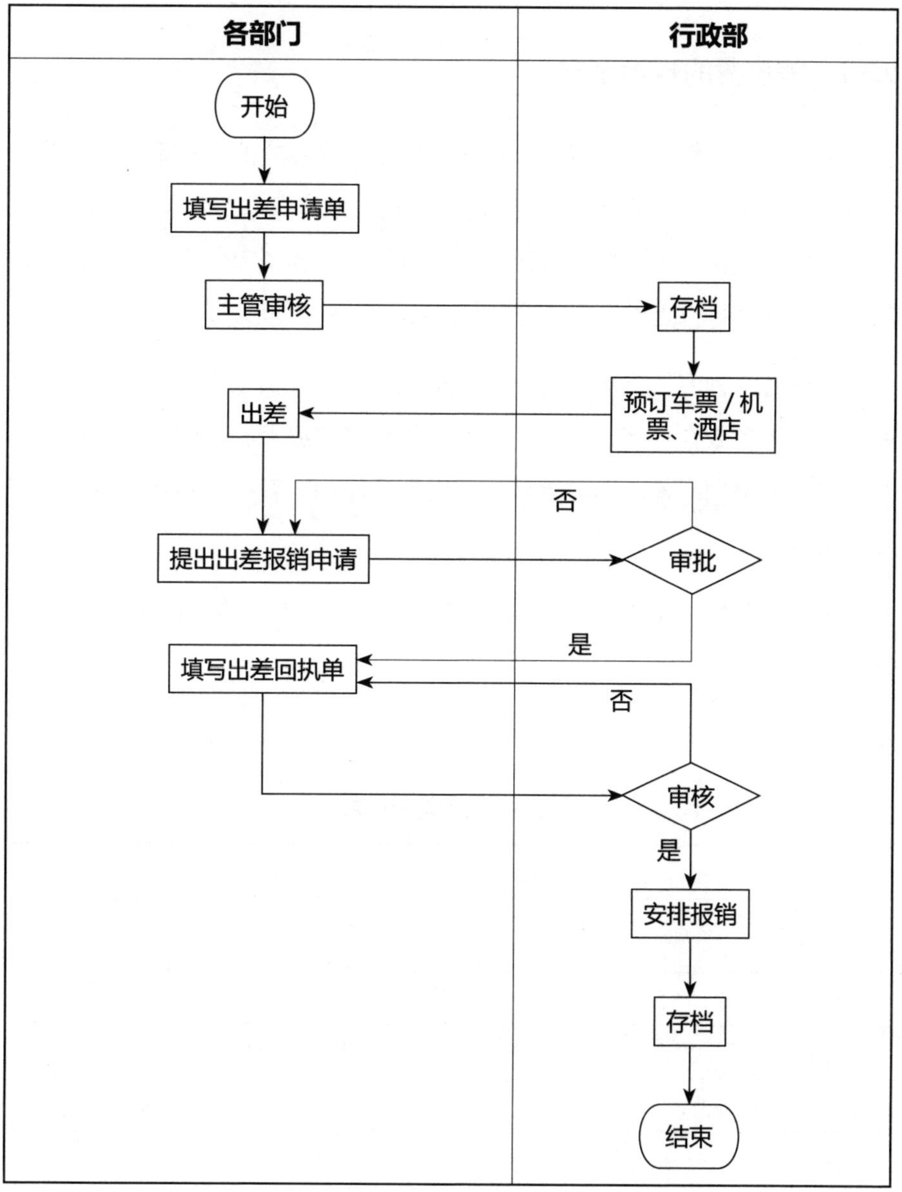

在企业的经营活动中，出差是一项极为普遍的经营活动，员工通过出差到外地临时工作，可以为企业带来更好的经济效益。不过相比于在企业内部工作，管理方面会有些不同。

9.3.1 差旅费的报销事宜

员工外出工作，差旅费的报销和支用是非常要紧的一项事宜，差旅费包括在出差期间因办理公务而产生的交通费、住宿费和公杂费等各项费用。对于企业来说这是一笔必须支出的成本费用，但为了节约企业成本，行政部需要对差旅费的使用标准做出规定，以免企业在无形之间受到损失。

企业有两种方式支出差旅费，一是提前支出，员工多退少补；二是事后报销。大多数企业都选择报销的方式来支出差旅费，这样员工会更加控制差旅费的使用限额。而对于差旅费的报销原则，管理人员和行政人员需要引起重视。

①差旅费必须在各部门预算总额内控制开支，超预算不得开支。

②员工出差必须事前提出书面申请，填制出差申请单，经其直属上级批准。凡未得事先批准的，一律不予报销。如表 9–5 所示为出差申请单模板。

表 9–5　出差申请单

姓　　名		部　　门		岗　　位	
预计出发日期			预计返回日期		
出发地			出差地		
交通工具	□飞机　□火车　□汽车　□飞机　□其他				
补贴标准	餐补：____　交通：____　通讯：____　住宿：____　其他：____				

<table>
<tr><td rowspan="3">客户信息</td><td>客户名称：</td></tr>
<tr><td>客户地址：</td></tr>
<tr><td>客户联系方式：</td></tr>
<tr><td colspan="2">出差事由：</td></tr>
<tr><td colspan="2">部门主管审批：</td></tr>
<tr><td colspan="2">财务部审核相关费用标准：</td></tr>
<tr><td colspan="2">总经理批准：</td></tr>
<tr><td colspan="2">备注：
1. 所有职位出差必须填写出差申请单，报总经办备案。
2. 部门主管以上职位出差，原则上须总经理批准后方可出差，遇特殊情况除外。
3. 员工出差报部门主管批准即可；但财务部需核实相关出差费用补贴标准并签字确认；最后报总经办备案</td></tr>
</table>

③员工出差途中，可能会出现因工需要，临时增加出差行程到新的出差地点，经出差签批人书面 / 邮件确认后，其增加的行程作为另一次出差时间，与原出差时间不连续计算。

④划定差旅费标准，包括员工的交通费、住宿费、餐饮费及其他补助费用。

员工想要报销差旅费除了按照企业规定的标准外，还要遵循报销的基本流程，只有按照标准的流程才能完成报销，如图 9–3 所示。

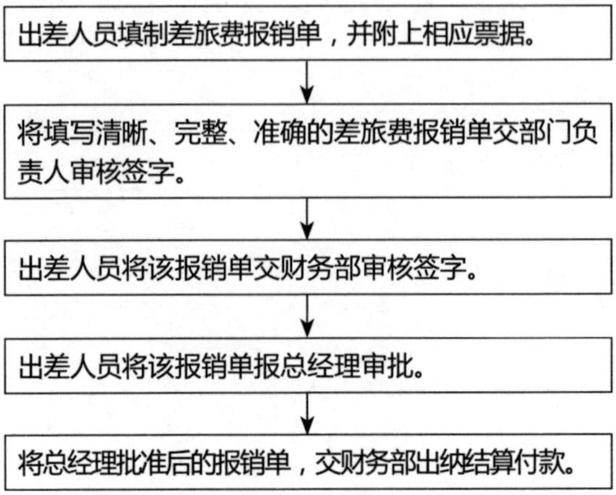

图 9-3　差旅费报销流程

9.3.2　设计出差管理制度

除了差旅费的相关事宜，员工出差涉及的重要事项还有很多，包括出差申请、出差补贴标准以及票据审核等。对于这些重要的事项，行政人员最好设置管理制度来帮助规范各部门涉及人员的操作。

案例实操 公司员工出差管理制度

一、目的（略）

二、范围（略）

三、职责与权限

1. 行政部：负责本制度的制订、修改和解释。

2. 财务部：按本制度规定负责出差费用的审核和 1 000 元以内费用额度的审批付款。

3. 总经理：负责 1 000 元以上（含 1 000 元）费用额度的审批。

四、管理规定

1. 出差类别。

(1) 常规出差。(略)

(2) 特殊出差。(略)

(3) 活动出差。(略)

2. 出差签核程序。

(1) 业务员申请出差。

出差人员应提前3日办理出差申请，填写出差审批单，注明出差时间、地点、路线、事由以及所需资金等信息，经部门负责人签署意见，上级领导批准后方可出差，出差审批表批准后交行政部备案，按出差审批单记录考勤。

(2) 公司指派出差。

即由公司原因（业务需要、培训、外部培训或会议等）指派涉及岗位人员出差，由指派人填写出差审批单，申报流程按以上规定执行。

3. 出差借款。

(1) 借款流程。

出差人员借款需持经批准的出差审批表，填写“借支单”，经主管领导批准，财务负责人审核后方可借款。

(2) 借款时，本着“前账不清、后账不借”的原则，延误工作责任自负，特殊情况由主管领导特批。

(3) 出差回公司应在一星期内完成差旅费报销，凡与原出差申请单规定的地点、天数不符的，原则上差旅费不予报销，因特殊原因或情况需改变路线、天数的，经分管领导签署意见后方可报销。

4. 出差补贴标准。

（1）住宿、伙食补贴标准。（略）

（2）交通工具乘坐标准。（略）

5. 出差报销规定。

（1）住宿、伙食报销标准。（略）

（2）交通工具标准。（略）

（3）发票取得与票据要求。

①费用报销人员须及时取得合法、合规和金额正确的发票，否则审核人员有权退票或核减该部分费用。

②票据的粘贴。（略）

（4）费用审核规定。

费用的审核实行三级审核制度，即部门经理审核、财务部审核以及总经理审核……

（5）报销程序规定。

①一般来说，当月发生的费用必须在月内报销，如有特殊情况，最迟于次月 10 日前报销完毕，报销时间超过 3 个月，财务部有权不予报销。

②财务部人员审核发现不符规定的单据应立即退还报销人。

③会计与出纳人员结算（或付款）时务必查看报销人前期借款情况，且应先冲账后付款。

该制度分为职责和要求两个主要部分，首先对涉及的各部门职责进行说明，通常只会涉及行政部、财务部、总经理以及各部门负责人。

然后说明各重点事项的有关规定及要求，这里包括出差签核、出差借款、出差补贴标准以及出差报销规定，并对每一项内容进行具体规定。

9.4 企业员工出入管理流程

企业员工出入管理流程展示如下。

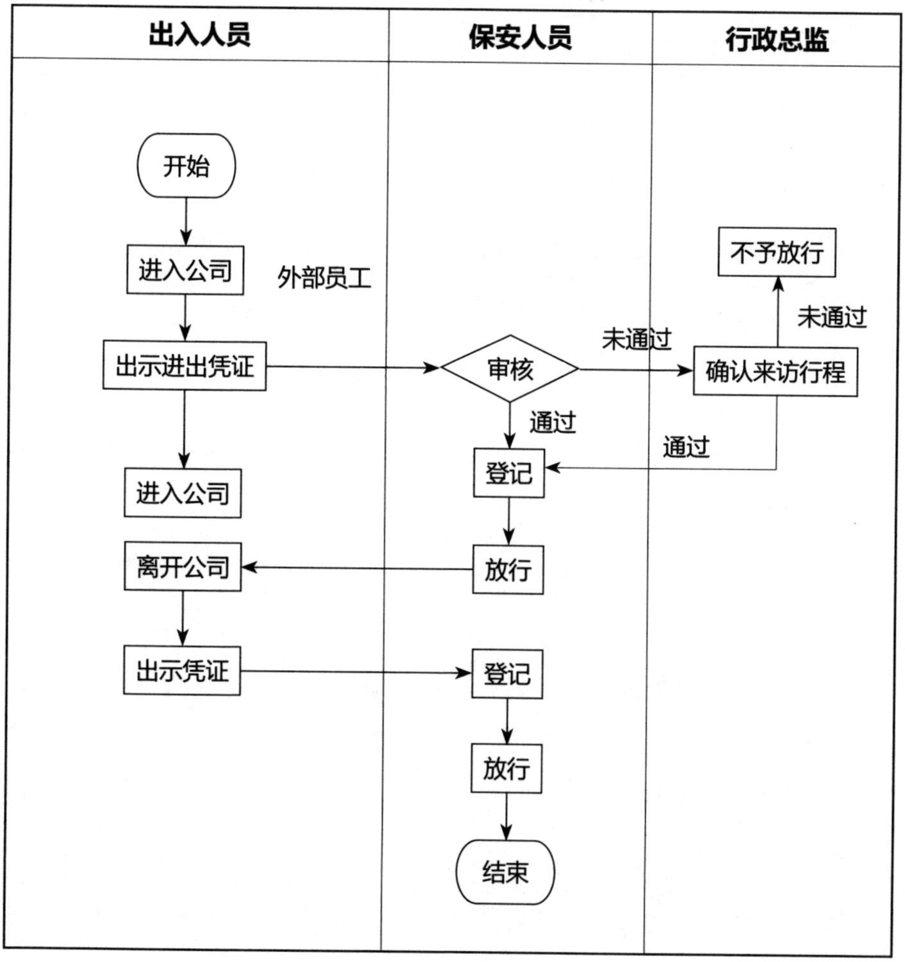

企业内部一般会涉及不同的经营活动，自然要与不同的人员及客户打交道。为了企业内部不混入闲杂人员，行政部应该对人员出入进行管理，由于内部人员有统一的门禁卡，所以应该更加重视外部人员的出入情况。

9.4.1 内部员工的出入管理

从内部员工出入管理可以了解到公司内部是否松散，对于管理严格的公司，其对内部的安全和隐私都很注重，所以会严格控制人员的出入。内部员工进出公司基本没有什么限制，不过需要注意以下一些事项。

①门禁打卡，进出一般都需打卡。

②工作牌的佩戴，主要保证企业的专业度和人员识别。

③上班时间出入登记，可以保证员工不随意"上班摸鱼"。

如下所示为某公司内部员工进出管理规定的相关内容。

公司内部员工进出管理规定

1. 内部员工进出公司，必须佩戴工作牌，工作牌必须清楚显示姓名及近照，进入相关区域需要刷卡。

2. 如需在双休日和节假日加班的员工，请随时携带工作牌并在门卫处做好加班人员登记。

3. 保安必须严格按人事部提供的人事清单对进出员工进行日常检查，要保证姓名和照片与本人一致。

4. 严禁员工携带违禁品进入公司，一经发现，立即送交公安局处理。(违禁品指有攻击性或有杀伤力的危险品，如武器、易燃易爆品及毒品)

5. 员工工作牌若损坏或遗失，必须立即通知人事部备案并同时申请补发新工作牌。

6. 员工上下班必须打卡，且不得由他人代打。

7. 公司员工上班时间外出应填写员工外出单，经部门主管确认后才能外出，保安应在外出人员登记表上登记，并监督员工刷卡。

8. 严禁与工作无关人员在门卫值班室逗留，非值班人员无特殊情况不得进入值班室。

9. 人员进出登记表记录保存不可少于6个月。

10. 新招聘的员工前来面试，需持公司人事部发出的面试通知单，并经通报确认后方可进入。

11. 员工因工作需要到公司其他部门，尤其是生产部门时，需先经本部门岗位主管授权，并做相应登记后方可进入。

9.4.2 外来人员的出入管理

与内部员工不同，外来人员进出公司对公司的秩序维护有一定影响，除了安全隐患，还要保证公司的机密材料不外泄。所以对外来人员进出公司的要求更高、更严苛。主要可从以下几个方面进行规定。

①进门处检查，一要核实来访人员身份，二要登记，三要确定来访事宜。

②确定禁行区域，保证机密区域的安全。

③确保来访人员 一直有人陪同。

如下所示为某公司设计的外来人员进出公司管理规定，可作参考。

外来员工进出管理规定

1. 外来个人、供应商等业务会谈人员进入公司时，保安先敬礼再询问其来访目的及对象，并要求其出示本人身份证或工作证等相关证件，并在人员进出登记表上如实填写姓名、单位、来访目的及被访人的部门，经保安检查无疑问后，按人数发放访客证。

2. 来访人员需在来访期间一直佩戴访客证，且在公司逗留期间，未经相关人员授权情况下不得擅自出入所有限制区域（包括生产区域、仓库或其他安全限制区域）。

3. 保安电话通知相关被访人员，在得到其允许后才由带领来访人员与被访人员会面，交代清楚后方可离开。如被访人不在公司，应委婉地回答客人，并登记来宾联络电话、姓名，方便日后转达。

4. 来访人员在公司期间，被访人员须一直陪同，如因事离开需叫人代为陪同。

5. 如要接待贵宾，行政部办公室必须及时通知保安室，保安在客户到访时按办公室的要求核查身份并发给贵宾证，登记后可直接带客人到办公室。

6. 所有来访人员出厂（包括临时外出），实行同一个门口登记进出的原则。

7. 保安须检查人员进出登记表，客户离开时在对应位置签名并收回访客证，送客出门。

8. 保安应对来访人员所带物品进行检查，合格后方可进入公司。

9. 来访者如需连接公司局域网，则其电脑必须先经信息管理部安检，合格后方能连接。

流程办事

第10章 财务与物资管理

企业的年度目标预算与物资采购是前后呼应的，企业首先根据实际情况计划经营目标，然后根据经营目标确定生产量，再通过生产量计划采购量，以保证企业的生产经营活动顺利进行。

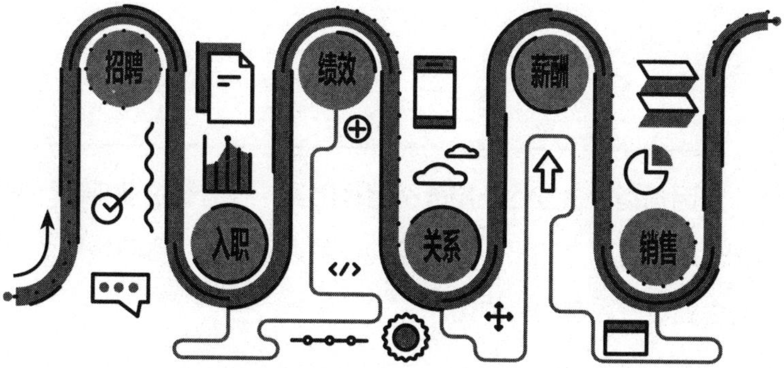

10.1 年度经营目标确定流程

年度经营目标确定流程展示如下。

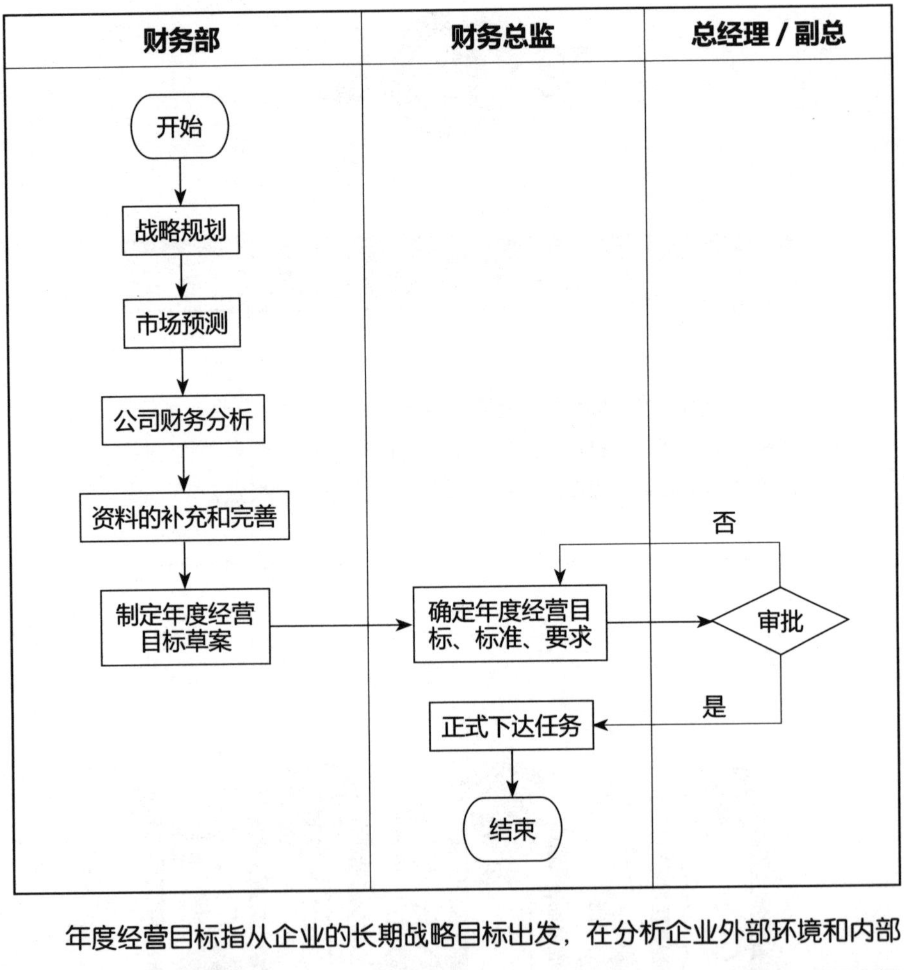

年度经营目标指从企业的长期战略目标出发，在分析企业外部环境和内部条件的基础上所制订的公司下一年度各种经营活动所要达到的境界或所要取得的结果，是企业经营思想的具体化。

要确定企业年度经营目标需要财务部对内外部环境进行分析，然后编制年度经营目标预案供领导层审核。

10.1.1 市场预测的基本步骤

市场预测是对市场上各种信息进行分析，通过有效科学的预测方法，对企业未来经营的方向、趋势进行分析。

要想市场预测有序进行，需要遵循一定的程序和步骤，以便统筹，具体应包含以下步骤。

1. 确定目标

要进行市场预测，首先要明确目标，因为预测目标不同，应该了解的内容、信息和资料就会不同，选择的预测方式也会不同。确定预测目标，才能有针对性地找出经营中的问题，再根据经营活动存在的问题，列出需要预测的内容及项目，从而确定预测工作计划。

2. 搜集资料

确定了目标后就要开始搜集有关的市场资料了，详细的资料是进行分析的前提和基础，所以相关人员一定要动用各种手段，保证搜集到全面、真实的资料，这样才能进行后续的工作。

3. 选择预测方式

选择合适的预测方式是市场预测的关键，预测的内容不同选择的方式也会有差异，有时也会通过运用多种预测方法来预测同一目标。主要通过研究对象特征和有规律的变化模式，来计算或处理，得到预测结果。

4. 分析修正

得到预测结果后，还要进行最后的确认，综合对比搜集到的市场信息，判断预测结果的合理性，查看预测结果是否遵循市场发展趋势。在分析评判的基础上，对预测结果的不合理之处进行修正。

5. 编写报告

为了展示预测结果，需要编写报告说明书，预测报告的内容应该包括预测目标、预测对象、预测因素的分析过程、运用的主要资料和数据、预测方法的选择、模型的建立、对预测结果的评估以及最终预测结果等。

10.1.2　设计年度经营草案

企业的经营目标并不是一个简单的、模糊的概念，应该非常具体，能够让相关部门员工开展实施的经营目标。可以通过编写经营草案，上交管理层审核，再下发员工操作。

年度经营草案有两种书写形式，一是根据管理或经营的要点来罗列，如公司整体目标、人事管理目标、营业目标及技术研发目标等；二是分部门罗列年度经营目标，如生产部、销售部和财务部等。

如下所示为某公司年度经营目标计划草案，清楚列明了该公司某年度的经营目标项目。

公司年度经营目标

一、公司 20×× 年度经营目标

1. 公司总体目标

（1）预定偿还上年度短期借款 1 000 万，使负债比率低于 80%。

（2）营业额达到 2 亿。

2. 人事管理目标

（1）全公司总人数以 150 人左右为标准。

（2）改进职位分类、薪金体系。

（3）每年派两名员工到日本 ×× 公司进修。

（4）建立经理级以上员工住宅制度。

3. 营业、采购、生产目标

（1）设立 5 个分公司。

（2）A 产品不良率降至 5% 以下。

（3）B 产品进口到岸价每吨控制在 ×× 元以下。

4. 会计、财务目标

（1）总资产尽可能控制在 5 000 万元左右。

（2）加强企划部门的预算控制。

二、公司 20×× 年度各部门经营目标

1. 总经理办公室目标

（1）拟出内部监察计划。

（2）关于经营计划与实绩，以图表形式表示整体的概象，并拟出具体的图表管理方案。

（3）为新的组织拟订职务权限规则。

（4）做好新投资机会的投资报酬率分析。

2. 生产部门目标

（1）拟订使产品合格率达到 85% 的计划。

（2）拟订适当计划，以使不良产品比率降到 1% 以下。

（3）以 1 200 万元于 4 月份更换生产机器设备，以便能降低成本 10%。

3. 总务部门目标

（1）拟出年内例行事项的实施计划表。

（2）拟订综合控制计划，重点放在推销员与管理职员上。

（3）拟订修订薪金与改善薪金体系的具体计划。

（4）与有关人员协商，拟订员工的医疗计划。

4. 营业部门目标

（1）拟订有关采购商品的计划。

（2）按月拟订销售促进计划。

（3）把销售重点放在A、B、C三个产品上，希望能使其销售额达到总销售额的75%以上。

（4）拟出更换公司货车的计划。

5. 会计部门目标

下年度须把重点放在资金运用效率上，希望每月召开经营会议时，能提出月资金设计调度计划实绩对照表。

……

拓展贴士 *制定年度经营目标的原则*

1. 市场原则，年度经营目标必须符合市场客观需求，以市场预测为基础。

2. 股东期望原则，公司的发展必须有利于公司股东价值的增长，体现为净资产收益率或每股净利。

3. 充分挖潜原则，考虑行业权益利润率平均水平，充分挖潜预算目标。

10.2 物资采购管理流程

物资采购管理流程展示如下。

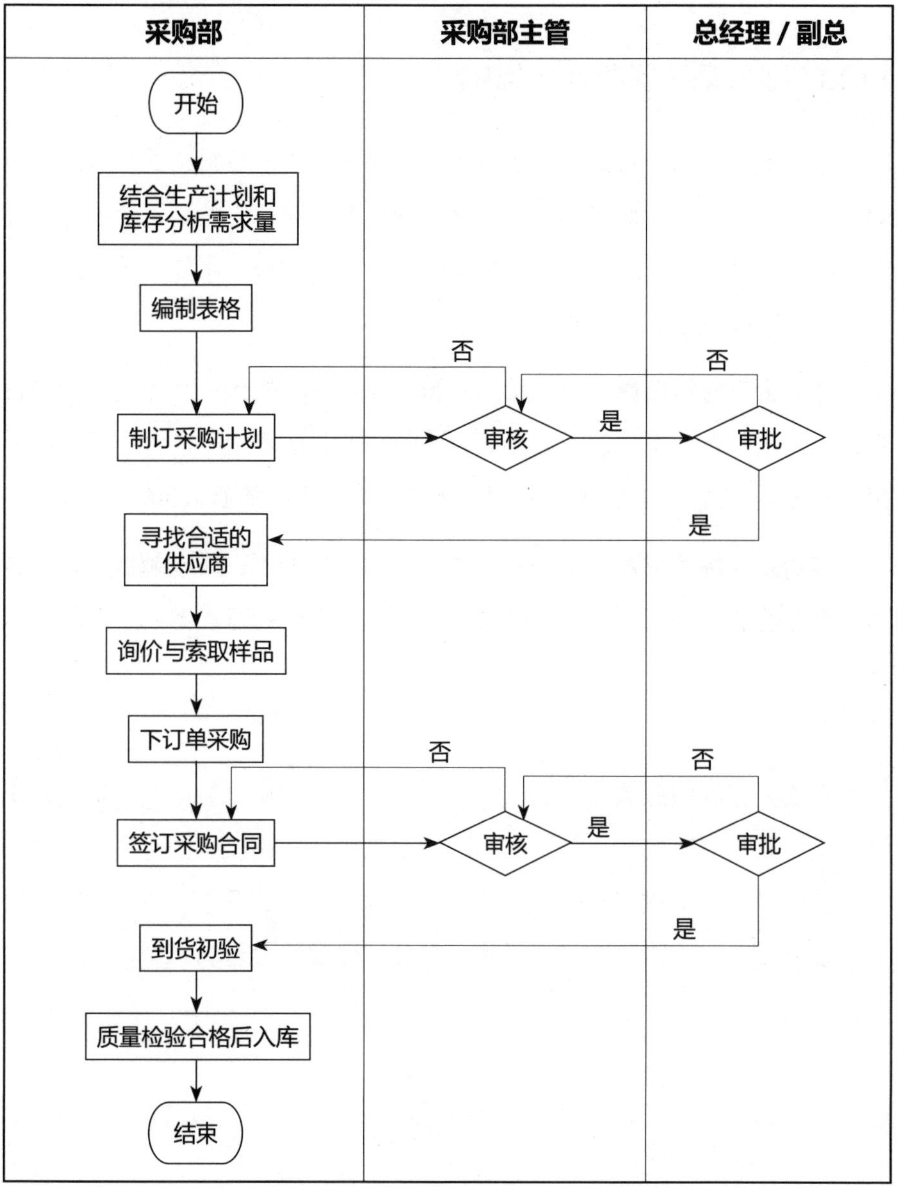

企业内部物资指各种生产资料和使用设备，物资的完备能够保证企业的经营有序进行，所以企业内部的物资应该源源不断地提供，这就需要采购部门对物资进行管理并及时按需采购。

10.2.1 了解采购管理的重点内容

采购部员工的日常工作就是为企业不断购进生产资料，这是采购人员的核心工作，不过所谓采购并不是这么简单的工作，采购是一个循环的过程，而做好采购管理能够更有序地安排采购人员的日常工作。那么采购管理具体包括哪些重点内容呢？

把控生产材料质量。虽然采购人员一般在熟悉的供应商处购进生产材料，不过随着企业发展，采购员工要不断拓展供应商范围，为企业找到质量更高的生产物资，原材料的质量提高了，企业产品的质量自然会更高。

节约企业经营成本。企业利润由成本和销售控制，成本越低，销售越多，企业的利润越高，发展就越快。而采购成本在经营成本中所占的比重很大，所以对采购成本一定要有所限制，要尽量以较低的成本采购到质量较高的物资材料。

形成完善的供应渠道。供应商的选择对成本和质量的影响都很大，采购部不能将所有物资的采购都交给同一个供应商，也没有必要拓展较多的供应商。最好是形成完善的供应渠道，控制供应商的数量，避免垄断。可以通过设定关键因素对比，计算综合得分，保留较合适的几个供应商。供应商对比分析表如表 10-1 所示。

表 10-1 供应商对比分析

备选供应商	关键要素分析			总分
	单价（1 ~ 5分）	质量（1 ~ 5分）	距离远近（1 ~ 3分）	
供应商 A	3	5	3	11
供应商 B	5	3	2	10
供应商 C	5	2	1	8
供应商 D	1	5	3	9
供应商 E	2	2	3	7
备注	1. 各关键要素分别设置分数，得分越高，则在此要素上越有优势。 2. 根据总分评估各供应商的排名			

维持供应商黏性。对于合作的供应商要注意维护彼此的关系，这样在需要采购的时候才能尽快协商好，对方能迅速了解企业的需要，己方也能了解对方的价位，这样能极大地提高采购效率。

展示企业的规模和专业。采购人员与供应商打交道时要注意展现自身的专业和企业的规模，不能给供应商留下不好的印象，以免影响后续的合作，或是在业内形成不好的口碑。

10.2.2 制订采购计划

采购计划指企业相关管理人员在了解市场供求情况和企业生产经营过程中的物料消耗规律的基础上，对计划期内物料采购管理活动所做的预见性安排。主要有以下 3 点作用。

- 能够有效规避物资不足带来的风险，减少损失。
- 为企业组织采购提供了依据。
- 有利于资源的合理配置，以取得最佳的经济效益。

采购计划不是凭空产生的，采购部的管理人员在编制采购计划之前需要提前参考一些资料，具体包括以下几点内容。

①企业的经营目标和经营计划是所有工作的基本依据，采购工作也不例外，应该按照本年度的经营计划来设计采购计划。

②了解企业产品的市场环境，根据当前的市场份额，预测企业未来的市场份额，科学地预测相较上一年产品的生产总量是否会增多，这样才好预估采购物资的种类、数量以及采购时间。

③采购计划建立在采购预算的基础上，采购预算建立在公司资金的周转情况上，采购量若是过多很可能导致公司资金周转困难。

④采购量要根据需求量而来，这其中不能不考虑的就是库存量了，应该保证库存量 + 采购量 = 需求量。

⑤采购物资要分类采购，其中紧急物资要优先考虑，保证随用随有，以免影响生产经营。

编制采购计划时要清楚应该包含的基本内容，这样才能逐渐补充完善采购计划，以下 4 项内容是采购计划的主要内容。

- 罗列生产所需物资，写明物资名称、质量标准、数量以及规格型号等基本要素。
- 说明采购资金预算及支付情况，具体包括物资单价、总价和付款方式等内容，这样财务部能提前安排款项。
- 所需物资的用途和存储方式也应该进行说明，可以让相关管理人员了解采购物资的必要性，并提前安排仓储环境。
- 采购物资的最迟到货日期和使用部门也是非常重要的，到货日期决定了使用日期，确定了到货日期就能保证生产活动能及时使用。使用部门的说明可方便仓库及时安排相应物资到相应部门。

要编制出完整的采购计划，生产部要积极与销售部、财务部及管理人员沟通，确定各个环节的关键因素，如图 10-1 所示为编制采购计划的基本步骤。

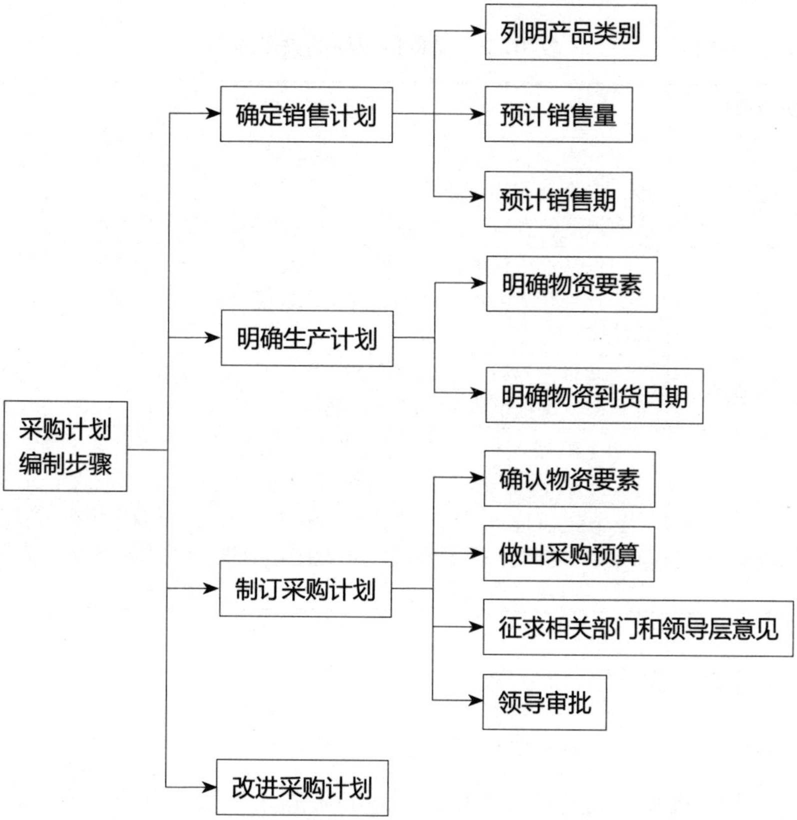

图 10-1 采购计划编制步骤

10.2.3 寻找合适的供应商

对于采购人员来说，其基础的工作之一就是寻找合适的供应商，不过在互联网的时代，信息爆炸，要找到合适的供应商业也不是一件容易的事，采购人员需要做好 4 个方面的准备。

1. 了解好的供应商应具备的特性

要找到各方面不错的供应商，采购人员心中要对供应商有一定的要求，这样才能衡量和筛选众多的供应商，具体可按照表10–2所示的关键点进行考察。

表10–2 衡量供应商的关键点

关键特性	具体内容
企业负责人	在与供应商交流的时候，要注意对方负责人的专业度和工作态度，一个公司的企业文化最容易在其领导人员身上显现。若是负责人有风度、有担当，则该供应商提供的物资质量有保证
规模	可以从供应商的人力资源、能够提供的物资数量来判断其规模大小，规模较大的供应商不容易倒闭，能够持续稳定地为己方提供所需物资
生产设备	考察供应商时可以到对方的工厂参观，查看其有关机器设备是否完备，这是提供有关产品的基础
人员技术	员工的技术和工作能力是供应商能否提供保证质量的物资的前提，所以采购人员有必要了解供应商生产过程或原材料提取过程
管理制度	公司的管理水平决定了公司的整体水平，一个健全的公司需要完善的管理制度，采购人员可以从供应商的管理制度中看到其各部门的职责以及工作协调性，并判断对方的发展前景

2. 掌握寻找供应商的方式

要为企业选择合适的供应商，首先要有一定数量的备选供应商，这些供应商应该从哪些渠道去寻找呢？不同的采购人员有各自的渠道，最主要的方式是通过专门的采购网站了解广泛的信息。

网络带给我们非常大的便利，不仅个人可以在网站上购买生活用品，对企业来说，也能在网站上寻找需要的供应商采购物资、物料。可对网站上提供的供应商信息进行汇总，以便评估。

所以采购人员应该多了解一些采购网站，如下所示为比较常见的采购网站。

招标与采购网（https://www.zbytb.com/），这是一个综合型的采购网站，为招投标中介机构、各类供应商、采购商以及海内外机构提供项目招标、采购以及招商等信息的发布与查询。首页如图 10-2 所示。

图 10-2　招标与采购网首页

阿里巴巴（https://www.1688.com/），该网站是阿里巴巴集团旗下的全球采购批发平台，涵盖工业、商业和日常采买，规模大，还可通过阿里旺旺与供应商沟通，操作非常方便，首页如图 10-3 所示。

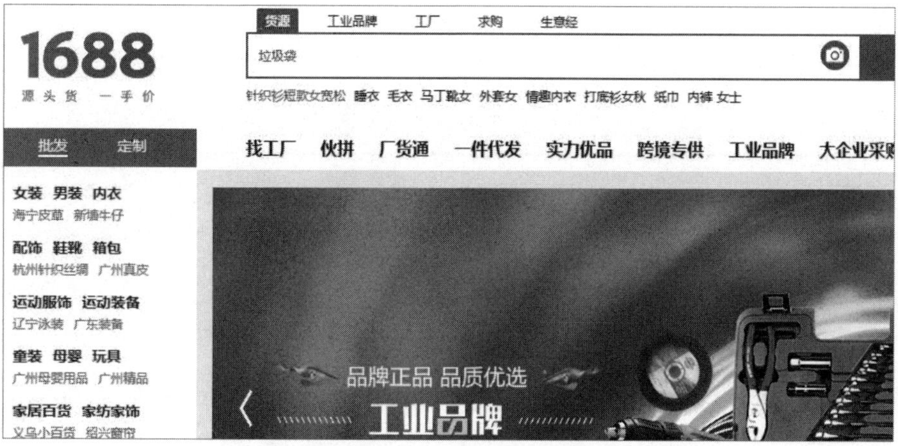

图 10-3　阿里巴巴首页

中国制造网（https://cn.made-in-china.com/），是国内综合型第三方B2B电子商务服务平台，致力于为国内中小企业构建交流渠道，其网站首页如图10-4所示。

图10-4 中国制造网首页

除了此类综合性的采购网外，还有一些专门的行业采购网站，采购人员可以根据企业业务着重了解，如表10-3所示列举了一些常见行业的采购网站。

表10-3 不同行业的采购网站

行　业	采购网站
办公用品	科力普办公用品采购平台（https://www.colipu.com/） 海创恒源办公用品采购平台（https://www.hcbuy.com/） 飞扬办公用品采购平台（http://www.fy123.cc/） 易优百办公用品采购平台（http://www.ey100.com/） 文驹1号采购平台（https://www.wjyh.com/） 得力办公商城采购平台（https://b2b.nbdeli.com/） 齐心办公采购平台（https://www.comix.com.cn/）
化工	中国化工网（http://china.chemnet.com/） 化工采购网（http://www.zbqd.com/）

续表

行　业	采购网站
生物化学	阿拉丁采购平台（https://www.aladdin-e.com/） 国药试剂采购平台（https://www.reagent.com.cn/）
机械	中国机械网（http://www.jx.cn/）
纺织	纺织网（http://www.texnet.com.cn/）
电子元件	e络盟（https://cn.element14.com/）

现在很多企业都依靠采购网来寻找供应商，可以极大地节约时间和资金成本。不过，在网上寻找供应商最大的问题就是无法面对面与其交流，实地考察也很费劲，所以供应商的资质确认非常重要。可通过以下一些方式来考察供应商的资质。

①通过供应商的企业名称，查询其官网，通过官网的设计和内容可以大致了解公司的整体情况，尤其是规模较大的企业其官网一定有所设计。

②可以进入“国家企业信用信息公示系统（http://www.gsxt.gov.cn/）”查询企业基本的注册信息，最重要的就是成立时间和注册时间。如图10-5所示。

图10-5　国家企业信用信息公示系统官网首页

③网络联系供应商，要求其提供企业营业执照等相关证明文件，作为考察信息。

④可以通过其来往客户了解供应商的业务水平，这需要采购人员要求供应商提供其客户信息，可能有的供应商不愿透露。

⑤实地考察永远是最有效的方式，不过要根据环境条件来判断可行性。

拓展贴士 *采购人员需掌握的网址*

对于采购人员来说，无论是供应商的资质、物流情况及交易状况等都是不容马虎的问题，所以要找到好的工具帮助自己。

1. 企业资质查询

全国组织机构统一社会信用代码公示查询平台（https://www.cods.org.cn/）

2. 物流问题

国家邮政局申诉网站（http://sswz.spb.gov.cn/）

3. 失信情况查询

①中国裁判文书网（https://wenshu.court.gov.cn/）

②中国执行信息公开网（http://zxgk.court.gov.cn/）

4. 发票查询

国家税务总局全国增值税发票查验平台（https://inv-veri.chinatax.gov.cn/）

5. 综合查询

天眼查（https://www.tianyancha.com/）

除了采购网站以外，采购人员还可以通过自己的人脉了解不同的供应商，在日常工作或生活中积累一些可靠的供应商；或是找专业人士进行推荐，总之要把寻找供应商当作长期、持久的工作。

3. 供应商的评估

寻找到一些合适的供应商后，采购人员还要对这些供应商进行评估筛选，基本要遵循以下 3 个原则。

- ◆ 不符合标准的供应商直接淘汰。
- ◆ 各方面条件普通的供应商，列入备选名单中，不宜大量采购。
- ◆ 各方面或某些方面优秀的供应商，作为主要合作对象，大量采购。

对供应商的评估应该各方面因素综合考虑，包括最低价、最高价、地理位置、质量标准及付款方式等。可通过图 10-6 所示的方式对供应商进行评估。

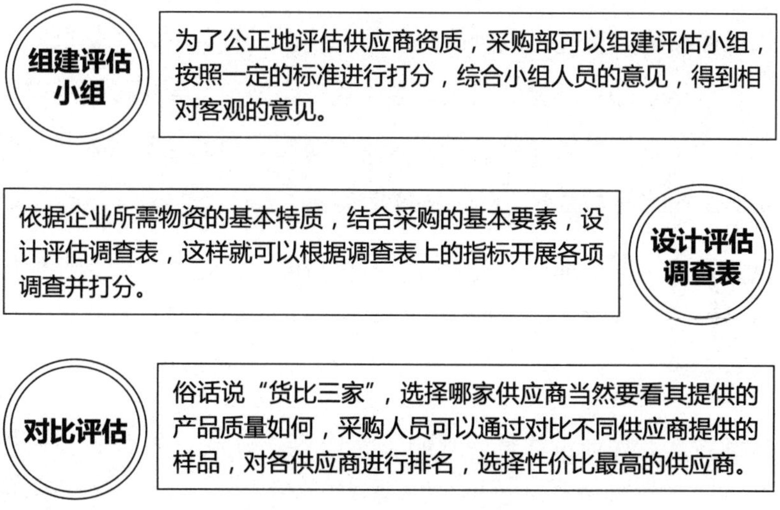

图 10-6 评估供应商的方式

4. 供应商考核

供应商选择完成后，企业需要对供应商提出自己的要求，或是给予其技术、管理上的辅导。并持续对供应商进行考核，从其每次交货的日期、货物的品质以及售后等方面考察供应商的整体工作效率，可按照优、良、差的等级进行评估，每次考核都能保持较高水平的供应商可以发展为长期供应商。

10.2.4 掌握与供应商谈判的重点

采购人员选定供应商后，就要联系供应商与其交谈合作事项。如何在满足企业要求的同时降低采购成本？如何让供应商为企业提供便利的服务？如何保证企业自身的权益？这些都要在与供应商的谈判中达成。所以采购人员要重视谈判的重点内容和准备工作。采购谈判的主要内容应该围绕以下几个部分。

供应商概况。首先可围绕彼此的基本情况进行谈判，了解供应商的基本情况，包括其基本规模、员工人数、业务类型、主要提供产品以及年供货数量等，了解清楚后才能进行下一步的谈判。当然，采购人员也要向供应商说明企业的基本需求、对产品的要求等。

供货方式。交货地点、交货时间和供货的方式直接影响企业使用物资的及时性，为了方便企业，采购人员一定要与供应商确认供货的细节，保证供货及时性。

付款方式。如何付款是谈判的重点内容，付款方式有很多，包括预付、现金、转账和承兑结算等， 选择不同的付款方式，对企业的经营成本和利益都有影响。比如同样的条件下，预付结账就会使企业承担一些风险。

维修要求。企业不能放弃自己任何的权益，收到货物后，不能代表供应商的服务结束了，其还应该承担维修、维护及更换产品的责任，这点一定要向供应商提出来。

为了更好、更专业地与供应商沟通，采购人员需要做好相应的准备，才能在谈判中随机应变，达到企业的基本要求。

首先，采购部应该做好谈判计划，明确谈判的目标、人员、时间、基本内容和基本策略，这样才能有备无患。

其次，应该准备好相关资料，俗话说“知已知彼，百战百胜”，掌握的资料越多，就越占据有利位置。不只是对方的资料（规模、经营能力及发展状况），己方的状况也该了然于心，包括市场发展状况、产品的价格涨幅情况等。

另外，要想交易成功，一定要确认彼此的底线，守住自己的底线谈判才有意义，不触碰对方的底线谈判才能成功。不过在谈判时要努力往己方的理想目标去谈，可以设计几份不同的谈判方案对应不同的谈判目标，如最理想的目标、普通目标和最低目标。

最后，要运用好谈判的各种策略和技巧，包括罗列企业的优势和劣势，并写出有针对性的谈判方式；制订紧急情况下的应急方案；谈判语言的训练，避免口语化，能显示出企业的专业程度。

10.2.5 签订采购合同才算合作成功

采购合同是经企业与供应商双方谈判协商，一致同意而签订的“供需关系”的法律性文件，合同双方都应遵守和履行。签订合同的双方都有各自的经济目的，采购合同是经济合同，双方受《中华人民共和国经济合同法》保护并承担责任。

采购合同是商务性的契约文件， 这类合同的内容条款一般应包括以下一些内容。

◆ 企业与供应商双方的全名、法人代表，以及双方的通讯联系方式，如电话、电子邮件及传真等。

◆ 采购货品的名称、型号和规格，以及采购的数量。

◆ 价格和交货期。

◆ 交付方式和交货地点。

◆ 质量要求和验收方法，以及不合格品的处理。若另订有质量协议，则在采购合同中写明见“质量协议”。

◆ 违约的责任。

如下所示为常见的采购合同范本，可以借鉴使用。

案例实操 ××公司采购合同范本

编号：

甲方：

乙方：

签订地点：

一、根据《中华人民共和国合同法》，经甲乙双方协商，签订本合同。

二、供应设备

序号	使用单位	品名	品牌型号	规格	产地	保修期	单价（元）	数量（套）	采购金额（元）
1									
2									
3									
4									
5									

三、质量与检验

1. 乙方须准时提供全新的、包装完美无破损的、备件齐全的并且完全符合国家的有关质量标准的设备。

2. 设备验收包括：数量、外观质量、备件备品、装箱单、技术参数资料（中文）以及设备安装调试运行良好。

3. 设备应钉有铭牌（包括制造商、设备名称、型号规格和出厂日期等）并附有产品质量检验合格标志。

四、交货及验收

1. 合同签订后，乙方免费送货至交货地点且由甲方负责收货（企业名称：××；地址：××；电话：××）。

2. 在货到后3天内，乙方免费完成设备安装调试工作。

3. 设备验收：使用单位按国家规定的标准或厂方出厂标准验收，使用确认设备运行良好，并在验收报告上签字盖章。

五、付款方式

1. 乙方提交合同、验收报告、发票复印件（加盖采购单位公章）和拨款凭证复印件给甲方采购部。

2. 甲方15天内用转账方式支付货款。

六、售后服务

1. 乙方提供的免费上门保修服务，自验收报告签字之日起计算。

2. 保修期内设备出现故障，属于产品质量问题，由乙方负责维修，不再收取费用；属于人为造成的，乙方提供服务，但须收取材料费。

3. 设备故障在检修8小时后仍无法排除，乙方应在24小时内提供不低于故障设备规格型号档次的备用设备使用，直至故障修复。

4. 保修服务方式，即由乙方免费派员工到使用单位现场维修。

七、培训

1. 乙方免费向使用单位提供设备的基本使用的培训。

2. 培训时间由使用单位安排进行 1 ～ 2 次集中的培训。

八、违约责任

1. 甲方无正当理由拒收设备、拒付设备款的，向乙方赔付货款总值的5%违约金。

2. 甲方逾期支付设备款的，向乙方赔付欠款 5% 的违约金。

3. 乙方所交的设备品种、型号或规格不符合合同规定的，甲方有权拒收设备，乙方赔付货款总值 5% 的违约金。

4. 乙方不能交付设备的，向甲方赔付货款总值 5% 的违约金。

5. 乙方逾期交付设备，向甲方赔付逾期交货部分货款总额 5% 的违约金。逾期交付超过十天，甲方有权终止合同。

九、争议及仲裁

1. 因设备的质量问题发生争议，由 ×× 市技术监督局或其指定的质量鉴定单位进行质量鉴定。设备符合质量标准的，鉴定费由甲方承担；设备不符合质量标准的，鉴定费由乙方承担。

2. 因本合同引起的争议，双方应协商解决，也可以向合同签订所在地人民法院提出诉讼。

十、本合同一式两份，甲乙双方各 1 份，自双方签字盖章之日起生效。

甲方：	乙方：
地址：	地址：
法人代表：	法人代表：
委托代理人：	委托代理人：
电话：	电话：
传真：	传真：
邮政编码：	邮政编码：
开户银行：	开户银行：
账号：	账号：
年 月 日	年 月 日

一旦签订采购合同，双方的权益和责任就成为定势，所以在签订采购合同时要格外小心，注意以下几点。

审查供应商的资质。合同签订之前一定要审核对方的各种运营资质，包括营业执照、经营范围，以及对方的资金、信用及经营情况，是否有过仲裁等。如果有担保人，也要调查担保人的真实身份。

若出面签约的是业务人员，要注意查看对方提交的法人开具的正式书面授权委托证明，这样可以确保合同的合法性和有效性。

严格检查合同的主要条文。正式签订之前肯定就双方谈判的基本内容设计了合同条款，签合同前一定要仔细阅读合同条款，看所涉及的物料数量、质量、支付以及履行期限、地点、方式等是否与谈判一致，以免造成不可估量的经济损失。

合同有无规定双方义务和违约责任。合同中不能省略的重要内容包括合同双方的义务与责任，需要对违约事项约定解决方式以及法律责任，以此来维护各自的合法权益。

10.3 入库管理流程

入库管理流程展示如下。

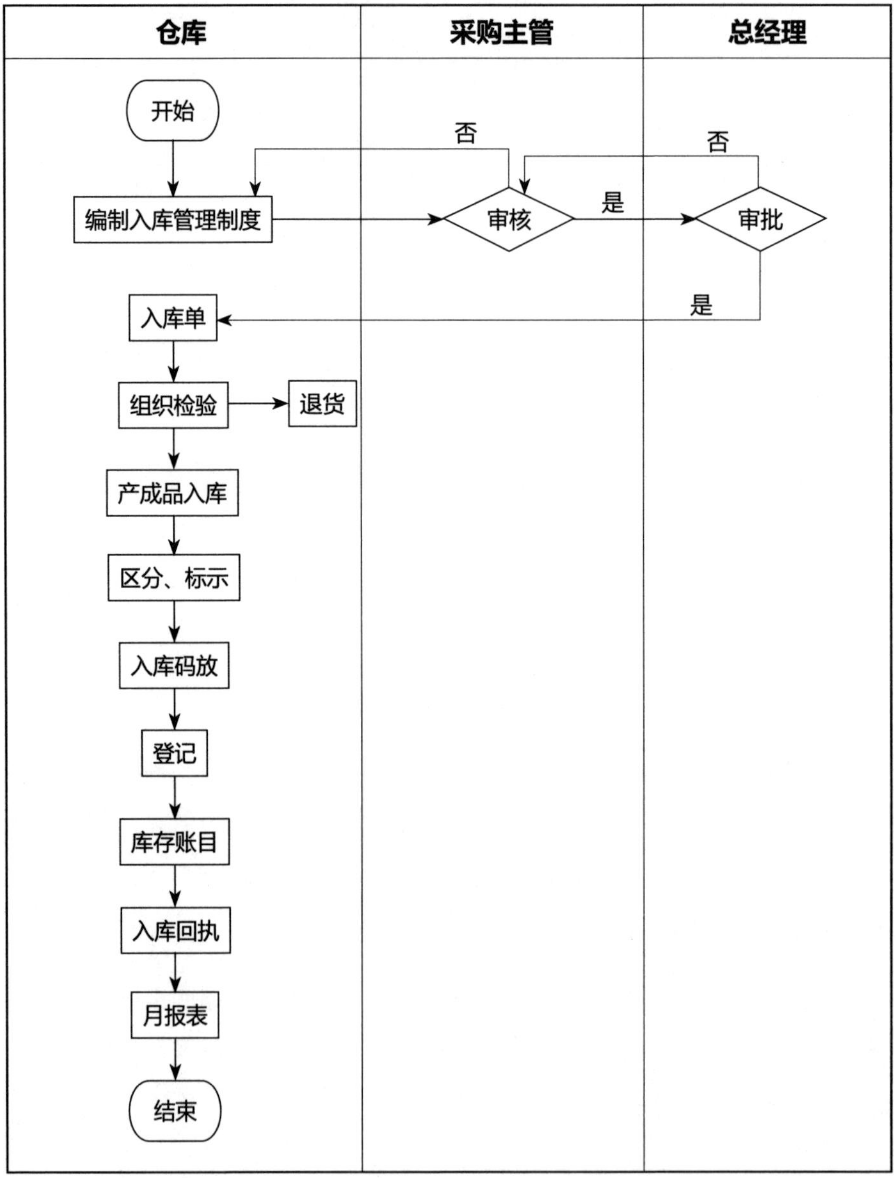

企业无论是采购还是生产，都需要存储物料和产品的场所，俗称仓库。为了方便货物的存储和使用，需要对相关货物入库的程序进行管理和规划，这样做确保产品数量准确、质量完好，方便划分责任。

10.3.1 编制入库管理制度

不同企业产品入库的流程都会有区别，仓库管理人员可根据设计好的入库管理制度开展相关工作。入库管理制度针对入库的各项事宜进行规定，可以指导仓库员工按流程工作，并将值得注意的事项一一进行说明。

如下所示为某公司设计的入库管理规定，可供参考。

案例实操 入库管理规定

为了加强公司的物料入库管理工作，保证数据的准确性，提高公司内部流程运行速度和效率，随时掌握物料入库情况，核算成本。结合本公司实际，特制订此管理规定。

一、物品采购回来后首先办理入库手续，由采购人员向仓库管理员逐件交接。库房管理员要根据采购计划单的项目认真清点要入库物品的数量，并检查好物品的规格、质量，做到数量、规格、品种和价格准确无误，质量完好，配套齐全，并在接收单上签字（或在入库登记簿上共同签字确认）。

二、对于在外加工货物应认真清点所要入库物品的数量，并检查好物品的规格、质量，做到数量、规格和品种准确无误，质量完好，配套齐全，并在接收单上签字。

三、物品进库根据入库凭证，现场交接接收，必须按所购物品条款内容、物品质量标准，对物品进行检查验收，并做好入库登记。

四、物品验收合格后，应及时入库。合理安排仓库库容，给每种物料贴上明确的标签，做到先进先出。

五、采取合理的保护措施，防止物资因各种原因受到损坏。

六、定期盘点仓库，检查账物是否相符；如果不是，要及时查找原因（如收发错误、合理损耗等），制作盘点盈亏的汇总表，汇报给上级，更改账面数字，以做到账、卡、物相符。

七、物品入库，要按照不同的型号、材质、规格、功能、类别、性能、特点、用途和要求，分类放入货架的相应位置码放储存。

八、发生问题不能随意更改，应查明原因，看是否有漏入库、多入库的情况。

九、精密、易碎及贵重货物要轻拿轻放，严禁挤压、碰撞或倒置，要做到妥善保存，其中贵重物品应入公司内小仓库保存，以防盗窃。

十、做好防火、防盗、防潮、防冻、防鼠、防水、防锈、防浪费、防尘、防高温、防漏、防混、防爆、防震及防腐蚀的防范工作，严禁公司无关的人员进入仓库。

十一、仓库保持通风，保持库室内整洁，由于仓库的容量有限，货物的摆放应整齐紧凑，做到无遮掩，标牌要醒目，便于识别辨认。

十二、易燃、易爆、易感染及易腐蚀的物资要隔离或单独存放，并定期检查。

十三、对入仓物料第一时间做好标识卡和记录，标识卡要注明品名、料号、来货时间及供应商和实际入仓数量。物料标识卡必须置于物料正面最易看到的位置，做到数据易读取、易记录。

十四、所有物料入仓后必须按仓位、区域及包装方式将物料摆放整齐，挂好物料标识卡。

十五、因生产急需或其他原因不能形成入库的物资，库管员要到现场核对验收，并及时补填入库单。

十六、库管员对常用或每日有变动的物资要随时盘点，若发现误差须及时找出原因并更正。库存信息要及时呈报，并对数量、文字及表格仔细核对，确保报表数据的准确性和可靠性。

根据该入库管理制度，我们可以大致了解入库管理的重点内容，主要可以分为两个部分，一是入库的验收过程，二是日常管理过程。入库管理流程如图 10-7 所示。

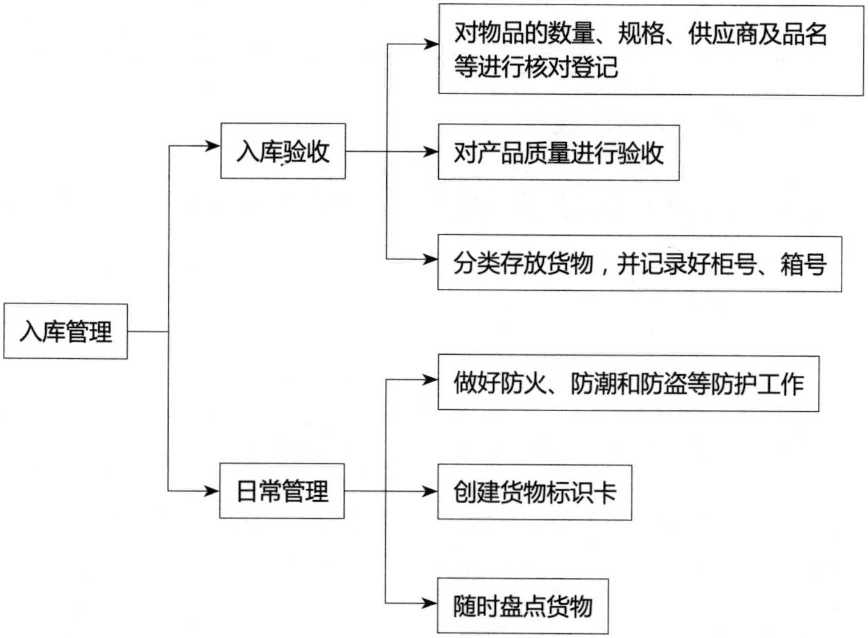

图 10-7　入库管理流程

拓展贴士 *入库验收的注意事项*

主要对物品规格、数量、质量和包装方面进行验收。

1. 对物品规格进行验收，包括物品品名、代号、花色和色样方面的验收。

2. 物品数量的验收方式各有不同，散装物品进行称量，整件物品要清点数目，贵重物品要仔细查收等。

3. 对物品质量的验收主要查看是否符合仓库质量管理的要求，以及物品质量是否达到规定的标准等。

4. 对物品包装方面的验收主要是查看物品的包装是否完好无损，包装标志是否达到规定的要求等。

10.3.2 货物的入库验收

在物品正式入库前，按照一定的程序和手续，对到库物品进行数量和外观质量的检查，以验证其是否符合采购合同规定。通过验收可以保证收到的货物的质量，防止企业受到经济损失，具体作用有以下 3 点。

①入库验收可为物品保管和使用提供可靠依据。

②验收所做记录是企业退货、换货和索赔的依据。

③验收能避免物品积压，灵活安排货物出库和使用，是减少库存损失的重要手段。

验收工作并不是简单的登记记录工作，这要求相关人员严格、仔细且准确地检查货物，是一项要求较高的工作。验收人员应该遵循基本的程序，做好每一环节的工作。验收的基本程序分为 3 个部分，即准备工作、对照有关凭证及货物检验。

1. 准备工作

仓库管理人员接到到货通知后，就应该立即做好相应的准备工作，大致包括如下一些内容。

安排验收人员。根据入库物品提前安排好进行验收的人员，决定技术人员、装卸搬运人员和记录人员的数量。

整理资料。对于物品的基本情况、验收标准及采购合同等有关文件应该提前收集整理，并归纳出相关重点内容。

准备好检验工具。有的货物可能仅靠技术人员不能对其进行检验，所以需要一些验收工具或测量工具。

货位清点。收到入库通知后，要及时清点仓库库容量，看是否有多余的空间存放货物，及时腾出足够的货位。

提供搬运设备。货物的装卸仅依靠人工是不够的，若是大型货物，没有搬运设备更无法工作，仓库管理人员要提前做好设备的调用申请。

表格工具。对入库货物进行盘点、检验，使用表格工具是最简单的，方便记录也方便查看。货物入库时，需要使用到的表格工具有物品入库验收单和货物入库登记表，如表 10-4、10-5 所示。

表 10-4　物品入库验收单

供货单位：　　　　　供货日期：　　　　　年　月　日　　验收单编号：

费用项目名称	规格型号	计量单位	数量	单重（kg）	暂估单价（元）	金额（元）	附件张数	产品编号或用途	使用单位签字	结算日期

<table>
<tr><td></td><td></td><td></td><td></td><td></td><td></td><td></td><td></td><td></td><td></td><td></td></tr>
<tr><td></td><td></td><td></td><td></td><td></td><td></td><td></td><td></td><td></td><td></td><td></td></tr>
<tr><td>合计金额（小写）</td><td colspan="7"></td><td colspan="3" rowspan="2">备注：</td></tr>
<tr><td colspan="8">合计金额（大写）： 佰 拾 万 仟 佰 拾 元 角 分</td></tr>
<tr><td colspan="11">单位盖章： 质检员： 库房保管员： 计划员：</td></tr>
</table>

表 10-5 货物入库登记表

货物名称	入库时间	入库数量	存放放置	累计入库数量	规格	经手人	入库人	备注

2. 对照有关凭证

企业内货物的验收都有非常严格的标准和凭证，验收人员工作也要依据有关凭证，验收入库货物不能缺少下列凭证。

- ◆ 采购部门、业务主管部门或供应商提供的入库通知单和订货合同副本，是仓库接收物品的凭证。
- ◆ 供货单位提供的材质证明书、装箱单、磅码单和发货明细表等。
- ◆ 物品承运单位提供的运单，若在入库前发现物品残损，还要通过承运部门提供的货运记录，向责任方交涉。

3. 货物检验

对单据、凭证进行核实后，就要打开货运箱，对实物进行相关检验。可根据包装情况、过往合作情况，采用全验或抽样调查的方式，做好相关检验工作，包括质量和重量的检验。

10.4 出库管理流程

出库管理流程展示如下。

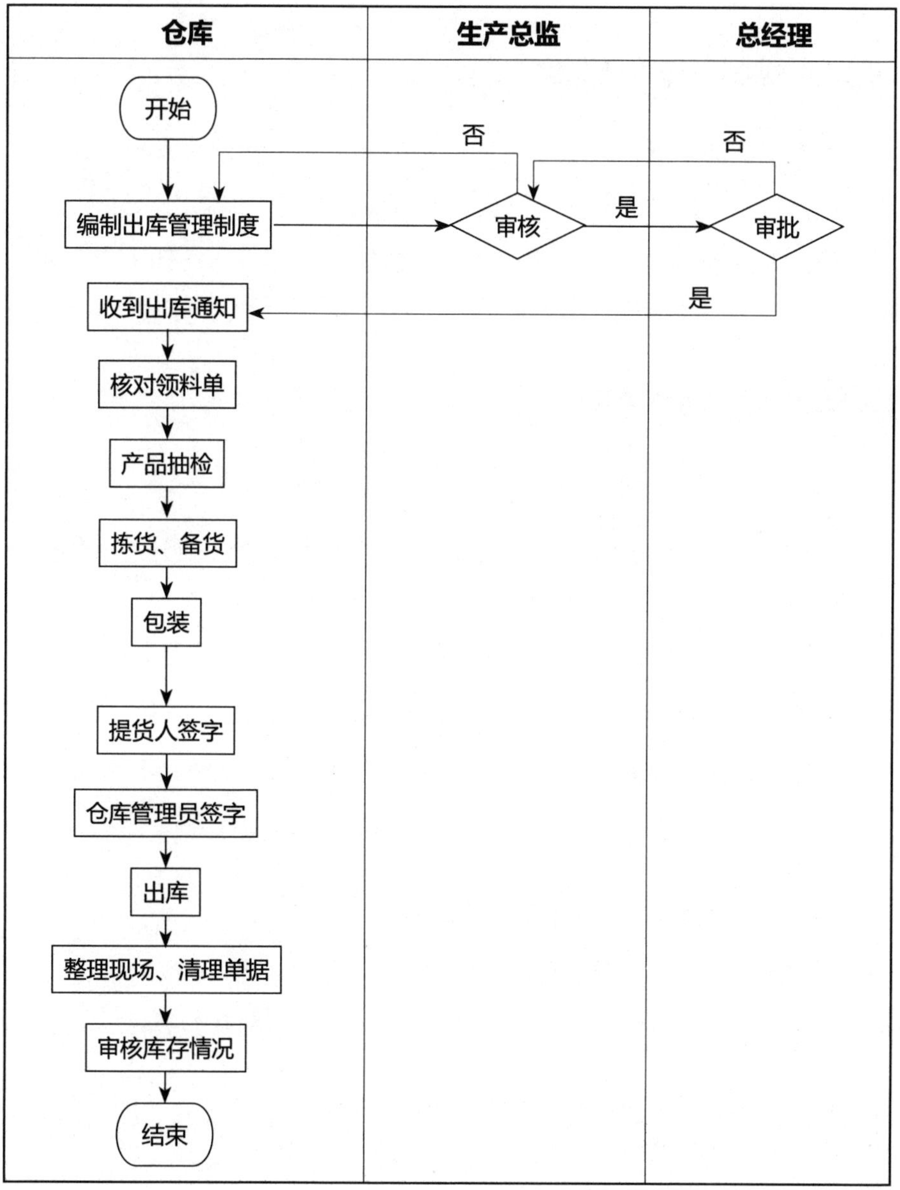

与入库管理一样，出库管理也是仓储管理的一部分，是对储存在企业仓库的货物进行管理，保证货物的完好无损。在企业有要求的时候及时安排货物的盘点装运，并统计库存，以备企业及时采购需要的货物。

10.4.1 编制出库管理制度

出库工作繁多且涉及人员不同，每个环节的工作都非常重要，为了更好地衔接各个环节，划清不同人员的责任，企业应编制出库管理制度，对出库涉及人员的基本职责进行说明，并规定各环节的具体工作。如下所示。

案例实操 仓库出库管理制度

一、总则（略）

二、仓库出库岗位职责

1. 仓储主管出库职责

（1）对仓库区使用情况进行总体规划，并对仓库规划进行合理安排。

（2）根据来货量及来货品种部署工作人员出货工作。

2. 仓储数据员职责

（1）核对货品盘点数据。

（2）出具拣货单，给仓管员拣货。

（3）汇总整理货品信息账表。

3. 仓管员职责

（1）明确出货工作，准备出货设备及工具。

（2）拣货人员严格按拣货单进行拣货。

（3）对已拣货品进行盘点，并登记出库盘数登记表。

（4）进行装箱打包。

三、仓库出库管理

1. 拣货操作

（1）拣货单由数据员从系统中生成并打印制成。

（2）拣货人员严格按拣货单进行拣货。

（3）对拣出的货物应分开放置，独立盘点数量并编号，详细记录出库盘数登记表。

2. 装箱打包

（1）数据员按拣货单单号及相应的拣货盘数文件，生成装箱单，并打印。

（2）装箱人员按装箱单进行装箱。

（3）每箱要求在醒目位置粘贴箱唛及货运地址。

（4）每批货装箱完毕后，要求同批次的货品按序码放在规定的出货区，方便清点箱数及出仓搬运。

3. 货物交接

（1）由专人对所有装好的待出库货品的箱数、箱唛、数量和货运地址等进行出库前最后确认。

（2）承运人按仓储方提供的出货明细清点货物；清点无误后，在出库交接日志上签收。

（3）搬运货品要轻拿轻放，码放时要注意下重上轻、急外缓内的规律，防止货物在搬运时造成人为损坏及货品压损。

（4）承运人开具货运单；仓库开具放行条。

（5）出库结束后仓库人员对出库的单据、表格及账目等资料进行整理保存。

四、仓库出库所需附件（略）

如上例所示，出库管理制度一般包括两个重要内容——出库岗位职责和出库工作管理。

关于出库岗位职责，可以将涉及的岗位进行划分，分别书写不同岗位的主要职责。

对出库工作管理，可先划分不同的出库环节，然后说明不同环节的具体工作以及值得注意的事宜。

10.4.2 出库管理使用表单

仓库管理人员在进行出库管理的过程中，为了提高效率，一般会使用表单进行申请或是记录数据，这样能让本来繁杂的工作内容变得一目了然。下面来了解一下出库工作中常用的表单有哪些？

1. 出库申请单

对于仓库管理人员来说，保管货物是最核心的工作，如果没有领导的同意和批示，任何员工都不能私自提取货物，库管人员也不能随意将货物交给相关员工。提取货物的人员必须出具出库申请单，如表 10-6 所示。

表 10-6　出库申请单

订单类型				申请日期				
客户名称				出库单号				
商品名称	规格型号	单位	数量	单价（元）	金额（元）	出库日期	用途	备注
申请人：			销售部负责人：			总经理：		

2. 出库单

货物顺利出库后，仓库管理人员需要就货物出库情况填写相应的记录，以保证出库工作准确无误，并作为依据保存下来，所以需要填写如表 10-7 所示的出库单。

表 10-7　出库单

领料部门：					日期：　年　月　日	
序号	编号	品名	规格	单位	数量	备注
批准：		部门审核：		领料人：		发料人：

3. 库存物资清单

物资装运出库后，仓库管理人员要及时清点剩余的库存情况，并制作库存物资清单，这样企业的其他部门才能更好地分析供求关系，做好相应的准备工作。库存物资清单如表 10-8 所示。

表 10-8　库存物资清单

序号	物资代码	物资品名及规格型号	计量单位	数量	金额（万元）	制造商

流程办事

第11章 促销与销售管理

促销是提高企业销售量的一项有效的方法，通过各式各样的促销方式，不仅能推广产品，还能有效提升企业的知名度和美誉度，所以要懂得有效利用各种促销方式。

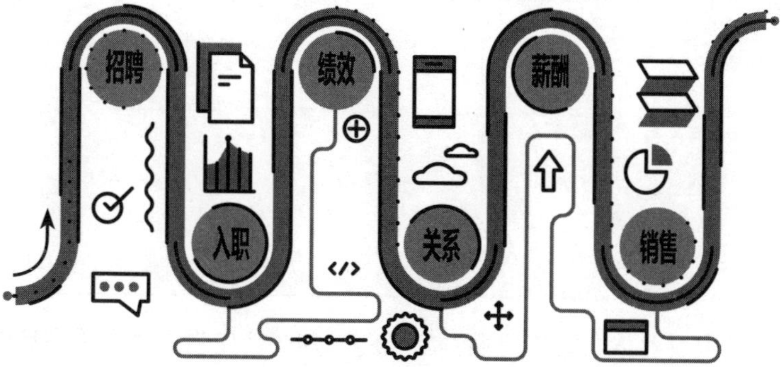

11.1 广告定位管理流程

广告定位管理流程展示如下。

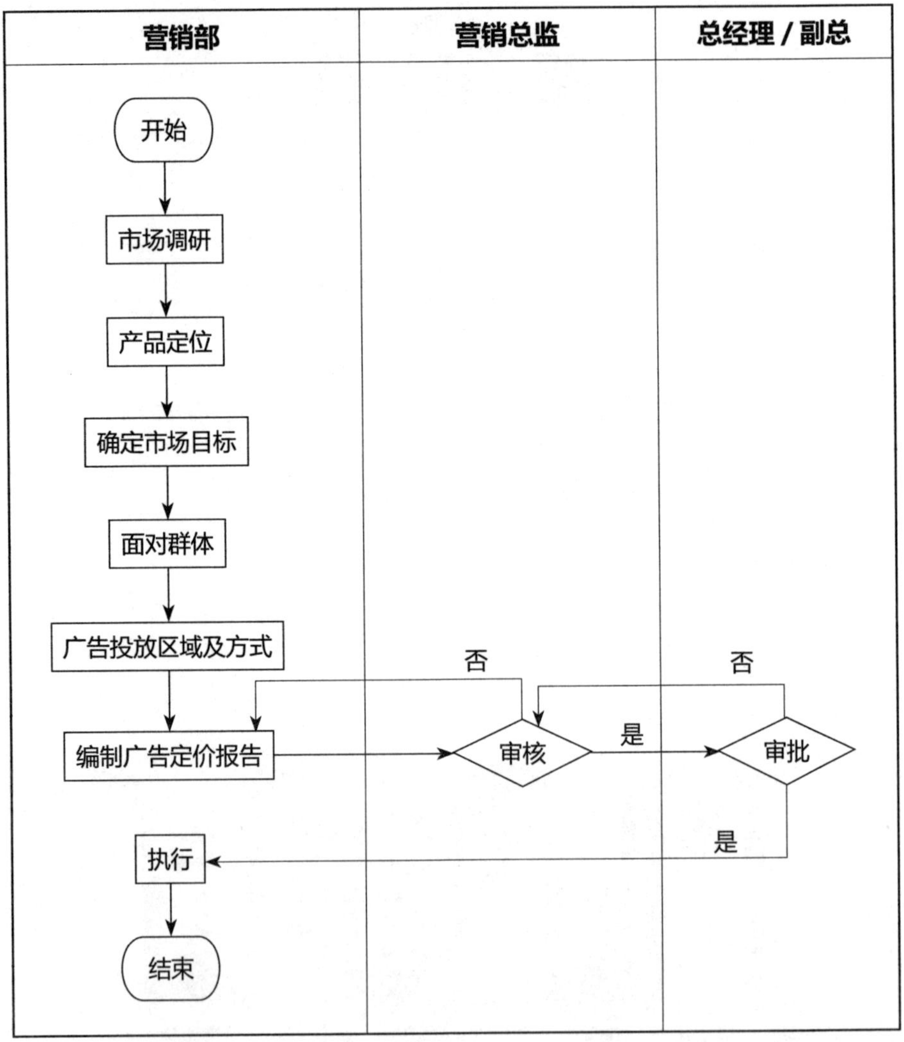

企业要发展壮大，宣传是很有必要的，为了让广告宣传发挥最佳的效果，企业营销部需要对广告的基本定位进行管理，通过科学的管理流程规范广告营

销工作，做好企业的产品宣传，扩大企业的影响力。当然这其中涉及的环节有很多，只有一步一步做好每一个环节，才有可能将营销效果做到最佳。

11.1.1 如何确定广告目标

广告目标指企业通过广告活动要达到的目的，简单来说就是在特定的时间对特定的受众完成特定内容的传播与沟通。广告目标是营销的起点，只有确定了广告目标才能开展后续的营销工作。一般来讲，企业要进行广告营销就是要达到以下一些目的。

- 提高商品的知名度和认知度。
- 加强社会公众对企业和商品品牌的印象。
- 维持和扩大广告品牌的市场占有率。
- 加强新产品的宣传，普及新产品知识，介绍新产品的独特之处。
- 纠正社会公众对于企业和品牌的认知偏差，排除销售上的障碍。
- 提高企业的美誉度，树立企业良好的形象。
- 对于人员推广一时难以达到的目标市场，进行事先广告宣传。
- 在销售现场进行示范性广告宣传，促使消费者缩短决策过程，产生直接购买行为。
- 通过广告宣传，增加产品使用的持续性，维持市场销售率或增加产品的销售。
- 以广告宣传扩大影响，有利于企业销售人员开展工作。
- 引领潮流，极速促进销售量增长，并让企业产品获得大众认可。

企业可以为了不同的目标进行广告活动，不过广告目的总是与企业的市场定位、市场营销策略相关联。所以在确定广告目标时，除了考虑具体的营销工作外，还应该遵守如图 11-1 所示的几项原则。

图 11-1　制定广告目标的原则

所以仅仅确定广告目标是远远不够的，这样很难根据目标进行具体设计，下面通过案例来了解广告目标的制定过程。

案例实操 百威啤酒的广告目标

百威啤酒诞生于1876年，由阿道弗斯·布希创办，是美国最畅销的啤酒品牌之一，被誉为“啤酒之王”。20世纪80年代初，百威啤酒开始进入日本市场。为了更好地营销品牌，百威啤酒首先对日本市场进行了调查，发现消费啤酒的都是已出身社会的年轻人。

在社会上工作压力很大，这些年轻人需要丰富自己的夜生活来释放工作压力，因此在工作结束后，这些人通常会在小酒馆、烤肉店等地方聚餐、喝啤酒。于是百威啤酒将有消费能力的年轻人作为主要的消费对象，以此展开营销，决定将百威啤酒的形象与“年轻、聚餐、口味清淡”绑定在一起有营销。

有了这个营销目标后，百威啤酒针对固定人群，在杂志上投放广告，以激情有活力的主题海报配合，加强品牌知名度，突出品牌形象。

刚开始营销的时候，百威啤酒通过广告语和海报打出了知名度。然后为了本土化营销，将广告宣传日本化，以“强烈诉求”的语言风格表现广告内容，使广告获得巨大成功。1982年，百威啤酒在日本市场的销售额提高了50%。

再到后来，百威啤酒的营销广告变得越来越广泛，以至于一两年之间取得了200万瓶的销售业绩。

通过上例我们可以了解到确定广告目标之前应该做好调查工作，对目标市场的基本情况有所了解，才能确定营销的方向和目标。且广告目标要具体化，如本例中的“年轻、聚会、活力、激励”。

除此之外，还应该注意的一点就是广告目标是可以根据具体情况及时变动的，本例中百威啤酒在第一次营销后，立刻将营销广告日本化，使品牌形象进一步推广。

11.1.2 营销广告的不同方式

要进行广告营销就要通过合适的渠道来投放广告，不管什么样的广告渠道都有其优势和劣势，企业要选择合适的渠道投放广告。下面来了解一下常见的广告方式有哪些?

◆ 网络广告

网络广告顾名思义就是通过网络传播广告内容的广告形式，具体可分为：①横幅广告；②按钮广告；③浮动广告；④竖幅广告；⑤弹出窗口广告；⑥空闲时间弹出窗口广告。

无论以什么形式出现，网络广告所具有的本质特征都是向互联网用户传递营销信息，是对用户注意力资源的合理利用。虽然网络广告发展的时间并不长，但已经成为一种非常有效的广告形式，其优势有以下6点。

①覆盖面广，观众基数大，传播范围广阔。

②不受时间限制，广告效果持久。

③方式灵活，互动性强。

④可以分类检索，广告针对性强。

⑤制作简捷，广告费用低。

⑥可以准确地统计受众数量。

这类型的广告最适合一些正在发展壮大的企业，或是跨国际业务的公司，可以最大限度拓宽企业的知名度。

◆ 视听广告

视听广告也可以称为电子媒体广告，是传统的广告形式之一，主要分为电视广告和广播广告。其中，电视广告是运用得最为普遍的广告形式，其覆盖面广，且具有很大的灵活性和艺术感染力，信息传递效果好，并且可以重复播放。不过，重复播放太多次可能会造成观看者的审美疲劳和厌烦心理，此外电视广告的成本较高，一般适合有知名度的企业宣传。

虽然各种新媒体技术不断发展，但广播广告仍然有其市场，由于传播范围的局限性，一般适合同城的小型企业。

◆ 印刷广告

印刷广告是在电子媒体发展起来之前的主要广告渠道，到今天也有很大的市场，分为报纸广告和杂志广告，利用报纸和杂志传播有关信息。印刷广告的特点如下。

①容量大，图文并茂。

②保存性强。

③快速、有效且经济。

一般来讲，印刷广告主要由文字和图形两大部分构成。文字包括标题、正文、标语和附文等构成要素；图形包括绘画、照片、图案、商标和图样等构成要素。

由于印刷品的传播范围很广泛，所以适合不同行业，以及不同规模的企业，企业可以根据自己的特性选择不同类型的报纸或杂志，如全国性报纸、同城报纸、商业杂志 、时尚杂志、文学杂志或新闻杂志等。

◆ 户外广告

户外广告是在建筑物外表或街道、广场等室外公共场所设立的霓虹灯、广告牌及海报等。户外广告能在固定的地点长时期地展示企业的形象及品牌，因而对于提高企业和品牌的知名度是很有效的。由于户外广告的场所选择较多，所以其类型也相对较多。

企业在选择户外广告时，要了解其基本的优缺点，如表 11-1 所示。

表 11-1　户外广告优缺点

优缺点	具体内容
优点	1. 到达率高 2. 对地区和消费者的选择性强 3. 视觉冲击力强 4. 表现形式丰富多彩 5. 内容单纯 6. 发布时段长 7. 千人成本低 8. 更易接受
缺点	1. 覆盖面小 2. 效果难以测评

11.2 经销商开发管理流程

经销商开发管理流程展示如下。

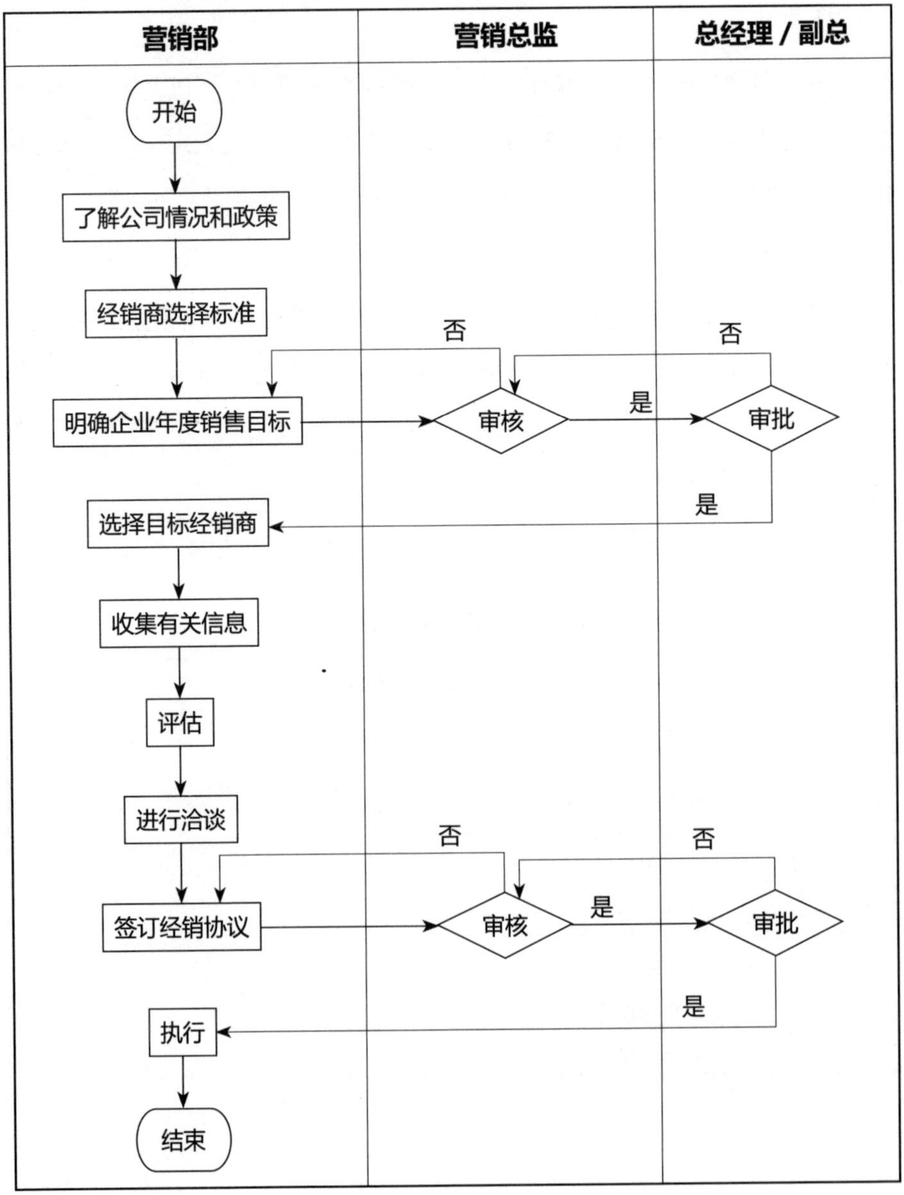

经销商指在某一区域和领域只拥有销售或服务的单位或个人，具有独立的经营机构，拥有商品的所有权（买断制造商的产品 / 服务）、获得经营利润、多品种经营、经营活动过程不受或很少受供货商限制，与供货商责权对等。

很多企业在销售和推广产品时，会开发有资质的经销商帮助销售产品，尤其是跨区域销售。为了保证销售效果，企业应该慎重选择开发商。

11.2.1 选择经销商的标准

企业选择经销商也是为了更好地销售产品，所以经销商的资质、能力及业务范围就显得尤为重要。为了不选错经销商，以下几项选择标准，可以帮助营销人员避开较差的经销商。

◆ 经营理念

经营理念是否统一对产品销售来说非常重要，这样经销商更容易理解产品的企业文化和背景，对产品做出定位，且做好后期的区域市场销售目标，在销售的同时塑造产品形象。

◆ 资金实力

经销商有足够的资金代表其拥有相应的人力资源、设备物资、仓储场地、市场渠道以及推销渠道，才能够更游刃有余地完成企业的要求，所以资金实力往往是企业选择经销商的首要条件。

◆ 销售网络

经销商的销售网络往往决定了产品的销售范围和销售量，若是经销商的销售网络能够覆盖整个区域市场，其拥有的各类销售渠道能极大地提高市场占有率和铺货率，使产品迅速渗透进市场。

◆ 企业形象

企业要与经销商建立合作关系，必须要考虑经销商的企业形象，若是其在销售地区的口碑一般，即使产品质量好也会受到很大影响；相反，若是经销商的企业形象深得目标市场喜爱，对产品销售就有很大的助力。

◆ 过往业务

选择经销商时，营销人员还有必要了解一下经销商的过往业绩，这样可以从侧面了解经销商的实际业务能力，不仅要查看成功的经验，还要了解是否有不良记录，从销售量、口碑全面了解才能更好地判断。

◆ 售后服务

产品的销售并不以卖出作为终点，要想企业发展壮大，售后服务非常重要，是积累口碑的重要方式。所以企业选择经销商时一定要仔细考虑其是否看重售后服务，有售后意识的经销商更值得考虑。

11.2.2 如何寻找经销商

企业确定了经销商的选择标准，就可以着手寻找经销商了，一般来讲，可以通过以下一些渠道来寻找。

1. 各类资料

各地的工商企业名录、地图册、消费指南和商业杂志等资料中常常记录有各经销商的信息，这类信息比较零散，需要在电信局、邮政报刊亭等场所进行寻找。

此类渠道会花费营销人员较多的精力，且获得的信息太过零散需要全面梳理。此外这种方式收集的信息有限，最好作为辅助渠道，在主要的寻找过程中，提供给企业更多的思路和信息资源。

2. 网上查找

基于互联网的发展和特性，在网上寻找经销商已经是非常重要的一种渠道，具体有 3 种不同的形式。

◆ 招商网站

如果企业有官网的话可以在官网上发布招商的具体内容，包括产品的基本信息、加盟政策、加盟条件和联系方式等，如果没有企业官网也可以制作一个招商网站。不过这种渠道的投放范围较窄，一般只有关注本企业的经销商会看到。

◆ 专门的行业论坛

营销人员可以到专门的行业论坛和网站上发布招商信息或浏览加盟信息，常见的有阿里巴巴商人社区、百度贴吧等。如图 11–2 所示为阿里巴巴商人社区首页（https://club.1688.com/），通过求购发帖就能顺利发出招商信息。

图 11–2　阿里巴巴商人社区首页

◆ 网络黄页

利用网络黄页及网络数据库企业能获得较大的信息量，不仅信息丰富，且有完善的分类，还可以通过网站的搜索功能快速检索出想要的经销商信息。如图 11-3 所示为某网站提供的企业名录，通过行业和地区的检索便可查找客户资源。

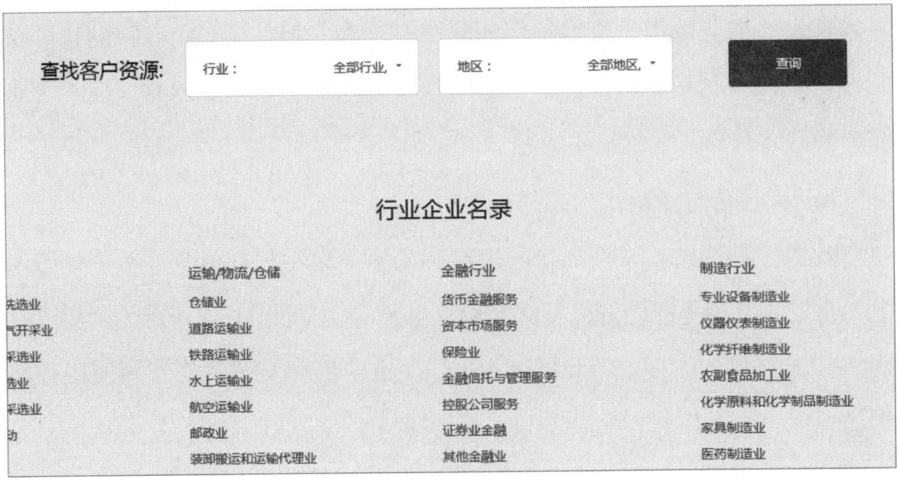

图 11-3　网络黄页

3. 广告招商

广告招商是非常常见的一种招商方式，主要利用媒体的影响将招商消息传播出去，这种方式比较被动，只能被动收集经销商的电话、传真和邮件，并与其进行进一步的沟通。

当然，依靠媒体宣传能够快速扩大覆盖面，在短时间吸引较多经销商，不过投入的成本会很大，企业需要承担一定的风险。

4. 上门走访

营销人员直接上门走访是比较直接和传统的方式，这种方式虽然效率不是特别高，但能够直接传播招商信息，所以针对性较强，成本也相对较低。不过，这种方式有个明显的劣势就是花费时间，也无法扩展自己的经销商范围。

所以，一般是企业发展初期，还不具备一定实力的时候会选择的方式。由于没有潜在的经销商，所以企业营销人员要对可能合作的目标对象进行走访。

5. 批发市场

许多城市的大型批发市场都有经销商的经营点，企业营销人员去这类市场上可能会找到合适的经销商。这些经销商通常具备很多经验和分销渠道，营销人员可以直接了解其经营模式和经营理念，然后选择各方面合适的经销商。

6. 商业博览会

一些大中型城市会定期举行不同行业的博览会，常会有不同行业的经销商参与，企业参加这类博览会可以了解很多需要的经销商。这种方式的优点是花费时间和成本少、经销商信息丰富且针对性强，但这种方式的及时性较差，在企业推出新产品的时候未必有商业博览会，企业需要提前收集经销商信息备用。

11.2.3 经销协议的主要内容

企业与经销商进行合作，就各项事宜达成一致后，就要签订经销协议，明确彼此的权益和义务。经销协议的主要内容包括以下几个方面。

◆ **经销的商品、时限和地区：**商品信息包括类别、名称、商标、牌号和经销权等；时限可以是一年或几年；地区指经销权有效行使的范围。

- **经销数量或金额：** 经销人在一定时期内向出口方购买商品的数量。
- **经销价格：** 包括以协议规定价格为准的一次作价和分批作价两种方法。
- **经销商的其他义务：** 包括提供市场信息、售前售后服务、广告、对出口方的商标权和专利权的保护等。对于独家经销商，还要承诺以出口方作为独家经销商品的唯一供应来源。
- **企业承担的义务：** 为经销商提供经销条件和方便，如宣传材料、样品、广告费用及促销礼品等。对于独家经销，出口方还要承担不向该地区的其他客户直接售货的义务。
- **协议的延长和提前中止条款：** 为了方便，可以在协议中签订自动延长条款和中止条款，另外还可以规定争议解决条款，如仲裁、诉讼等。

如下所示为常见的经销协议模板，可作为参考。

经双方友好协商，甲方愿意委任__________作为在________销售其产品的独家经销商。为了明确双方的权利和义务，特订立本协议。

甲方：__________公司（以下简称甲方）

地址：

电话：　　　　　　传真：　　　　　　Email：

乙方：

地址：

电话：　　　　　　传真：　　　　　　Email：

第一条 双方关系。在本协议的有效期内，甲方和_______公司的关系纯属卖方和买方的关系。本协议不产生代理权，任何一方不能向第三者代表另一方，若由此而致使另一方受损，则越权的一方须承担赔偿责任和法律责任。

第二条 产品。本协议所称的产品，系指甲方所制造的产品。

第三条 经销权。甲方给予______公司在__________的范围内以独家进口并销售其产品的权利。

第四条 专营权。除_______公司外，甲方不得再委任范围内的其他公司为其经销商和代理商。

第五条 价格。甲方必须向乙方提供最优惠的价格。最优惠的价格即必须低于正常贸易的价格。

第六条 交易方式。发生在双方间的每一笔交易都必须订立合同，双方均须受到每一个合同的约束。

第七条 卖方责任。

1. 自费向乙方提供新产品的样品，每个样品为 1 ~ 2 个。

2. 同意乙方在进行业务推广时向客户介绍甲方的网站，并表明其独家经销的身份。

3. 在协议的有效期限内：甲方如获得专利产品的注册或商标及其他商业标志，均须立即向乙方提供。

4. 不断提供有助于推销产品的意见和资料。

第八条 经销商责任。

1. 自费维持一个有经营能力的机构，切实地为甲方推销产品。

2. 自费参加一些交易会或制作推销甲方产品的网站、目录等广告物。

3. 在本协议的有效时限内，第一年的每个月的交易额必须达到_____万元，以后每年递增20%。

4. 向甲方提供一个由甲方认可的银行为结算银行。

5. 不得购买和销售其他公司的同类产品。

6. 不断地向甲方提供相关的商业情报。

第九条 有效时限。本协议自____生效，有效期为___年。

第十条 违约。本协议的任何一方发生了违约行为，另一方得以书面的形式通知其纠正。如若违约一方在三个月内仍未纠正其违约行为，则另一方有权中止本协议。

第十一条 一般条款。

1. 不可抗力。本协议的任何一方如遭遇到所力不能及的事由，以致全部或部分无法履行本协议，则可在下列范围内免除其责任。如：火灾、水灾、海啸、地震、雷击、台风、旋风或其他的确实非人力所能抗拒的原因。

2. 商业机密。本协议的任何一方均不得在有效期内及期满的一年内向第三者泄露双方之间的商业秘密，若由此而造成另一方的利益损失，则另一方有追索泄露商业秘密一方的经济责任的权利。

3. 仲裁。凡因本协议或其相关的事情而导致争执时，双方应当友好协商解决，解决不成，应提请中国贸易促进委员会进行仲裁，该仲裁是终局的，双方由于进行仲裁而发生的合理费用均由败诉方负担。

4. 本协议一式两份，双方各执一份。本协议经双方签字后将于所约定的时间生效。

甲方：　　　　　　　　乙方：

年　月　日　　　　　　年　月　日

11.3 销售提成管理流程

销售提成管理流程展示如下。

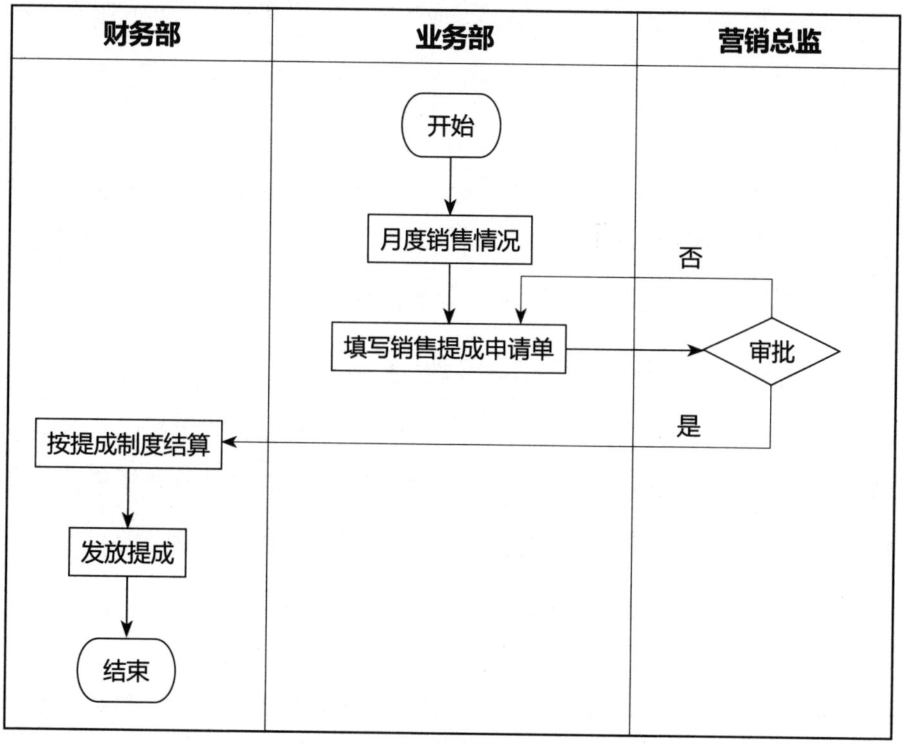

很多企业会通过提成的方式来激励销售人员，将销售利润与销售人员的工资绑定在一起，可以提高销售员工的积极性，并大大提高销售量，不过为了保证提成的公平，企业还需设计相应的提成管理制度。

11.3.1 多种销售提成的方式可供选择

销售人员的工作与其他岗位不同，其工作所带来的利润弹性很大，所以在给销售人员设计薪酬时，往往采用“底薪 + 提成”的方式，这样可以激励销售人员更加努力的工作，为企业带来更多的利润。

而提成一般指按照一定的比例在企业和员工之间分成的薪资方式，实行提成制首先要确定合适的提成指标，一般是按照业务量或销售额提成，即多卖多得。对于销售人员来说，提成的方式有很多种，下面一起来了解一下。

◆ 纯佣金制

纯佣金制指的是按销售额（毛利、利润）的一定比例进行提成，作为销售报酬，除此之外销售人员没有任何固定工资，收入是完全变动式的。采用这种提成制的企业有很多，其计算公式如下。

个人收入 = 销售额（或毛利、利润）× 提成率

纯佣金制的实施需要一些特定的条件，具体包括：①已有人获得高额收入；②收入一旦获得，有一定的稳定性和连续性；③从开始销售到首次提成的时间不能间隔太久；④适合单价不高，但毛利率非常可观的产品。

◆ 基本制

基本制指将销售人员的收入分为固定工资及销售提成两部分内容，销售人员有一定的销售定额，当月不管是否完成销售指标，都可得到基本工资，即底薪；如果销售员当期完成的销售额超过设置指标，则超过以上部分按比例提成。

由于基本制可以保障销售人员的固有收入，又能与销售成果挂钩，使销售人员获得一些额外收入，所以成为当前最实用的销售报酬制度，用公式表示如下。

个人收入 = 基本工资 +（当期销售额 − 销售定额）× 提成率

个人收入 = 基本工资 +（当期销售额 − 销售定额）× 毛利率 × 提成率

◆ 瓜分制

瓜分制指事先确定所有销售人员总收入之和，然后在周期考核工作结束后，按个人完成的销售额所占总销售额的比例来确定报酬，从而瓜分收入总额。其计算公式如下。

个人工资 = 团体总工资 ×（个人月销售额 ÷ 全体月销售额）

◆ 浮动定额制

浮动定额指将每月的销售定额（当月的销售总额除以销售人员人数所得的人均销售额）乘以一定比例。如果某员工的个人实际完成销售额在定额以下，则只拿基本工资，如果完成的销售额在浮动定额以上，则超过定额部分按一定比例提成，外加基本工资。其公式表示如下。

个人工资 = 基本工资 +（个人当期销售额 − 当期浮动定额）× 提成率

当期浮动定额 = 当期人均销售额 × 比例（一般为 70% ~ 90%）

企业采用浮动定额制时最好应满足两个条件，一是每个销售员的销售机会比较均衡，二是参与浮动定额制的销售员人数要尽可能多。

◆ 同期比制

同期比制指将每人与上一年同期比较销售额，如果比上一年差，则予以处罚，处罚程度与下降比例挂钩。计算公式表示如下。

个人工资 = [基本工资 +（当期销售额 − 定额）× 提成率] ×（当期销售额 ÷ 去年同期销售额）× n

n 是一个控制系数，也可以理解为调节系数，主要用于公司调节不同情况下的奖惩最终力度，其数值由公司视具体情况而定。

◆ 落后处罚制度

顾名思义，落后处罚制度是对销售业绩排最后几名的人员处以罚款。不过这种薪酬制度带有较强的惩罚意义，负面效果较大，一般企业要慎重选择。

◆ 排序报酬法

排序报酬法即把所有销售人员的报酬或工资各自固定，统计出当月各位销售员的销售额，最后按照第一名、第二名、第三名的顺序发放工资。当市场形势急剧变化而无法确定销售定额和提成率时，可考虑排序报酬法。

11.3.2 编制销售提成制度

虽然可供企业选择提成方式有多种，但企业要根据自己的需要和情况确定最佳的提成制度，如下所示为某公司设计的销售提成制度，对提成方式和重点内容进行了说明。

案例实操 **销售人员销售提成管理方案**

一、目的。（略）

二、适用范围。（略）

三、销售人员薪资构成。

1. 销售人员的薪资由底薪、提成构成。

2. 发放月薪 = 底薪 + 提成。

四、销售人员底薪设定。

销售人员试用期工资统一为 2 000 元，经过试用期考核进入正式工作期限，正式期限将以签订劳动合同之日的时间为准，试用期时间不累积到正式入职时间，销售人员签订劳动用工合同后享受绩效工资考核：

单位：元

级别	试用期工资	绩效工资
销售助理	2 000	500
销售经理	2 500	800
大区经理	2 800	1 000
销售总监	3 500	1 500

五、销售任务提成比例。

销售人员的销售任务额为每月月初由销售管理人员公布，试用期销售人员第一个月不设定销售任务，签订劳动合同后的正式期员工按50%计算任务额，每月完成销售指标50%的销售人员，可在月底报销售部门申请绩效工资，完成当月业绩指标考核，绩效工资将按实际在发放工资是一同发放。

六、提成制度。

1. 提成结算方式：隔月结算，货款未收回部分暂不结算，直至货款全部回收。

2. 提成考核：本销售提成制度以完成销售任务的比例设定销售提成百分比。

3. 提成计算办法。

销售提成 = 净销售额 × 销售提成千分比 + 高价销售提成

4. 销售提成比率。

（1）销售人员提成。

提成等级	销售任务完成比例	销售提成比例
销售人员	100%以上	10‰
销售人员	50% ~ 99%	7‰
销售人员	50%以下	5‰

（2）销售总监提成。

提成等级	销售任务完成比例	销售提成比例
销售总监	100%以上	5‰
销售总监	50%～99%	4‰
销售总监	50%以下	2‰

以上内容按照多劳多得原则，所提成比例按照税前净利润的20‰比例制作。

5. 销售提成比率会根据本公司不同产品制定相应的提成政策。

6. 低价销售：销售人员必须按公司规定产品的最低价范围销售产品，特殊情况需低价销售的必须向销售总监以上领导申请，公司根据实际情况重新制定销售提成比例。

7. 对于销售助理及前台等其他不能直接产生业绩的岗位，公司将会在年终总体考核后给予一定的年终奖励。

七、激励制度。

激励销售人员的竞争氛围，提高销售人员响应各种营销活动的积极性，创造冲锋陷阵式的战斗力，特设3种销售激励方法。

1. 月销售冠军奖，每月从销售人员中评选出一名月销售冠军，给予300元奖励（销售冠军必须超额完成月销售任务，回款率达到90%以上）。

2. 季度销售冠军奖，每季度从销售人员中评选出一名季度销售冠军，给予800元奖励（销售冠军必须超额完成月销售任务，回款率达到90%以上）。

3. 年度销售冠军奖，每年从销售人员中评选出一名年销售冠军，给予2 000元奖励（销售冠军必须超额完成月销售任务，回款率达到90%以上）。

八、实施时间：本制度自20××年×月×日起开始实施。

流程办事

第12章 公共关系与客户关系管理

企业的运转离不开合作伙伴的支持，要想谈成更多的业务就要妥善处理与客户的关系。在接待客户、考察客户以及完成业务的同时按照基本的流程来开展工作，更能展现企业的专业、有序。

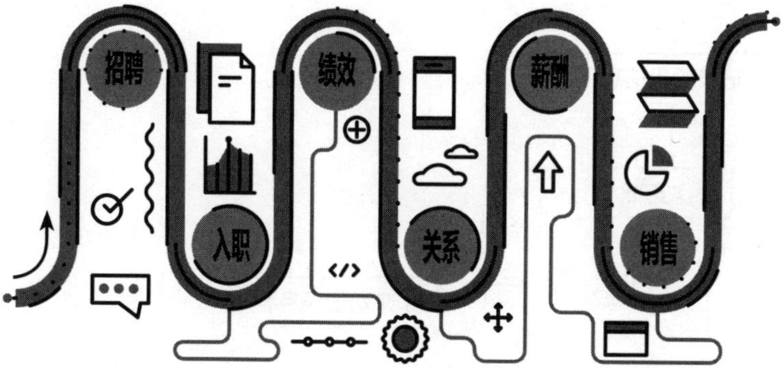

12.1 客户接待管理流程

客户接待管理流程展示如下。

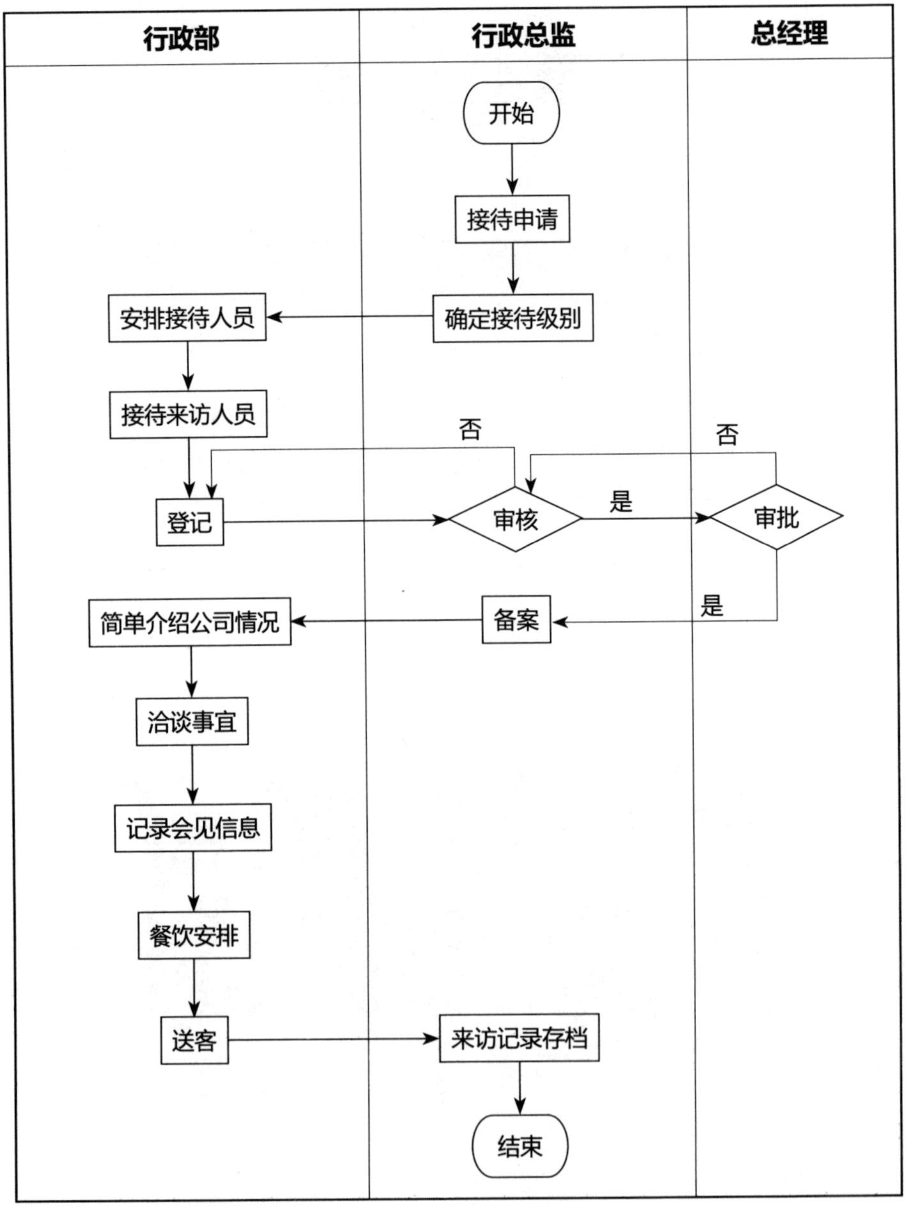

公司要发展和经营业务，免不了和各方面的人进行交往合作，为了给外部人员呈现一个良好的公司形象，要做好接待工作，让来访人员感受到公司的诚意和专业。

12.1.1　编制来访人员接待制度

为了规范接待来访人员的流程，公司有必要明确相关管理制度，既能方便来访人员，又能保障公司内部的财产安全。如下例所示为某公司的来访人员接待制度，可供筛选。

案例实操 来访人员接待管理制度

一、目的（略）

二、适用范围（略）

三、来访人员的分类

1. 重要访客：公司高层来访客人、公司重要客户或政府职能部门领导。

2. 一般访客：一般客户、供应商、应聘者或员工亲属。

3. 其他访客：广告推销者、无明确拜访对象的。

4. 有人员来访时，值班前台应先询问来访人，界定来访人员属于哪一类别并做好相应衔接工作。

四、重要访客来访

1. 若来访人员为重要访客，则不需要填写来访人员登记表，并立即电话通知受访者，受访对象不确定时直接通知行政部经理，由被访问人亲自下到一层做好迎接工作。

2. 来访人员至前台时，由前台人员引领访客在会客接待处等候受访者或行政部经理在接到前台电话通知时，应立即前往会客接待室迎接访客，也可由前台直接带领来访人员至被访问者办公室。

3. 若公司高层领导或部门负责人事先有约定来访时间的，可事先打电话到前台门岗交代来访者的身份或单位，以提醒前台做好接待准备。

4. 若访问者所访问对象为董事长，由行政部人员按接待程序负责接待并全程做好各项服务工作。

五、一般访客来访

1. 若来访人员为一般访客，前台应询问来访事由、部门及受访人等信息，并电话告知受访部门或受访人员，在征得同意后，来访人员须详细填写来访人员登记表。

2. 来访人员登记表填写完毕后，由前台引领，安排访客进入一楼接待室等待，由受访人带领来访人员进入相关部门洽谈室会客。

3. 对于一般来访事务，受访人只能在开放式接待室与来访人员会谈，根据来访需求和目的只可以带领来访人员进入和业务相关的区域，不能带领来访人员进入无关的办公区域和场所，尤其公司研发部门，禁止一切不相干人员驻足参观。

4. 若来访人员需要参观其他办公区域，参观前须通知相关部门领导，经同意后才能带来访者参观。

5. 若受访人员不在公司，也没有及时委托公司其他人员代为接待，前台应让来访人员留言或留下联系方式，待受访人员回公司后由前台转告，不能让来访人员随意进出公司。

六、其他访客来访

若有非业务相关人员来访，前台需婉拒对方的各项要求；对不听解释或劝说无效，仍强行进入公司的，前台直接电话告知行政部经理，由行政部经理妥善处理，可根据事态严重程度拨打报警电话（110），请当地辖区公安机关出面帮助处理。

七、来访结束

1. 来访人员结束此次行程后，均由被访者亲自送至一楼离开。

2. 应聘者由人事部人员送至电梯后，告知前台应聘者人员离开，如遇特殊情况，由前台及时进行反馈。

上例所示的制度首先按重要程度对来访人员进行了分类，然后分别对不同来访人员的接待流程和要点进行说明。除了对接待工作重点规定外，还对来访人员离开的相关事项特别提出。接待来访人员必备的来访人员登记表，可参考表 12–1 所示的模板。

表 12–1　来访人员登记表

日期	姓名	所在单位	来访人数	电话号码	被访人		事由	时间		备注
					姓名	部门		到达	离开	

12.1.2　接待注意事项

除了一般的接待流程外，对于一些重要的客户，无论是前台人员还是行政部人员，或是受访人员都要注意礼仪，提前做好接待安排，务必使来访的重要客户满意。行政部人员要从以下几个部分入手做好相关准备。

◆ 接待通知

行政部在接到接待通知时，为了更好地安排接待工作，首先要对来访人员的基本信息进行了解，然后再确定接待的流程、规格、场所和人员。如图 12-1 所示为行政部需要了解的有关信息。

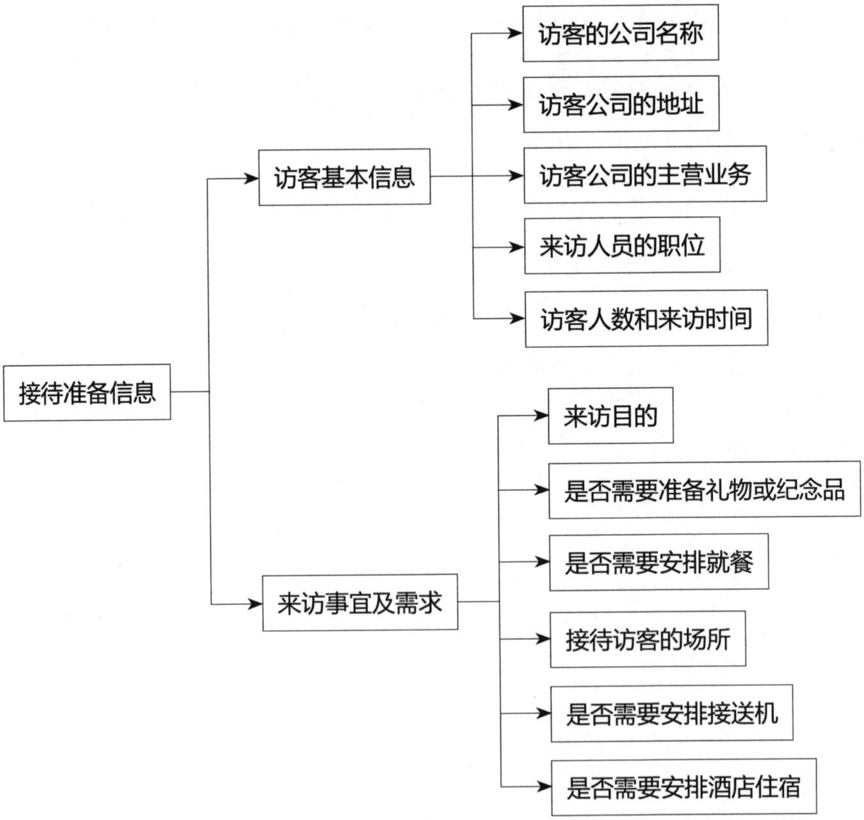

图 12-1　接待准备的相关信息

◆ 准备相关资料

为了达成来访的目标，顺利洽谈相关事宜，企业方面要准备好需要的资料，以备受访人员及时了解。一般来讲，需要的资料有宣传画册、来访人员公司基本资料、来访人员个人履历、业务 PPT 及欢迎横幅等。

◆ 接待场所布置

一般来说，接待访客是在办公室和会议室进行，若在受访人员的办公室进行，受访人员要注意办公室的整洁；若是在会议室谈话，行政部要提前布置好会议场所，如下所示。

①准备好人数相当的座椅，和对应的姓名牌。

②准备好饮用水、纸、笔等访客需要的用品。

③简单布置一下会议室，可以准备一些鲜花。

④会议进行中需要的电子设备也要提前安装好，如音响、投影仪、激光笔、笔记本电脑、话筒或扩音器等。

对于场所的布置工作，行政部可以通过设计工作分工表来安排有关工作，如表 12-2 所示。

表 12-2 布置工作分工表

序 号	准备物品	完成时间	责任部门 / 人	检查部门 / 人

◆ 用车安排

如果需要接送来访人员，需要安排车辆和司机，那么行政人员要提前做好准备。

首先，要提前提出用车申请， 一般是提前一日或半日，填写用车申请单，如表 12-3 所示。

表 12-3　公司用车申请单

申请部门：			年　月　日
申请人		用车起止时间	
用车事由		行车路线	
申请部门领导签字		总经理签字	
备注			

其次，行政部依据领导签字的申请单派车。

最后，要注意在约定时间提前 20 分钟，就赶到目的地等候。

◆ 用餐和住宿安排

对于一般的来访人员，企业一般会安排其在公司食堂用餐。如果是重量级来访人员，企业就要对其重要程度进行划分，然后按照相应的等级确定用餐规格。

住宿规格与用餐规格一样，应按照前来访问的人员级别进行划分。所以，企业事先就要设置好访客级别的划分依据和对应的用餐及住宿安排，如表 12-4 所示。

表 12-4　访问人员的级别划分

级　别	满足条件	用餐安排	住宿安排
A			
B			
C			
D			

12.2 客户信用制定管理流程

客户信用制定管理流程展示如下。

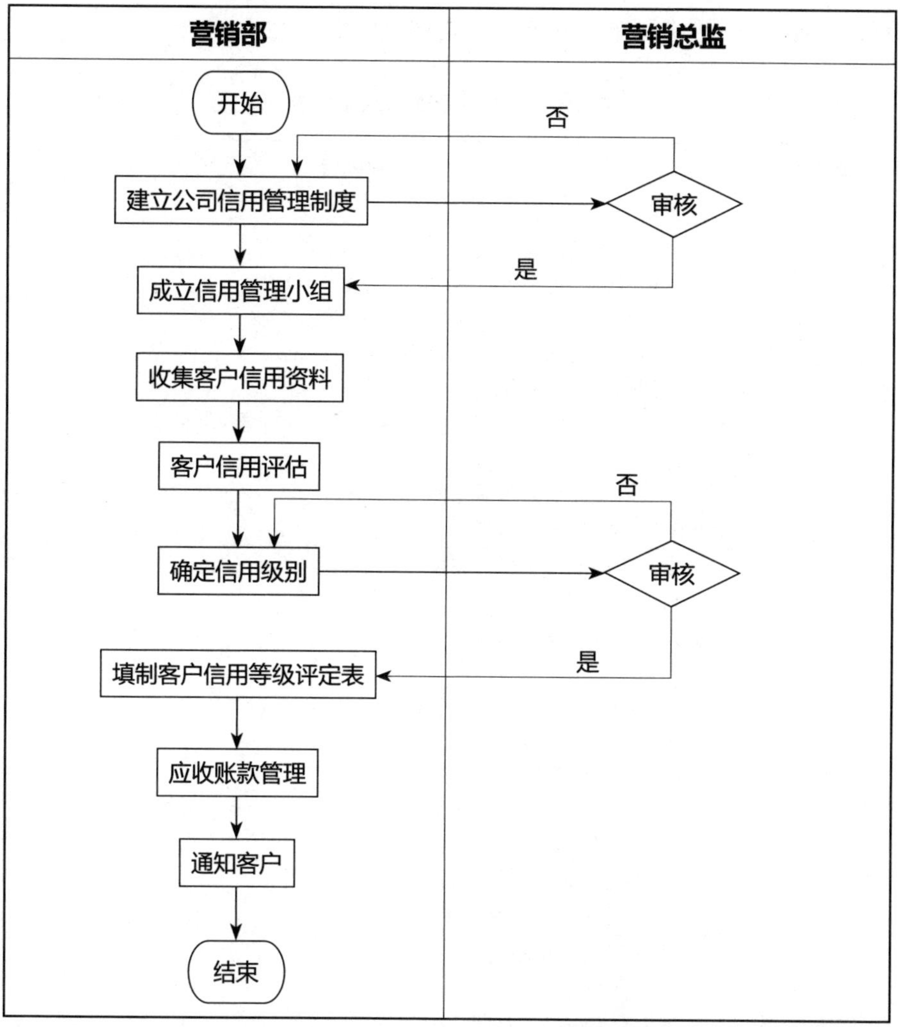

在企业的各项经营业务中免不了与不同客户接触的情况，为了保证企业不遭受多余的损失，在每次合作前都要对合作客户的基本情况进行了解，确定其有足够的实力与企业合作，确保其没有拖欠货款和货物等失信行为。

12.2.1 如何进行客户信用调查

客户信用调查是通过对客户信用状况进行调查分析，从而判断合作的风险高低，防止企业遭受不必要的损失。很多企业都非常重视客户信用调查，一般来说，信用调查的内容包括哪些呢？如表 12–5 所示。

表 12–5 信用调查的基本内容

调查方面	具体内容
经营状况	1. 客户的总体经营状况如何 2. 客户的声誉、形象如何 3. 对自己的生意是否有做很好的规划 4. 客户对自己所在的行业是否非常了解 5. 是否具有公司战略或者竞争战略 6. 公司的内部管理如何 7. 是否具有成熟的公司文化？各部门之间的协作精神如何 8. 经营者本人的素质如何 9. 各界管理人员的素质如何 10. 公司整体的士气怎样
财务现状	1. 客户手中的现金是否充足 2. 是否持票据贴现 3. 是否有延期支付债务 4. 是否出现预收融资票据的情况 5. 是否有为融资而低价抛售的情况 6. 是否有提前回收赊销款 7. 是否开始利用高息贷款 8. 与银行的关系是否变得紧张 9. 是否有其他债权人无法收回其货款 10. 其票据是否曾经被银行拒付 11. 银行账户是否已被冻结
支付情况	1. 是否已不能如期付款 2. 是否有推迟现金支付日 3. 是否有推迟签发支票 4. 是否有提出要求票据延期 5. 是否有要求延长全部票据或货款的支付日期

由于调查的内容较多，所以企业要借助一些工具和平台来帮助完成客

户的信用调查。常见的调查方式有以下 3 种。

◆ 金融机构或银行

这种调查方式的可信度高，所需费用少，不过有一定的限制，即很难掌握客户全部资产情况和具体细节，因为一家公司不可能只在同一家银行办理业务，这样可能导致调查时间比较长。

◆ 专业资信调查机构

现在市面上有很多的资信调查机构，可以全方位地帮助企业调查客户资信，这种方式耗时短，也可以节省企业的人力资源，不过成本费用支出较大。要想达到好的效果，企业最好选择声誉高、能力强的资信调查机构。如图 12-2 所示为某资调查机构提供的服务内容，可以看到资信调查机构所调查的内容是非常全面的。

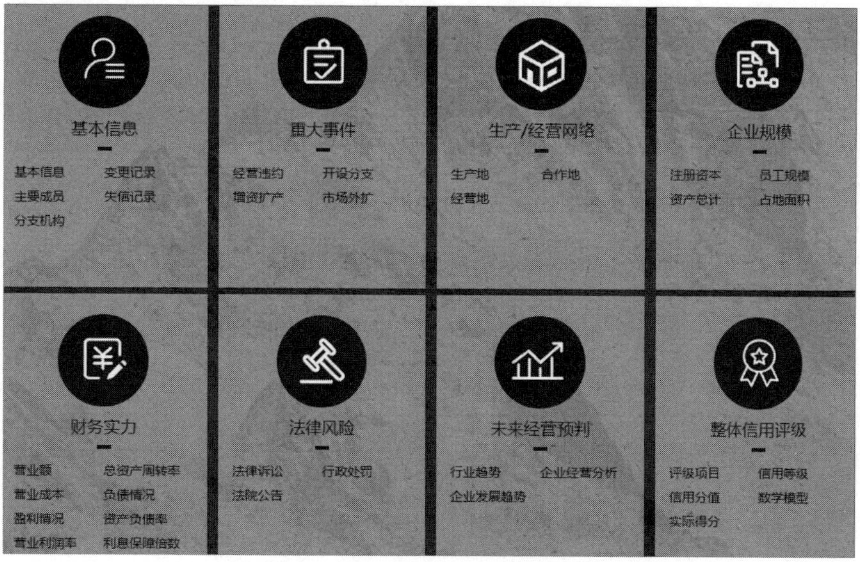

图 12-2　资信调查机构调查内容

◆ 行业组织

专门的行业组织可以进行深入具体调查，但往往会受到区域限制，难以把握整体信息，所以需要结合其他的方式来对客户信息进行调查。

除此之外，还有一些其他的辅助调查方法，如询问相关联的行业合作伙伴，查询有关新闻报道，以了解客户公司是否有失信情况。

12.2.2 制定客户信用等级评定制度

对客户信用调查后，企业对合作公司的基本情况也有了大致的了解，不过要确定是否与客户合作，还需要根据客户的实际情况，设定客户信用等级评定标准，确定客户的信用等级。企业可以编制客户信用等级评定制度，如下所示。

客户信用等级评定制度

一、所有交易客户均需进行信用等级评定。

二、客户信用等级分为A、B、C三个级别，相应代表客户信用程度的高、中、低三等。

三、客户具备以下条件之一的，应评为信用A级客户：

1. 委托服务的人数500人以上，信誉高、资金雄厚。

2. 过去两年内与公司合作没有发生欠款和其他违约行为。

3. 守法经营、严格履约、信守承诺。

4. 最近连续两年经营状况良好。

5. 资金实力雄厚、偿债能力强。

6. 能够按照合同约定及时付款。

四、出现以下情况之一的客户，应评为信用B级客户：

1. 委托服务人数100 ~ 500人，信誉一般、资金实力一般。

2. 过去两年内与公司合作发生过欠款行为，但经催促能够及时付款。

3. 晚于合同约定付款的情况偶尔发生。

五、出现以下情况之一的客户，应评为信用C级：

1. 新客户或委托服务人数100人以下，资金实力不足，偿债能力较差。

2. 过去两年内长期欠款，发生过其他严重违约行为。

3. 做出承诺经常不兑现。

4. 生产、经营状况不良，严重亏损，或营业额持续多月下滑。

六、原则上新开发或关键资料不全的客户不应列入信用A级。

七、营销部以客户基本情况表等客户资信资料为基础，会同业务开发人员、财务部和法务部一起初步评定客户的信用等级，并填写客户信用等级汇总表，报公司主管副总、法务部经理、财务部经理审核及总经理审批。

通过以上制度我们可以了解到对客户进行等级评定，首先要划分不同的级别，再对不同的级别进行说明，按照满足条件将企业划分到不同的等级中去。当然，必须以企业的基本情况做对照，通过客户基本情况表能有效汇总客户的基本信息，并进行评定，如表12-6所示。

表12-6 客户基本情况表

客户公司名称		法定地址	
贷款证号码		营业执照号码	
设立日期		机构代码	
法定代表人		财务主管	
经营范围	主营		
	兼营		

客户类别		按所有制				
		按组织形式				
注册资本				实收资本		
主要股东		控股比例		主要股东		控股比例
企业财务报表类型		□审计过　　□未审计				
客户基本财务数据		20×× 年	20×× 年		20×× 年	20×× 年
	资产总额			负债总额		
	固定资产净值			流动负债		
	其他应付款			应付账款		
	所有者权益			流动资产		
	销售收入			货币资金		
	销售成本			利润总额		
	长期投资			财务费用		
客户银行信用状况		上年底总额	上月总额	其他	履约状况	备注
	实际信用余额					
	短期贷款					
	中期贷款					
	长期贷款					
	贴现余额					
	承兑余额					
	保证余额					
	一年内到期长期借款					

除了上例所示的客户信用评级方式外，企业还可以设置评级标准和权重，再通过表格打分来确定客户的信用等级。

1. 品质特性评价（35分）

1. 整体印象（该项指标由评估人员根据对客户的整体印象评分）——满分7分	
A. 成立3年以上，公司规模较大，员工素质较高，在同业中形象良好	7分
B. 成立1年（含1年）以上，公司规模较中等，员工素质较一般，在同业中形象良好	5分
C. 成立未满1年，规模较小，员工素质较低，在同业中形象较差	2分
2. 行业地位（该项指标根据客户在经营区域内的市场占有率评定）——满分6分	
A. 在当地销售规模处于前三名	6分
B. 在当地销售规模处于前十位	4分
C. 在当地有一定销售规模，但排名较后	3分
D. 在当地处于起步阶段	1分
3. 业务关系持续期——满分5分	
A. 与本公司的业务关系持续2年以上	5分
B. 与本公司的业务关系持续1～2年	3分
C. 与本公司的业务关系持续2～12个月	2分
D. 与本公司的业务关系期少于2个月	1分
4. 合作诚意——满分5分	
A. 合作态度好，愿意向本公司提供报表	5分
B. 合作态度一般，向其索取财务报表有一定难度	2分
C. 合作态度差，不愿意向本公司提供财务报表	0分
5. 员工人数——满分5分	
A. 人员稳定，从业人数100人以上	5分

B. 从业人数 30 ~ 100 人	3 分
6. 诉讼记录——满分 7 分	
A. 无诉讼记录	7 分
B. 有诉讼记录但已全部胜诉	4 分
C. 有未决诉讼，或已胜诉但不能执行	2 分
D. 有诉讼记录，败诉	0 分

2. 信用履约评价（47 分）

1. 信用履约率（上季累计偿还到期信用额 / 上季累计到期信用额 ×100%） 满分 25 分，满意值为 100% 得分 = 实际值 ×25
2. 按期履约率（上季累计按期偿还到期信用额 / 上季累计到期信用额 ×100%） 满分 17 分，满意值为 100% 得分 = 实际值 ×17
3. 呆 / 坏账记录——满分 5 分 上季无呆 / 坏账记录——5 分 上季有呆 / 坏账记录——0 分

3. 资本状况评价（18 分）

1. 注册资本——满分 8 分	
A. 注册资本在 100 万元（含 100 万元）以上	8 分
B. 注册资本 50 ~ 100 万元	5 分
2. 年营业额——满分 10 分	
A. 年营业额 8 000 万元以上	10 分
B. 年营业额 5 000 ~ 8 000 万元	8 分
C. 年营业额 2 000 ~ 5 000 万元	5 分

以百分制来说，企业可以设置，90 分以上的为 A 级，70 ~ 90 分为 B 级，60 ~ 70 分为 C 级，60 分以下为 D 级，划定好信用评级后，营销部在选择合作伙伴时就更有底气，更能游刃有余。

12.3 账款回收管理流程

账款回收管理流程展示如下。

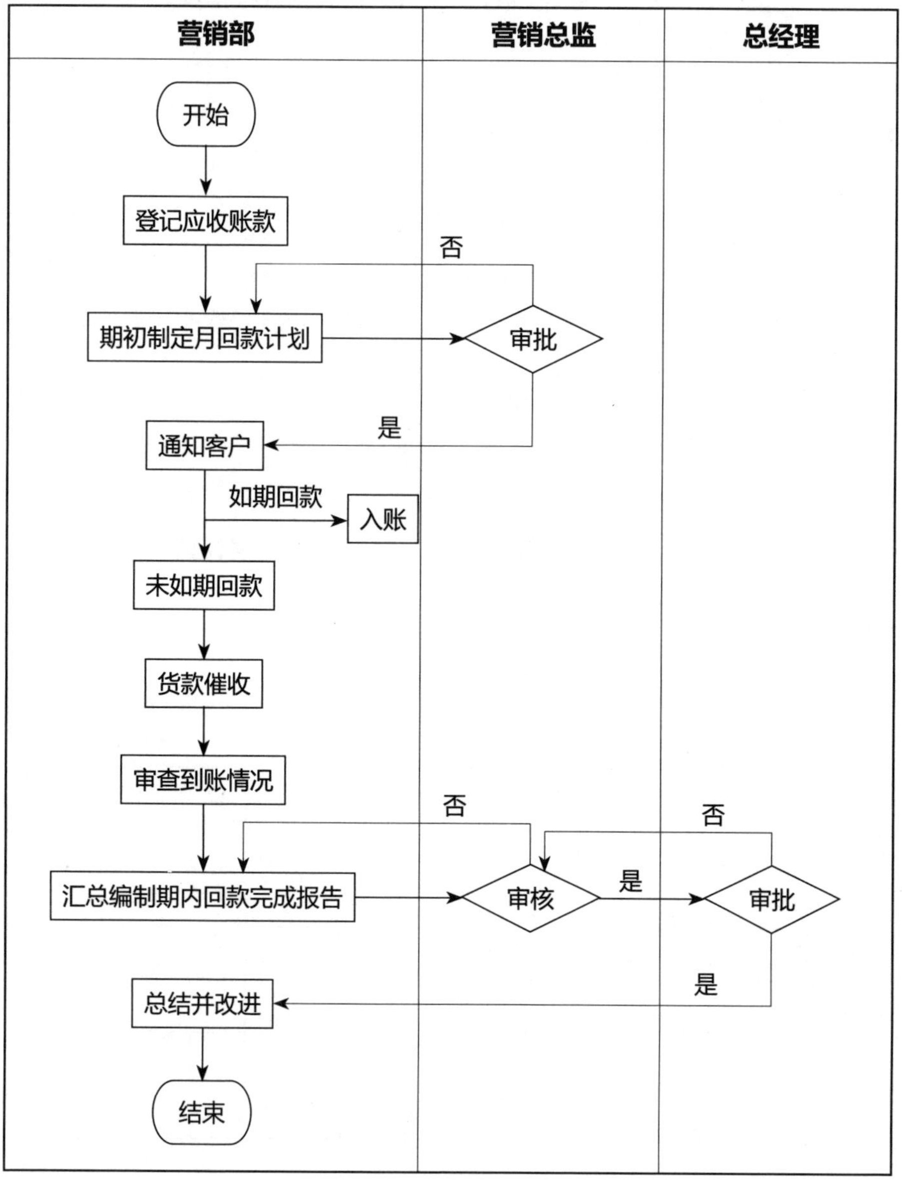

营销部除了销售公司的产品，为公司获得良好的业绩外，还需负责一项重要的工作，即账款回收工作，这是十分重要的一项工作，且极具技术性和挑战性。营销部的业务人员不仅要懂得相应的流程和技巧，还有必要做好相应的回款计划，才能有条不紊地开展之后的工作，保证公司不受到损失。

12.3.1 制订回款计划

回款是一种资金流动形式，也是销售中的一种业务模式。企业通过先销售后收款的方式提高销量，通过催缴回款用于再生产或投资，以实现第二次销售业务。回款通常属于流动资金的一种，开展回款业务对企业的资金要求较大，风险较高，处理不当易造成资金链断裂。

所以营销部的人员在保证销售量的前提下，要注意回款工作的展开。回款计划是企业营销部根据销售的情况确定的款项回收计划，最终目的是保证款项的回收，一般可通过设计回款计划书或是回款计划表来达到此目的。表 12-7 所示为回款计划表。

表 12-7 回款计划表

编制部门： 年度： 单位：万元

月份	1	2	3	4	5	6	7	8	9	10	11	12	合计	备注
销售目标														
回款目标														
应收款														
预收款														
其他														
核准：								制表：						

企业营销部一般通过回款计划表来安排回款工作，这样比文字计划书更一目了然，设计了回款计划后，营销人员一定要按照计划回收款项，并注意以下一些事项。

◆ 回收款项之前，首先对回款的基本信息有所了解，如合同签订的付款日期、拖欠款项和最迟还款日期。

◆ 与对方商谈回收款项的支付方式（如现金、支票及汇票等）。

◆ 在付款日到达时要准时提醒对方支付剩余款项。

◆ 如要亲自去对方公司回收账款，要注意提前通知对方。

◆ 注意与对方沟通的态度和语气，有理有节，不卑不亢即可。

◆ 提前准备办理回款手续需要的资料，如发货单、订货合同等。

12.3.2 做好催收款项的准备

有时企业的回款工作并不会像计划的那么顺利，有些企业因为资金问题或信用问题很可能在约定期内无法支付剩余货款，这就让营销人员的回款工作多添了几分难度。若是在约定的付款日期没有收到对方的款项，营销人员只有进行款项催收了。

营销部可以制定催款实施的基本方案，指导营销人员开展催款工作，如下所示。

案例实操 **账款催收方案**

一、前期准备工作

1. 由营销人员负责对公司目前的销售状况、客户基本资料、回款情况、逾期情况、催收情况和信用等级分析等进行汇总。

2. 营销人员将汇总资料与有关客户回款数据核对，以确保后续向客户发送催款函，或电话催收时所涉及的还款时间和账款数据都相符。

3. 营销人员负责将全部销售合同信息资料录入电子台账及合同档案归整，方便随时调取。

二、营销人员实施回款工作

1. 营销人员根据客户还款特点、付款时间及金额、客服关系程度、信誉等级程度选择催收方式。之后，统计催收情况。

2. 营销人员每周五将本周客户还款情况及逾期客户名单、逾期金额、逾期天数以及催收措施等情况通过电子文档形式汇总到营销部后勤处，相关人员及时将催收信息汇总后送至营销部经理审批。

3. 营销人员根据还款信息报表情况，进行一般性欠款催收，具体工作如下：

（1）营销人员首先确定电话 / 函件催收对象。

（2）合理安排电话催收日程，或邮寄对账单。邮寄对账单时，一定要求客户给予书面回复；营销人员每日将函件 / 电话催收情况登记造册。

（3）在电话催款过程中，以书面表单形式记录客户承诺的还款时间、还款金额，以便安排财务及时查收。

（4）在电话催收过程中，如遇到客户推诿、拖延或拒付等情况，应将催收情况记录好，并及时将信息汇总反馈到营销部经理处。

（5）如遇以欠款金额不符等问题拖延付款，先与客户进行沟通，同时尽可能避免与客户发生矛盾，耐心做好说服工作，以达到货款及时回收的目的。

4. 在电话催收过程中，及时将信誉极差的客户进行筛选、统计，以书面形式将信息反馈到营销部经理及法务部，法务部根据客户欠款情况制定相应催收措施。

三、开展定期上门催收工作

1. 营销人员针对电话催收过程中所了解的客户情况，进行合理筛选，确定走访客户名单，及时将定期上门催收客户名单送交营销部经理审核。

2. 根据客户还款特点制订走访时间、地点、客户人数及走访人员等实施方案（需准备的材料有客户对账单、合同、催款函和到访回执单等；参与人员有营销部经理或业务主管、营销人员和法务部人员），并将上门催收工作方案交由总经理审批。

3. 在现场与客户进行沟通，做好客户思想工作，告知不及时还款的严重性及后果。沟通好后，与客户一起协商下步还款意向，并要求客户书面承诺或在对账单上签字确认。

4. 走访客户完毕后，及时把走访客户信息归总，向主管领导汇报走访情况，并把信誉度极差的客户筛选出来，以便主管领导进行决策。

四、移交法务部开展催收工作

1. 根据上门走访情况，以及主管领导对客户走访情况的批示，制定对信誉度极差的客户工作计划。

2. 归纳、汇总逾期客户基本资料、欠款时间、欠款金额、违约金额、利息和催收情况等移交法务部。

五、降低催款费用

1. 主要控制外出催款次数。

2. 尽量将各项费用及开支控制到最低点。

该催款方案由4个部分组成，主要包括催收准备事项的梳理、可实施工作、上门催收的实施步骤和后续工作安排。我们可以了解到催收工作并不是随意而为的，需要有一定的计划和安排，且需遵循一定的流程。图 12-3 所示为进行催款的基本流程。

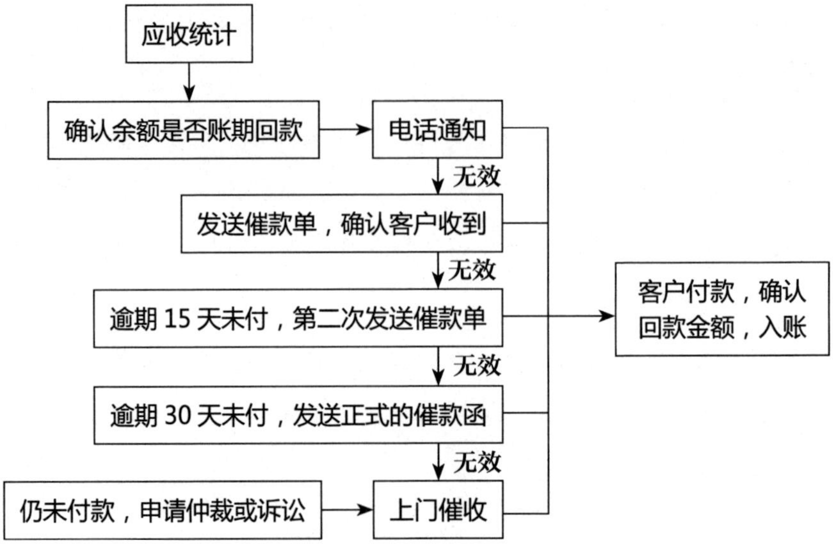

图 12-3　催款流程

营销人员应按照基本流程进行催款，知道先做什么，后做什么，需要用到哪些文件，如基本的催款单、催款函等，营销人员要提前准备。如下所示为常见的催款函模板。

案例实操 **催款函**

××公司：

感谢贵司对我司的信任和支持，选择我司作为合作伙伴！

贵公司与我司于××年××月××日签订的《××合同》中约定，贵司应于××年××月××日支货款××元整（大写：_________）。为了避免不必要的麻烦以及双方今后更好的合作，请于××年××月××

日前付讫，感谢贵方长期以来对我方的支持！

商祺！

另附公司账号：

开户名：×× 市 ×× 有限公司

开户行：工商银行 ×× 支行

账号：××××××××××××5927

×× 市 ×× 有限公司

20×× 年 × 月 × 日

营销人员要注意，首先要通过电话或催款函通知对方，若无效，再采取其他的催款方式，如上门催收或诉讼催收，这样没有给双方留有余地，反而会加大回款的难度。

读者意见反馈表

亲爱的读者：

感谢您对中国铁道出版社有限公司的支持，您的建议是我们不断改进工作的信息来源，您的需求是我们不断开拓创新的基础。为了更好地服务读者，出版更多的精品图书，希望您能在百忙之中抽出时间填写这份意见反馈表发给我们。随书纸制表格请在填好后剪下寄到：北京市西城区右安门西街8号中国铁道出版社有限公司大众出版中心 王佩 收（邮编：100054）。或者采用传真（010-63549458）方式发送。此外，读者也可以直接通过电子邮件把意见反馈给我们，E-mail地址是：1958793918@qq.com。我们将选出意见中肯的热心读者，赠送本社的其他图书作为奖励。同时，我们将充分考虑您的意见和建议，并尽可能地给您满意的答复。谢谢！

所购书名： ____________________

个人资料：

姓名：__________ 性别：__________ 年龄：__________ 文化程度：__________

职业：__________ 电话：__________ E-mail：__________

通信地址：____________________ 邮编：__________

您是如何得知本书的：

□书店宣传 □网络宣传 □展会促销 □出版社图书目录 □老师指定 □杂志、报纸等的介绍 □别人推荐

□其他（请指明）____________________

您从何处得到本书的：

□书店 □邮购 □商场、超市等卖场 □图书销售的网站 □培训学校 □其他

影响您购买本书的因素（可多选）：

□内容实用 □价格合理 □装帧设计精美 □带多媒体教学光盘 □优惠促销 □书评广告 □出版社知名度

□作者名气 □工作、生活和学习的需要 □其他

您对本书封面设计的满意程度：

□很满意 □比较满意 □一般 □不满意 □改进建议

您对本书的总体满意程度：

从文字的角度 □很满意 □比较满意 □一般 □不满意

从技术的角度 □很满意 □比较满意 □一般 □不满意

您希望书中图的比例是多少：

□少量的图片辅以大量的文字 □图文比例相当 □大量的图片辅以少量的文字

您希望本书的定价是多少：

本书最令您满意的是：

1.

2.

您在使用本书时遇到哪些困难：

1.

2.

您希望本书在哪些方面进行改进：

1.

2.

您需要购买哪些方面的图书？对我社现有图书有什么好的建议？

您更喜欢阅读哪些类型和层次的书籍（可多选）？

□入门类 □精通类 □综合类 □问答类 □图解类 □查询手册类

您在学习计算机的过程中有什么困难？

您的其他要求：